中國學術思想 研究輯刊

三六編

林慶彰 主編

第 11 冊

張載易學和程頤易學比較研究（上）

李學衛 著

花木蘭文化事業有限公司

國家圖書館出版品預行編目資料

張載易學和程頤易學比較研究（上）／李學衛 著 -- 初版 --
新北市：花木蘭文化事業有限公司，2022〔民 111〕
目 4+174 面；19×26 公分
（中國學術思想研究輯刊 三六編；第 11 冊）
ISBN 978-626-344-054-8（精裝）
1.CST：（宋）張載 2.CST：（宋）程頤 3.CST：學術思想
4.CST：易學
030.8   111010191

ISBN-978-626-344-054-8

9 786263 440548

中國學術思想研究輯刊
三六編　第十一冊　　　　　　　　ISBN：978-626-344-054-8

張載易學和程頤易學比較研究（上）

作　　者　李學衛
主　　編　林慶彰
總 編 輯　杜潔祥
副總編輯　楊嘉樂
編輯主任　許郁翎
編　　輯　張雅淋、潘玟靜、劉子瑄　美術編輯　陳逸婷
出　　版　花木蘭文化事業有限公司
發 行 人　高小娟
聯絡地址　235 新北市中和區中安街七二號十三樓
　　　　　電話：02-2923-1455／傳真：02-2923-1452
網　　址　http://www.huamulan.tw 信箱 service@huamulans.com
印　　刷　普羅文化出版廣告事業
封面設計　劉開工作室
初　　版　2022 年 9 月
定　　價　三六編 30 冊（精裝）新台幣 83,000 元　　版權所有・請勿翻印

張載易學和程頤易學比較研究(上)

李學衛　著

作者簡介

李學衛，男，漢族，1971 年生於河南省汝州市。1995 年鄭州大學經濟系畢業，經濟學學士。2010 年西藏民族大學中國哲學專業畢業，哲學碩士。2018 年陝西師範大學中國哲學專業畢業，哲學博士。2010 年至今，在西藏民族大學文學院教學科研辦公室工作，科員。長期致力於易學和傳統占卜文化研究。曾在《西藏民族大學學報》《唐都學刊》等刊物發表《史記》孔子序「彖象繫辭說卦文言」考辨》《〈易緯〉鄭玄釋「彖」疏證》《〈張載集·橫渠易說〉校注獻疑》等學術論文若干。

提　要

　　本書內容包括緒論和正文五章。緒論介紹研究目的和意義、選題背景、文獻綜述、研究方法等。第一章介紹張載和程頤的生平、學術歷程等。第二章比較張載和程頤易學觀的異同。分「論作易之人」「論易之為書」「論易之三義」「論理象氣數」「論學易、治易」「論治易宗旨」六個方面。第三章比較張載和程頤釋易體例的異同。對於張載的釋易體例，分卦主說、卦變說、爻位說、當位說、乘承比應說五個部分介紹。對於程頤的釋易體例，分成卦之義、爻象體例、陰陽消長說、隨時取義說四個部分論述。第四章比較張載和程頤易學思想異同。其中張載的易學思想分為「太極說」「以虛氣釋三才」「釋三才之道」「釋『形而上者謂之道，形而下者謂之器』」「釋『一陰一陽之謂道』」「釋『窮理盡性至於命』」六個部分介紹。程頤的易學思想，分「釋三才」「釋三才之道」「釋『形而上者謂之道，形而下者謂之器』」「釋『一陰一陽之謂道』」「釋『窮理盡性至於命』」五個部分介紹。第二、三、四章是本書的主體。每章第一節為概述，分別簡介易學史上的易學觀、釋易體例以及易學思想等，第二節、第三節分別論述張載、程頤各自的易學觀、釋易體例以及易學思想。第四節為小結。第五章為本書的結論部分，總結張載和程頤各自的易學特點，及其對後世易學的影響。

目
次

緒　論

一、研究現狀

（一）張載易學研究現狀

張載（1020～1077），字子厚，陝西郿縣人，世稱橫渠先生。年輕時有志於邊關用兵立功，曾進見主持西北邊事的范仲淹。經范仲淹勸讀《中庸》，並由此而走上尋求儒教名教之樂的學術道路。三十八歲進士及第之前，張載就以學問名聞關中。呂大臨《橫渠先生行狀》載，文彥博「聞先生名行之美，聘以束帛，延之學宮，異其禮際，士子矜式焉」〔註1〕張載於嘉祐二年（1057年）中進士，接著做過幾任地方官，後任崇文院校書、同知太常禮院等。從政之餘，張載常講學授徒，與邵雍、司馬光、二程等同時代的著名學者學術交往密切。《宋史·道學傳》認為張載之學「以《易》為宗」〔註2〕張載對儒家諸經均有研究，「但其學說所依據的主要儒家經典則為《易》和《禮》，其次為《論語》和《孟子》等。」〔註3〕張載學術歷程大概始於二十一歲，即以范仲淹勸讀《中庸》為起點。〔註4〕後曾出入佛老「十有餘年」，又「反求之六

〔註1〕〔宋〕張載：《張載集》，章錫琛點校，北京：中華書局，1978 年。《張載集·附錄·呂大臨橫渠先生行狀》，第 382 頁。以下凡引《張載集》，僅注明書名、篇名及頁碼。

〔註2〕《張載集·附錄》，第 386 頁。

〔註3〕林樂昌：《張載哲學化的經學思想體系》，姜廣輝主編，《中國經學思想史》卷三上，北京：中國社會科學出版社，2010 年：第 525 頁。

〔註4〕林樂昌：《張載哲學化的經學思想體系》，姜廣輝主編，《中國經學思想史》卷三上，北京：中國社會科學出版社，2010 年：第 526 頁。

經」六七年，奠定了學術基礎。仁宗嘉祐二年（1057 年），張載至汴京舉進士，得宰相文彥博支持，講《易》于相國寺。此時，二程也舉進士在京師，《宋史・道學傳》載三人曾討論易學問題。〔註5〕又，《張載集・經學理窟》載其言曰：「某觀《中庸》義二十年。每觀每有義，已長得一格。六經循環，年欲一觀。」〔註6〕如從二十一歲始讀《中庸》算起，經過二十年，張載四十多歲，此時思想趨於成熟。隨著關中望族呂氏兄弟，以及蘇昞、范育等投至門下，張載開創的關學學派初具規模。神宗熙寧三年（1070 年），因不滿王安石推行的新法，張載辭官回橫渠鎮，專事講學、著述。神宗熙寧十年（1077 年），張載因病去世。此間，張載思想可謂進入了成熟期，對於儒家天道性命學說可謂精義入神。《行狀》載，熙寧二年（1069 年），御史中承呂公著曾向朝廷舉薦說：「張載學有本原，四方之學者皆宗之。」〔註7〕程頤也曾說：「所居之鄉，學者不遠千里而至，願一識其面，一聞其言，以為楷模。」〔註8〕可見，此時關學學派進入了興盛時期。南宋以來官、私書目屢稱張載有「諸經說」，或是張載研經、講學過程中的心得體會。而《正蒙》可謂「諸經說」精粹彙編。張載治學以彰顯儒家「性與天道」之學、排拒佛老「體用殊絕」的心性學說為旨歸。在張載看來，漢唐學者或失之於章句訓詁，或失之於詩賦文章，或失之於科舉仕途，而忽視了對於道德超越的精神追求。

張載學術與其易學思想關係緊密，這是古今學者的共識。從《宋史・道學傳》到王夫之《張子正蒙注序》，再到馮友蘭、侯外廬、張岱年、張立文等現代學者的論著，都有過類似的看法。馮友蘭曾在《中國哲學史》中指出：「橫渠之學，亦係從《易》推衍而來。」〔註9〕現就今人對張載易學研究略述如下：

潘雨廷著《讀易提要》有「張載《橫渠易說》提要」一節，有所謂「今讀

〔註5〕〔元〕脫脫等撰：《宋史・道學一》卷四二七，北京：中華書局，1977 年：第 12723 頁。

〔註6〕《張載集・經學理窟》，第 277 頁。

〔註7〕《張載集・附錄・呂大臨橫渠先生行狀》，第 382 頁。

〔註8〕〔宋〕程頤：《程氏文集》卷七《回禮部取問狀》，見程顥、程頤：《二程集》，北京：中華書局，1981 年：第 564～565 頁。以下凡引《二程集》，省略出版信息，僅注明書名、篇章名。

〔註9〕馮友蘭：《中國哲學史》（下冊），上海：華東師範大學出版社，2000 年：第 228 頁。

其書，非全《易》皆有說，《繫辭》〔註10〕以下亦未全錄經文，有類語錄，且多引《老》《莊》之說，書中說理，殊多可法。若輟講者，張子之謙也。與二程之說《易》，宜並觀而辨其異同，則得矣。」又說：「此書似係門人裒集，未解處甚多，又繁簡失當，略有重複。」〔註11〕我們認為，《橫渠易說》雖然多次提到《老》《莊》之說，但是基本上都是在批評其觀點。太虛、氣化、道、無等範疇在張載關學中經常出現，卻有與道家學說不同的外延和內涵。潘著所謂「且多引《老》《莊》之說」不夠確切。張載治學不以章句注疏為業，而以發明義理為旨歸，釋經無所謂「繁簡失當」。而張載本人、弟子、以及二程等從未提及《橫渠易說》，推測張載不曾手訂此書。後世所謂「諸經說」可能非指張載著作，而是指張載語錄所涉及的內容。而《正蒙》實係「諸經說」集萃，《正蒙》既已傳佈，作為《正蒙》素材的「諸經說」或有散失。而「易說」論《繫辭傳》思想精深，內容豐富，可補《周易程氏傳》之缺，故為後學整理成書。至於《橫渠易說》中內容，當是張載研經、講學心得體會之筆錄。

朱伯崑《易學哲學史》有「張載的《易說》」一節，論及《橫渠易說》與《周易程氏傳》的異同，分析了張載易學與象數易、玄學易之間的繼承關係，強調張載易學是其理學思想的主要來源等。該書強調氣說在張載易學中的重要意義，認為張載以陰陽二氣解釋易理，是漢唐以來以氣論易的批判性總結。我們認為，《易傳》本身就是用陰陽氣說解釋古經的，而張載易學的特色之一就是結合氣說與太虛說詮釋《周易》經傳的相關範疇與命題。

廖名春等撰《周易研究史》有「張載的易學」一節。認為張載易學「大體上繼承了孔疏的觀點，並且吸收了漢易和程頤的某些說法」〔註12〕。我們認為，張程二人曾經多次探討易學問題，二人的學術影響應該是相互的。張載因易學聞名朝野時，二程年方二十多歲。程頤比張載小十一歲，《程氏易傳》成書之時，張載已經去世二十多年。在張載著作中，提到二程學術觀點的次

〔註10〕《易傳》又稱「十翼」，「十翼」名稱有全稱簡稱之別。全稱如《文言傳》（分《乾文言》《坤文言》）《大象傳》《小象傳》《繫辭傳》（《繫辭上》《繫辭下》）《說卦傳》《序卦傳》《雜卦傳》，簡稱如《文言》《象》《大象》《小象》《繫辭》《說卦》《雜卦》。《繫辭傳》中有以「象」指稱卦辭，又有「繫辭」實乃「文王繫辭」的簡稱。後世偶而有學者稱六十四卦辭為「象」，又合稱三百八十六條卦爻辭為「繫辭」。

〔註11〕潘雨廷：《讀易提要》，上海：上海古籍出版社，2006 年：第 89～92 頁。

〔註12〕廖名春、康學偉、梁韋弦：《周易研究史》，長沙：湖南出版社，1991 年：第 281 頁。

數很少。相反，二程著作經常提到張載的學術觀點。程頤有機會、有條件對張載的學術思想進行批判和借鑒。廖著認為張載的理論體系主要是通過闡釋《繫辭傳》完成的，又說張載曾受李覯以陰陽二氣來解釋《周易》的影響。我們認為，氣說為古代學者普遍應用，無文獻可證張載和李覯有人生交集，不能確定張載是否發展了李覯的學說。

王鐵《宋代易學》有《張載〈易說〉的象數傾向》一節，認為張載釋《易》不迴避物象，多講卦變，對易數有闡說，在一定程度上受劉牧《易數鉤隱圖》的影響。又說：「張載並不否認《易》有卜筮的功能」，而又「偏重於道德修養」〔註13〕。我們認為象數是易學中固有元素，義理易學、象數易學釋《易》繞不開象數。而張載屢言《易》乃言「性與天道」之書為王氏忽略，張載言易數與劉牧也少有相同的觀點。

胡元玲《張載易學與道學——以〈橫渠易說〉及〈正蒙〉為之探討》〔註14〕，於文獻分析上著力甚多，詳細分析了《橫渠易說》的「易例」。胡著認為張載易學不廢象數等易學思想影響了朱子易學。我們認為張載的易學觀、易學思想等方面對朱熹易學有影響，但是朱熹重視象數主要受邵雍易學影響。胡文受牟宗三的觀點影響較大，視太虛為形上本體，與形下之氣是體用不離之關係。而張載以無形釋形而上，在張載看來氣也屬於形而上，只有當氣凝聚為有形之物時才入於形而下。

丁原明《〈橫渠易說〉導讀》分「張載生平、著述和《易說》」、「《易說》的學術風格」、「《易說》的哲學思想」介紹張載易學。丁著指出：「《橫渠易說》應是張載整個思想體系的邏輯起點，準確把握《易說》的思想內涵無論對研究張載的易學思想和哲學思想，抑或釐清北宋理學思想的發展脈絡，都具有重要學術價值。」〔註15〕

余敦康著《漢宋易學解讀》一書，指出：「《橫渠易說》是張載早期的易學著作，其風格與漢唐注疏完全不同，往往經文數十句中一無所說，末卷更不復全載經文，載其有說者而已，實際上是一部讀書筆記，著重於闡發義理而不注意解釋經文。」〔註16〕余著《內聖外王的貫通：北宋易學的現代闡釋》

〔註13〕王鐵：《宋代易學》，上海：上海古籍出版社，2005 年。
〔註14〕該書內容原為北京大學 2003 博士學位論文，後由臺灣學生書局於 2004 年出版。
〔註15〕丁原明：《〈橫渠易說〉導讀》，濟南：齊魯書社，2004 年：第 8 頁。
〔註16〕余敦康：《漢宋易學解讀》，北京：華夏出版社，2006 年：第 395～396 頁。

《漢宋易學解讀》，認為張載的「四為句」可視為其思想綱領，並以此為標題論述張載易學〔註17〕。

　　以下幾部專著對於研究張載易學也有參考價值：陳遠寧著《中國古代易學發展第三個圓圈的終結：船山易學思想研究》，有《張載以陰陽二氣解易》一節，內容包含張載易學觀，「易為君子謀，不為小人謀」，解易卦例，易學思想等。〔註18〕向世陵《理學與易學》〔註19〕一書涉及張載易學，仍以氣學為理論框架，也提出了一些新的觀點。章偉文《易學歷史哲學研究》〔註20〕第六章《「氣學派」的易學歷史觀──以張載為中心》，認為「張載的易學哲學中，有很多概念、命題蘊含了較為深刻、系統的歷史哲學思想。」文章分析張載的易學史觀，視角較為新穎。

　　比較重要的學術論文有以下幾篇：董藝的《張載易學思想研究》〔註21〕一文，認為張載對《周易》三才之道說有所吸收，從而構築了新型氣論哲學；通過「太虛即氣」命題實現了對先秦儒學本體論改造。認為張載以「陰陽相感」論萬物氣化生成，為儒家社會價值觀找到了終極依據。辛亞民《張載易學研究》〔註22〕一文，對個別概念、命題的分析詳細。論及《橫渠易說》對「六經」的引用以及張載象數思想的源流，並分析了朱熹易學與張載易學的關係。張鯤鵬《張載的三才之道研究》〔註23〕一文，圍繞三才之道考察張載思想，詳細辨析了三才之道與性、心、誠等理學範疇之關係。〔註24〕然而，

〔註17〕余敦康著《內聖外王的貫通：北宋易學的現代闡釋》，上海：學林出版社，1997年；《漢宋易學解讀》，北京：華夏出版社，2006年。

〔註18〕陳遠寧：《中國古代易學發展第三個圓圈的終結：船山易學思想研究》，長沙：湖南大學出版社，2002年。

〔註19〕向世陵：《理學與易學》，長春：長春出版社，2011年。

〔註20〕章偉文：《易學歷史哲學研究》，北京：中國社會科學出版社2012年。

〔註21〕董藝：《張載易學思想研究》，山東大學博士學位論文，2010年。

〔註22〕辛亞民：《張載易學研究》，北京師範大學博士學位論文，2010年。

〔註23〕張鯤鵬：《張載的三才之道研究》，陝西師範大學碩士學位論文，2012年。

〔註24〕關於張載理學與三才說關係的研究，有王新春著：《張載〈西銘〉所構設的理學新語境》，《煙臺大學學報》（哲學社會科學版）2013年第1期；《「橫渠四句」的生命自覺意識與易學「三才」之道》，《哲學研究》2014年第5期；《三才通貫為一視域下的橫渠易學》，《武漢大學學報》（人文科學版）2015年第1期；《儒學史重寫的語境──以三才通貫為一視域下的橫渠易學為例》，《當代儒學》2015年第2期。三才說是中國古人早期的世界觀，是《周易》經傳的立論基礎，作為文化觀念以集體無意識的形式存在於諸子百家的著作中。《易傳》之後的易學，無意中存在著對三才說不同程度的改造。張載以「虛

該文未能把握三才說與易學、特別是與儒家學說的內在關聯。

（二）程頤易學研究現狀

程顥（1032～1085），字伯淳，世稱明道先生。嘉祐年間進士及第，官至宗正寺丞。王安石變法期間，程顥辭官回洛陽講學授徒，是當時的學術領袖之一。司馬光等舊黨執政，薦程顥為宗正寺丞，未及上任即病逝，一生只有一些詩文、書信以及語錄傳世。程頤（1033～1107），字正叔，世稱伊川先生。二程十四五歲時師從周敦頤。周敦頤是北宋著名易學家，有《太極圖說》《通書》等流轉後世。二程此時可能接觸易學。程頤曾遊太學，時胡瑗主持太學。胡瑗也是北宋著名的易學家，有《周易口義》傳世。程頤受胡瑗易學影響較大。嘉祐初年，在京師與張載論《易》，受到高度的讚揚。程頤早年隨侍父親身邊，協助料理公務、家事，一生大部分時間從事講學、授徒、著述。《周易程氏傳》是程頤易學研究的結晶，也是其一生生命體悟的結果。其學術活動大體可分三個時期。前期大約始自宋仁宗嘉祐四年（1059 年），由於廷試不中，自此不再留意科舉。中期從宋哲宗元祐元年（1086 年）至紹聖三年（1096 年）。期間，程頤曾擔任崇政殿說書，常以天下為己任，議論褒貶無所顧忌，聲名日高而從學日眾。後期從宋哲宗紹聖四年（1097 年）至病卒（1107 年）。這十年間，政局多變，程頤屢遭打擊，《周易程氏傳》此時成書。程頤學易、論易、傳易終其一生，臨終前才「始以授尹焞、張繹」〔註25〕，足見對於《周易程氏傳》的重視程度。尹焞曾說：「先生平生用意，惟在《易傳》，求先生之學者，觀此足矣。」〔註26〕《周易程氏傳》可謂程頤人格踐履的集中體現，稱得上他的代表作。《周易》之外，程頤對《禮記》《論語》《孟子》也有深刻見解。就易學思想而言，胡瑗易學對程頤有深刻的影響。二人都強調易之變易之義，都重視以體用論闡發易學思想等。〔註27〕二程語錄中有很多評價張載學術的內容，可見張載和程頤經常

<hr>

氣相即說」改造三才說，而太虛則是超越三才之上的範疇。林樂昌指出：在張載宇宙論哲學中「天參」模式與「三才」模式是并行的。「天參」模式凸顯的是宇宙本體論和宇宙生成論，「三才」模式揭示的是人與天地之間共生共存的關係。（參見林樂昌：《論張載的生態倫理觀念及其天道論基礎——兼論張載生態倫理觀的現代意義》，《孔子研究》2013 年第 2 期：第 69 頁。）

〔註25〕《伊川先生年譜》，《二程集·程氏遺書·附錄》，第 345 頁。

〔註26〕《伊川先生年譜》，《二程集·程氏遺書·附錄》，第 345 頁。

〔註27〕程頤曾說：「《易》有三百餘家，難為遍觀，如素未讀，不曉文義，且須看王弼、胡先生、荊公三家，理會的文義且要熟讀，然後卻有用心處。」見《二程集·程氏遺書》，第 248 頁。

切磋學問。從二程語錄內容看，二程對張載思想有所借鑒。例如，二者均認可《周易》為言天道性命之書，解《易》方法比較接近，都肯定《序卦傳》的價值等。程氏易學思想集中體現在《周易程氏傳》中，在後學所記程氏語錄中也有很多深刻的易學思想，也是研究程氏易學的主要資料。

以下若干研究程氏易學的專著都有較大參考價值：

潘雨廷《讀易提要》有「程頤《周易程傳》提要」一節，〔註28〕有所謂「可見此書以辭為本，四道之源也，若立象盡意則非所及。」認為：「《程傳》實理學之宗，於所傳之辭確有真知灼見，非人云亦云者所可比擬，顧炎武謂『讀《易》數百家，無過《程傳》』，非虛譽也。」我們認為，從文字訓詁的角度看，《周易程氏傳》是對《周易》經傳的顛覆性解讀。從對時代精神的呼應看，其中的「真知灼見」已經初具新儒學思想體系的規模。

在《易學哲學史》中，朱伯崑認為「體用一源，顯微無間」，是對「因象以明理」「假象以顯義」等易學命題的概括〔註29〕。我們認為，程頤曾多次稱許老莊言道體之善。所謂「體用一源，顯微無間」，可以說是莊子「物物者與物無際」這一命題的注腳。朱氏認為研究程頤哲學不能拋開《周易程氏傳》孤立分析其哲學命題。曾說：「程氏認為，周敦頤、邵雍和張載三人，其學說多少都受二氏的影響，特別是關於太極的解釋。這大概是程氏不傳《太極圖說》的原因。」〔註30〕我們認為，程頤與邵雍都以道為天地萬物之本體，與道家學說言道體異曲同工。而周敦頤所謂太極，張載所謂太虛都不是道家學說特定的範疇。程頤曾多次稱許老莊言道體之說，而不曾說過邵雍、張載受二氏學說影響的話。朱氏又認為程氏易學與周敦頤之學說有著批判的繼承關係。〔註31〕我們認為，《周易程氏傳》和二程語錄中幾乎找不到周敦頤學說的影子。相反，程頤對張載和邵雍易學評論較多，特別是對張載易學評論最多。也就是說，程氏易學對邵雍、張載易學思想有一定的批判繼承關係。朱氏對程頤以儒家經典解釋《周易》經傳有所論述，〔註32〕而對程頤以道為最高本

〔註28〕潘雨廷：《讀易提要》，上海：上海古籍出版社，2006年：第117～121頁。程頤的《程氏易傳》又名《伊川易傳》《周易程氏傳》《周易程傳》，有時也簡稱《程傳》等。

〔註29〕朱伯崑：《易學哲學史》（第二卷），北京：崑崙出版社，2009年：第230～246頁。

〔註30〕朱伯崑：《易學哲學史》（第二卷），北京：崑崙出版社，2009年：第177頁。

〔註31〕朱伯崑：《易學哲學史》（第二卷），北京：崑崙出版社，2009年：第194頁。

〔註32〕朱伯崑：《易學哲學史》（第二卷），北京：崑崙出版社，2009年：第278～281頁。

體釋經的思維方式與道家思維方式的共性有所忽視。

在《漢宋易學解讀》一書中，余敦康指出胡瑗「明體達用」與程頤「體用一源，顯微無間」有歷史淵源。〔註33〕又說二程以解易的方式體貼出「天理」之範疇。〔註34〕實際上，《周易》經傳中不見「天理」二字，有幾處言及理的文字與程頤所謂理含義相差甚遠。程頤所謂天理主要源於《禮記》天理人慾之辨。余氏認為程頤解易體例主要襲自王弼，在易學思想方面則對周敦頤易學、邵雍易學有著某種程度上的繼承和揚棄。雖然程頤和張載同屬義理易學，而與張載易學思想則區別較大。〔註35〕我們認為，張程二人討論易學問題最為頻繁，給人印象似乎張載易學與程頤易學差別很大。實際上，相對於周敦頤易學、邵雍易學，張載易學與程頤易學的共同點更多。在《程頤〈易〉學思想研究──思想史視野下的經學詮釋》中，姜海軍認為程頤將「四書」之倫理道德貫注於對《周易》經傳解釋中，借助《周易》形上思維將之上升為宇宙本體。〔註36〕陳來在《宋明理學》中，認為程頤以《繫辭傳》所謂「一陰一陽」釋道，堅持道不離陰陽。〔註37〕梁韋弦在《〈程氏易傳〉導讀》中，認為《周易程氏傳·易傳序》所謂「予所傳者，辭也」可謂程氏易學綱領。〔註38〕

以下數篇學術論文也可供借鑒：在《宋代〈易〉學中的「援史證易」派》一文中，張善文認為「援史證易」可溯至「十翼」。程頤以儒理釋《易》時，常舉歷史事件作為例證，對「援史證易」派有直接影響。〔註39〕在《〈周易程氏傳〉思想研究》一文中，金春峰認為「體用一源，顯微無間」源自程子對理學中「理事」關係的總結，認為程頤所謂「理」當以「天地之道」為內涵。〔註40〕在《論程頤〈易〉學對王弼之學的繼承》一文中，朱漢民從易學的學

〔註33〕余敦康：《漢宋易學解讀》，北京：華夏出版社，2006年：第395～396頁。

〔註34〕余敦康：《漢宋易學解讀》，北京：華夏出版社，2006年：第409～415頁。

〔註35〕余敦康：《漢宋易學解讀》，北京：華夏出版社，2006年：第394～400頁。

〔註36〕姜海軍：《程頤易學思想研究──思想史視野下的經學詮釋》，北京：北京師範大學出版社，2010年：第162～163頁。

〔註37〕陳來：《宋明理學》，北京：生活·讀書·新知三聯書店，2011年：第102～103頁。

〔註38〕梁韋弦：《〈程氏易傳〉導讀》，濟南：齊魯書社，2003年：第10～46頁。

〔註39〕張善文：《宋代易學中的「援史證易」派》，《福建師範大學學報》（哲學社會科學版），1992（3），第40～47頁。

〔註40〕金春峰：《〈周易程氏傳〉思想研究》，《中州學刊》，1984（4），第61～70頁。

術形態、體用關係、天道與人事三方面對《周易程氏傳》和王弼《周易注》進行了比較，認為程頤易學是王弼易學的學術傳承者〔註 41〕。在《程頤〈易〉學的特點及其在中國易學史上的地位》一文中，蔡方鹿指出，程頤既反對象數派觀點，也不同意王弼「得意在忘象」的易學方法。〔註 42〕在《朱熹對宋代易學的發展——兼論朱熹、程頤易學思想之異同》中，作者認為程頤通過解釋卦爻的象數關係來直接闡發理學之義理，朱熹則是通過解釋卦爻的象數關係來間接闡發義理。〔註 43〕我們認為，這並非程朱易學的主要區別，易學都是通過解釋卦爻的象數關係來間接闡發儒家義理的。劉樂恒《〈程氏易傳〉研究》一文，將程氏注易之宗旨概括為「未明義理，不可治經」「反求諸身，百理皆具」「窮理盡性，以至於命」及「憂患之書，惕懼之學」等。並把程氏注易之方法具體總結為「直接『十翼』，觀象玩辭」「歡大斥小，扶陽抑陰」「踐履盡易，禮樂通易」和「切近人事，以史明易」四點。〔註 44〕另有若干學術論文可供參考，不再贅述。

（三）張載易學與程頤易學比較研究現狀

　　張載和二程是「北宋五子」中對於理學開新貢獻最大的學者，他們基本上生活在同一時期，在政見上都反對王安石變法，和司馬光舊黨集團成員來往密切。兩家又是親戚關係，過從甚密，互為講友，密切的學術交往對彼此的思想學說的形成產生了重要影響。理學家在學術生涯中，都以心解經典、自立義理為旨歸，然而對儒學思想範疇和思想體系的解讀各具特色，不盡一致。基於研究方法、思想觀點的差異，在張載去世後，二程和弟子論學過程中常常論及張載，對張載思想觀點有褒獎有批評。從此，關洛異同就成為理學家的一個重要話題。在構築各自理論體系的過程中，張載和程頤都特別重視《周易》經傳。二十世紀五十年代以前，關於張載與程頤學術異同比較研究很少。僅有的幾部哲學史與理學史的專著，都是對張載和程頤的理學思想

〔註 41〕朱漢民：《論程頤易學對王弼之學的繼承》，《齊魯學刊》，2010（1）：第 18～21 頁。

〔註 42〕蔡方鹿：《程頤易學的特點及其在中國易學史上的地位》，《周易研究》，1994（1）：第 9～16 頁。

〔註 43〕蔡方鹿：《朱熹對宋代易學的發展——兼論朱熹、程頤易學思想之異》，《周易研究》，2001（4）：第 37～47 頁。

〔註 44〕劉樂恒：《〈程氏易傳〉研究》，華東師範大學碩士學位論文，2006 年：第 25～34 頁。

做分別論述，[註45]很少從易學的角度進行比較。此後，隨著對宋明理學研究的不斷深入，學術界對張載與程頤學術異同愈來愈重視。這些成果即存在於研究張載理學和程頤理學的專著中，也散見於哲學史、儒學史、易學史、理學史等的研究中。其中有些著作將「關洛關係」作為單獨一個章節，多數著作和文章只是隨文論述而已。儘管這些比較研究並非都從易學角度出發，但是，常常涉及到易學範疇和命題。下面對一些主要研究論著介紹如下：

張岱年《張載——十一世紀中國唯物主義哲學家》一文，[註46]論及張載和程頤思想學說的淵源關係，認為「程頤的說法比較公平」，而朱熹所謂關學由二程「發之」不夠確切。[註47]張著以「唯物論」界說張載思想體系是受日丹諾夫哲學史定義的影響，而運用「唯物／唯心」的思維模式分析張載哲學，儘管具有深刻的時代意義，然而不盡合於張載原著本義。[註48]

姜國柱《張載的哲學思想》是改革開放以來較早涉及關洛異同問題的論著。在「關學與洛學」一節中，該文分別從宇宙論、認識論、人性說以及道德學說對關張載思想和程頤思想進行了比較。[註49]

陳俊民著《張載哲學思想及關學學派》，專門論述關學思想源流、關學的洛學化等，認為張載之學不出於二程，而是「苦心力索」的獨立創造[註50]。

丁為祥教授著《虛氣相即——張載哲學體系及其定位》一文，論及「張載與二程—關洛學旨之異」，深入分析了地域差別、學說傳承等影響兩人學術異同的因素。[註51]

[註45] 謝无量著《中國哲學史》（寫於 1906 年），胡適著《中國哲學史》（寫於 1919 年），馮友蘭的《中國哲學史》（二卷本）（寫於 1930 年），呂思勉著《理學綱要》（寫於 1927 年），陳鍾凡著《兩宋思想述評》（寫於 1933 年），都沒有涉及關洛關係。（日）渡邊秀方著，劉侃元譯：《中國哲學史概論·近世哲學》（臺北：臺灣商務印書館，1977 年：第 30 頁）在橫渠一章的結論中涉及張程關係，認為張程「互相推重，互相啟發」。

[註46] 此書收錄在《張岱年全集》第三卷，石家莊：河北人民出版社，1996 年。

[註47] 《張載集·正蒙》，第 13 頁。

[註48] 可參閱林樂昌：《20 世紀張載哲學研究的主要趨向反思》，《哲學研究》，2004 年：第 12 期。

[註49] 姜國柱：《張載的哲學思想》，瀋陽：遼寧人民出版社，1982 年：第 170～184 頁。

[註50] 陳俊民：《張載哲學思想及關學學派》，北京：人民出版社，1986 年：第 5 頁。

[註51] 丁為祥：《虛氣相即——張載哲學體系及其定位》，北京：人民出版社，2000 年，245 頁。

　　在研究二程的專著中，較早涉及關洛關係的是徐遠和《洛學源流》。此書以張載去世為時間基點，將張載、二程學術交往分為前後兩個時期。認為「張載寫成《正蒙》等著作，標誌著關學已經最終形成，二程除《定性書》以外，其他著作都不是這個時期寫成。洛學尚在形成過程中，並未最終確立」。〔註52〕

　　盧連章《二程學譜》有「二程與周敦頤、張載的關係」一節，認為在宇宙論方面二程以理本論反對張載氣本論，而在認識論方面觀點接近。至於解釋「窮理盡性以至於命」，分歧較大。〔註53〕龐萬里《二程哲學體系》有「與關學的關係」一節，認為關學中許多範疇和命題，經過改造，成為二程理學體系中的重要內容。〔註54〕持類似觀點的還有潘富恩、徐餘慶著《程顥程頤理學思想研究》，〔註55〕程鷹著《伊洛學派及其教育思想》，〔註56〕蔡方鹿著《程顥程頤與中國文化》〔註57〕等。英國漢學家葛瑞漢著《中國的兩位哲學家——二程兄弟的新儒學》一書，在附錄三介紹了「張載與二程的關係」。提到張著很少提及二程，而程著作常常提到張載，而事實上，更為可能的是他們之間相互影響。〔註58〕以上論著中的這些觀點雖較為中肯，然而都很少從易學解釋學的角度解讀原著。

　　研究思想史、哲學史、易學史等的專著，多有涉及張載與程頤關係的章節。侯外廬主等編《宋明理學史》，有「張載與二程關係」一節，其中談到張載與二程對於《易傳》所謂「一陰一陽之謂道」的不同解讀。該書站在二程理本論的角度上，認為「張載在解釋此句時，受字義限制，概念上有些含混不清。」〔註59〕我們認為，每一個思想家的思想體系自身可以說都是自洽的，「含混不清」的是理解者，而不應該是被理解者。該書認為張載和程頤爭論

〔註52〕徐遠和：《洛學源流》，齊魯書社，1987年：第20頁。

〔註53〕盧連章：《二程學譜》，鄭州：中州古籍出版社，1988年：第171頁。

〔註54〕龐萬里：《二程哲學體系》，北京：北京航空航天大學出版社，1992年：第37～43頁。

〔註55〕潘富恩：《程顥程頤理學研究》，上海：復旦大學出版社，1988年：第84頁。

〔註56〕程鷹：《伊洛學派及其教育思想》，北京：教育科學出版社，1993年：第6～7頁。

〔註57〕蔡方鹿：《程顥程頤與中國文化》，貴陽：貴州人民出版社，1996年：第254～256頁。

〔註58〕〔英〕葛瑞漢：《中國的兩位哲學家一二程兄弟的新儒學》，鄭州：大象出版社，2000年：第251頁。

〔註59〕侯外廬、張豈之、邱漢生：《宋明理學史》，北京：人民出版社，1984年：第124頁。

最激烈的命題是《說卦傳》所謂「窮理盡性以至於命」。〔註60〕認為張載的思想對二程深有影響。相反,從張載的著述中則很難看出對二程的因襲之處。〔註61〕又《中國思想通史》認為,「按照道學的正統觀念,關學是洛學的一個分支,但這和歷史實際不盡符合」。〔註62〕

唐君毅《中國哲學原論・原教篇》有「程明道之無內外,徹上下之天人不二之道」一章,有「二程之學與橫渠之學的異同問題」、「橫渠之言知心之所從來與二程之言心具天德」、「橫渠學中之定性問題與明道定性書之核心義」三節,涉及《易傳》所謂「繼善成性」,「仁統四德」等命題。對張載和二程在天人、心性等問題上的異同進行了細緻的分析。

陳來的《宋明理學》認為程顥的仁學受《西銘》影響,〔註63〕程頤《周易程氏傳・易傳序》所謂「體用一源,顯微無間」的命題,源自《正蒙》張載批評佛教「體用殊絕」的命題。〔註64〕我們認為,張載和程頤雖然都以體用論言道體與道體之用,但是這兩個命題含義相差甚遠。張載所謂佛教「體用殊絕」,是指佛教學說有體無用。而程頤以道為本體,而道不離天地萬物。程頤以天地萬物為現象,為道體之用。

勞思光《新編中國哲學史》認為:「《呂大臨橫渠先生行狀》記張氏著作,只提《正蒙》及《西銘》,於張氏之《理窟》、《易說》及《文集》等,均不及一字,是疏略之二也。」〔註65〕事實上,《理窟》、《易說》及《文集》等為後人編成,呂大臨不可能看到。又說:「然在學術方面,則張氏自謂不及二程,反常向二程請益。」又說,「然若就理論內部言,則張氏之系統仍是形上學與宇宙論混合之系統;而非二程之純粹形上學系統。」〔註66〕這些顯然沒有達到對古人思想學說之同情理解。這是勞氏在西方哲學「生成論/本體論」解

〔註60〕侯外廬、張豈之、邱漢生:《宋明理學史》,北京:人民出版社,1984年:第125頁。
〔註61〕侯外廬、張豈之、邱漢生:《宋明理學史》,北京:人民出版社,1984年:第92頁。
〔註62〕侯外廬等:《中國思想通史》,北京:人民出版社,1959年:第562~570頁。
〔註63〕陳來:《宋明理學》,上海:華東師範大學出版社,2004年:第64頁。
〔註64〕陳來:《宋明理學》,上海:華東師範大學出版社,2004年:第103頁。
〔註65〕勞思光:《新編中國哲學史》,桂林:廣西師範大學出版社,2004年:第128頁。
〔註66〕勞思光:《新編中國哲學史》,桂林:廣西師範大學出版社,2004年:第129頁。

釋模式解釋中國典籍，並認為本體論高於生成論。勞氏認為：「故就歷史標準說，《正蒙》一書所包含之思想，與孔孟之心性之學相去甚遠，不得視為孔孟道傳所在。」〔註67〕又說：「橫渠於訓詁考證之事，全未用心；故不僅對《易經》之形成時代全無所知，其解經亦常有錯誤」、「二程立說，精密自遠勝橫渠；然橫渠因自身苦心極力以求，故常觸及重要問題，則不可否認也。」〔註68〕勞氏所謂的「歷史標準」即《易傳》成書於戰國時代之後，與孔孟無關。這種觀點暗含著《周易》成書後至孔子的五百年間沒有解釋《周易》的任何資料，不合常理之甚。勞氏對於孔子思想的認識基於《論語》，而《論語》雜記孔子與弟子言論，鮮及六經。孔子言六經之語被後學歸入各經之傳，如《易傳》《禮記》《詩序》等，而《論語》視域中的孔子，自然與六經無關。這顯然與自先秦至漢唐，一千多年來儒者認為孔子傳授六經，開創儒家學派的觀點不合。至於《易傳》所謂一陰一陽之謂道、窮理盡性以至於命等易學命題，又都站在程氏易學立場上批評張載易學，沒有達到同情的理解這一詮釋學基本要求。

　　王緒琴《氣本與理本——張載與程頤易學哲學比較研究》〔註69〕一文，此文結構清晰，論述詳盡，在問題的發現與切入方面值得借鑒。缺憾是該文基本上是傳統觀點的整理，缺乏新意。還有許多學術論文涉及張載易學和程頤易學的異同，這裡不再贅述。

（四）存在問題

　　首先，多數論著在研究中國傳統經典時受西方哲學理論模式影響較深，過多地受到西方哲學思想觀念和現代社會思想觀念的影響。從解讀中國傳統哲學思想的方法論模式看，上世紀八十年代以前流行的西方哲學唯物／唯心模式的影響逐漸減弱，而宇宙論／本體論模式的影響依然很深，西方解釋學方法論模式逐漸受到重視。借助西方哲學思維模式解讀中國傳統思想經典，雖然有助於挖掘中國傳統經典的思想內涵，但是很容易脫離時代背景而誤讀經典作者本義。其次，有些學者研究張載的哲學思想時，依然受到學術史上

〔註67〕勞思光：《新編中國哲學史‧三卷上》，桂林：廣西師範大學出版社，2004年：第132頁。

〔註68〕勞思光：《新編中國哲學史‧三卷上》，桂林：廣西師範大學出版社，2004年：第132頁。

〔註69〕王緒琴：《氣本與理本——張載與程頤易學哲學比較研究》，南開大學博士學位論文，2012年。

程朱學派對張載思想誤讀的影響，加之個人性格傾向、學術旨趣等的差異，無意中延續了歷史上的學派立場之爭。又次，關於張載易學與程頤易學比較研究大多散落在相關論著中。由於研究側重點不同，多數論著對張載與程頤學術異同只做籠統敘述或局部對比，缺少深入的文獻解讀。又次，多數論著論點時有因襲，對於張載和程頤思想和先秦、漢唐諸家學說的學術淵源探討不夠。常常將後世新生思想內涵賦予前代思想範疇，從而做出對原著的「深刻詮釋」。最後，多數研究過多地關注思想家的思想體系本身，而缺乏對思想家所處的思想文化背景和思想家的人生經歷的關注。脫離了具體的時代語境，以至於張載和程頤之間學術討論的本來面目得不到真實還原。

二、研究意義

（一）通過分析易學在張載和程頤理學開新過程中的地位和作用，有助於推進宋明理學的深層研究。宋代是儒家思想通過變革成功復興並再次主導傳統文化的時代。在此期間，思想家前赴後繼，理論開新成果迭出。思想創新離不開知識的增長和更新，知識的增長和更新推動了人們世界觀、人生觀的不斷進步。例如，儒家思想中的「聖」之境界，在漢唐佛道二教心性說的刺激下，從先秦時代的「聖王說」向宋儒「聖人說」轉變。儒家學者把孟子「人人可以為堯舜」的口號，創造性地詮釋為「人人可以為堯舜」的理論體系。《周易》經傳和《禮記》是自然科學知識、社會科學知識比較豐富的經典，宋代思想家們主要通過創造性地詮釋《易傳》《禮記》中的相關範疇和命題，構築各自的天道性命學說。例如，周敦頤論「無極而太極」，以《易》《庸》互詮的思路論誠、「立人極」。又如，張載以虛氣相即論天道性心，二程以理釋天道性心等。將他們各自的易學詮釋學進行全方位分析與呈現，無論是對於易學史抑或是對於哲學史都有其一定的意義。

（二）通過比較研究，有助於釐清理學家在理論創新過程中不同的思維模式。相對而言，一些思想家比較重視具象的感官經驗，一些思想家比較重視抽象的概念思辨。前者比較重視理論思維中經驗事實基礎性，後者比較重視理論思維中抽象原則的超越性。就理學開新而言，張載比較重視經驗事實，其本體論構建以完善的宇宙論為基礎。程頤比較重視概念思辨，其本體論構建借鑒了道家道本論的思維模式。張載以太虛為本體，太虛是實際存在的，可以用氣化萬物經驗事實來檢驗。而程頤以抽象的理為本體，即在三才之上

又寓三才之中，是聖人退藏於心的「密」。理學家同樣重視先天必然性，並最終將這種先天必然性附會於儒家人倫綱常。張載認為這種先天必然性就是天命之性，源自實際存在的太虛本體。程頤則認為這種先天必然性就是理之在人、在物，是超越現實存在物、寓於現實存在物的抽象原則。後世理學家的理氣之辨，主要以張載和二程的思想體系為理論淵源。研究他們各自的詮釋方式異同、本體論異同以及兩種不同的理論路徑的傳承與流變，對於我們評析理學的理論價值和時代意義都非常重要。而學界存在著的諸多看法，或以為二程理學是對張載氣學的繼承與發展，或以為張載易學系出程門，或以為張載沒有完成本體論的建構，以及各種各樣的儒學正統論等。這些觀點未能充分達到對古人構建思想體系的同情理解。通過對這些觀點的再思考，對於合理評價張載在宋明理學史，乃至中國哲學史上的作用和地位無疑具有一定積極意義。

（三）有助於剖析宋代義理易學的時代特點。易學史是儒家經學史不可分割的組成部分，在中國古代哲學思想史上具有重要地位。《易傳》以弘揚儒家君子之道為旨歸，把道德修養、聖人境界建立在天人之辯的理論基礎之上。漢儒通過象數易學，實現了《易學》與現實政治操作的對接。縱使漢易雜有讖緯迷信，其理論旨歸仍然是儒家義理。唐宋時代，應對佛老泛濫、復興儒家天道性命學說是理學家的歷史使命。理學家詮釋《易經》的基本出發點和最終歸宿，正是張載所謂「為天地立心，為生民立命，為往聖繼絕學，為天下開太平」。在這一時代背景下，宋代義理易學一掃王弼義理易學之貴無尚虛的學風，把宇宙本體和價值本體建立在「實際」「實理」之上，以對抗佛老的「空」「無」。使得繼善成性、窮理盡性、天人合一的德義安民，而非開疆擴土、榮華富貴、功名文章成為易學詮釋的主題。總之，張載和程頤易學因經以明道，為天下人尋找安身立命的釋經宗旨，是宋代義理易學最重要的特點。

（四）現代科技文明使得物質文化與道德建設錯位發展，給人們精神生活造成的一定程度的混亂，復興儒學、重構中國人的精神家園，無疑是重大現實課題之一。源自張載，經王夫之弘揚的氣本論學派，在當代又重新為學者所重視。氣本哲學注重現實生活實踐，在整合公共道德規範等方面具有積極的意義。而傳統儒學則將理學分為兩派，即理學和心學。又以程朱理學為正統，以周敦頤、張載和程頤、邵雍為先驅。港臺、海外新儒家在理學研究中常常帶有主觀信仰的態度，將理學分為三系，以陸王心學為正宗，通常也肯

定二程的理論貢獻，對張載的思辨成果評價不高。大陸學界研究理學多從學術角度出發，與歷史上的理學家治學精神缺乏共鳴。通常將儒學劃分為三派，即氣本論、理本論、心本論，以張載到王夫之的氣本論為儒家哲學發展的主導，反映了唯物／唯心思維模式的時代痕跡。重新審視張載和程頤的理論創新，對於理解宋明理學發展史，對於理解和傳承傳統文化等具有十分重要的學術價值。

三、研究方法

　　首先，比較研究是促使研究深化的重要方法。通過縱向比較，可以理清張載易學和程頤易學的理論淵源，分析各自易學繼承與開新的異同。通過橫向比較，可以清晰地展現張載和程頤易學各自特色，具體分析影響思想家詮釋經典的各種因素，比如生活經歷、個性傾向、學術歷程等。第二，運用歷史和邏輯相統一的方法，盡量避免運用現代哲學解讀模式，過度地解讀古代思想家的文本資料。思想家的所處的時代背景，深刻地影響著思想家生活世界、精神世界。思想家的構築理論體系的過程是其精神世界發展變化的真實寫照。思想家的生平和文字資料構成了研究其思想世界的事實材料。接近思想家本人的思維方式的程度，無疑決定著研究者接近作者文本原義的程度。第三，運用詮釋學方法。儒家學者詮釋經典的主觀出發點，首先是追求儒家六經作者原意和追求六經文本本義。在文本形式上首先表現為解釋經典原文，主觀上都認為自己的解釋才是聖人之意，才是經典本義，並視不同的觀點為誤解聖人之意，誤讀經典文本原義。而時代思潮、語言文字變遷、名物制度生滅等無不干擾著解釋者的解釋活動。區分經典作者之意和解釋者的意圖，區分經典文本原義和解釋者創造性解讀是我們的一個重要研究目的。廣義上的西方詮釋學，是關於文本意義的理解與解釋之方法論及其本體論基礎的學說。詮釋學的三個向度即探求作者之原意、分析文本的原義、強調讀者領會之義。從理論形態上看，通常可分為技術詮釋學、理論詮釋學以及存在論詮釋學。技術詮釋學提供理解文本的方法、規則，哲學詮釋學反思理解與解釋及其條件，而詮釋哲學則是西方現代哲學所謂生命世界的現象學。從現代西方詮釋學視域看，今人研究理學家思想無疑是解釋理學家對經典的解釋，也就是對解釋的再解釋。基於研究的實際情況，我們嘗試在技術解釋學意義運用詮釋學方法。第四，運用文獻學方法。聖人述作六經的時代太過久遠，即便是理

學家對六經《論》《孟》的再解釋也已經成為古代文獻。借助文獻學方法，對於研究理學家的思想是必要，也是必須的。查找、整理文獻資料、選取與使用版本、校對文字、解釋文辭無不需要文獻學的方法作為指導。科學的態度體現在讓文獻資料成為論證過程和論證結論的堅實基礎。在這個意義上，可以說研究古代經典的過程就是尋找真實的文獻資料，合理編排文獻資料，讓文獻資料「自我展現」歷史事實的過程。

四、創新點與不足之處

　　本研究的創新有三點。第一，本書認為《易傳》「三才說」和道家「四大說」是中國古代哲學史上的兩大重要的理論模式。比較分析張載易學和程頤易學分別對這兩種理論模式的繼承和發展是本書的主要內容和線索。較之主要從宇宙論／本體論的西方哲學思維模式考察張載和程頤的易學解釋學，一定程度上避免了「以西釋中」的弊端。第二，以往易學的研究過多地受到《四庫提要》作者「二派六宗」的學術分類觀念的影響，將是否使用象數體例釋經視為義理易學與象數易學的主要區別。通過對比文獻資料，我們發現義理易學也使用了一些所謂的象數體例釋經，而象數易學也以闡發儒家義理為旨歸。二者的最大區別是，對於卦爻辭的吉凶悔吝，象數與義理何者更為根本。第三，張載易學和程頤易學主要通過《易》《庸》互詮，來闡發先秦儒家天道性命學說。從主觀意圖和釋經實踐來看，張載和程頤易學首先通過對先秦儒家文獻的解讀，彰顯孔孟天道性命學說。因而本書把梳理張載和程頤二人對《周易》經傳中的主要範疇和命題的創造性詮釋作為比較張載和程頤易學解釋學異同的重點，進而在易學視域中展現出張載和程頤二人不同的理學思想淵源。

　　本研究的不足有以下幾點：第一，對漢代象數易學以及魏晉玄學化易學缺乏足夠考察，而張載易學和程頤易學可以視為對漢代象數易學的反動以及對玄學化易學的「糾偏」。難免存在對文獻、易學範疇、概念等方面把握不准的地方，從而一些結論尚不能給出足夠支撐材料。因而，我們把梳理張載和程頤之易學觀、釋易體例以及易學思想與易學史上各種易學觀、釋易體例以及易學思想的歷史淵源作為突破點。第二，對張載和程頤文本解讀還有待進一步深入。張載的文字表達方式比較特殊，有些概念和文句現在理解起來很困難，即不能輕易認為張載的言辭含糊，也不能做出過度深刻詮釋。同樣的

問題也存在於二程的語錄中。二程語錄中也存在著屬於口語式、對話式語言結構，至於能否把二程的語錄作為嚴格的定義或判斷來界定二程的易學思想尚把握不准。每一個學者的思想都有一個發展變化的過程，甚至前後期存在著很大不同。將思想家的精神世界理解為一個動態的立體過程，比將之理解為一個靜態的平面結論更符合歷史事實。這就需要對文本有更加細緻和深刻的辨析。限於時間和研究能力，本研究尚不能完全做到。我們將通過張載和程頤各自易學文本內部參照，力圖從整體上準確把握作者之意。第三，程顥易學對張載易學和程頤易學的影響無疑是存在的，限於研究廣度和深度等，文章未能涉及。第四，張載易學和程頤易學對理學後學影響的比較，顯然是張載易學和程頤易學異同的題中之義，限於時間和精力無法深入進行研究，有待今後補充。限於學力和研究經驗的不足，很多結論未必到位，有待前輩、方家批評指正。

第一章　張載、程頤的生平、著述以及學術歷程

第一節　張載、程頤生活的時代背景

一、祐文抑武的國策

　　總結前朝滅亡教訓，加強皇權專制，從頂層調整專制策略和治理體系，以防重蹈覆轍，是歷朝歷代開國皇帝的慣例。宋太祖本人通過「陳橋兵變」登上九五至尊，深知武將對於皇權的潛在威脅。因此，北宋建立之初即確立了祐文抑武的治國方略。宋初幾位皇帝通過科舉制度改革，主要是通過擴大科舉取士迅速讓大量的讀書人入仕。使得朝野上下的崇文之風盛行，文人士大夫的文化擔當意識隨之大大提振。從官方到民間都比較重視儒學，重視本於儒家倫理觀念的蒙學教育。宋代儒者則認為前朝滅亡在於儒家五帝三王之道不行，於是接過中唐以來儒學復興的大旗，以踐履聖人之道為己任，以堯舜禹三代之治為最高政治理想，並積極付諸實踐。宋初文人言必稱三代，論及禮樂、治道、教化無不以三代之治為楷模。主張從君主德性、典章制度乃至文章寫作、人材培育等方面進行變革。同時，為了應對「三冗」「邊事」等現實政治問題，改革逐漸成為成士大夫們的共識。例如，范仲淹曾有所謂「上下同心，致君親如堯舜；中外有道，躋民俗於羲黃」之語〔註1〕。最為典型的

〔註1〕〔宋〕范仲淹：《范仲淹全集・睦州謝上表》，李勇先、王蓉貴校點，成都：四川大學出版社，2002年：第387頁。

是宋初「三先生」之一的石介，認為後世「三王之道不復，非秦之罪也，漢之罪也。」〔註2〕

　　科舉出身的宋代官員，常常兼具學者身份，他們在思想文化領域中也非常活躍。在管理地方行政事務的同時，講學授徒等文化傳承職能也日益彰顯。宋代學術與政治的關係更加密切，還表現在經筵侍講制度化。經筵本指漢唐以來朝廷為講經論史而特設的御前講席。經筵侍講是一種特殊的帝王教育制度，目的是格君心之非。經筵制度在宋仁宗的時候已經趨於完備，講官常常以翰林學士或其他官員充任或兼任。從內容上看，經筵所講涉及經史、祖訓等。經筵官雖不是正式官職，但是對於影響皇帝決策，推行自己的政治主張作用很大。《皇宋通鑑長編紀事本末・經筵》曾載，神宗時，呂公著、王安石曾提議經筵官改立講為坐講。因為議禮意見的差異，禮官分成了兩派：一派認為，太祖、太宗之時侍講之臣均賜坐，「以其敷暢經藝，所以明先王之道。道之所存，禮則加異」。一派認為立講為宜，同時又指出，「若為傳道近為師，則今侍講解說舊儒章句之學耳，非有為師之實，豈可專席安坐，以自取重」。「道之所存，禮則加異」表現了士大夫們「道尊於勢」的尊師重教觀念。而所謂「今侍講解說舊儒章句之學耳，非有為師之實」，亦可見漢唐注疏之學在宋代士大夫心目中不再神聖。〔註3〕

二、應對「三冗」的改革思潮

　　宋代立國之初，為了避免宰相專權、藩鎮割據，從中央到地方，從軍事到政治都進行了精心的收權、分權頂層設計。政治上，設「中書門下」，由同

〔註2〕石介曾說：「夫井田，三王之法也；什一，三王之制也；封建，三王之治也；鄉射，三王之禮也；學校，三王之教也；度量以齊，衣服以章，宮室以等，三王之訓也。三王市廛而不稅、關譏而不徵，林麓川澤以時入而不禁，用民之力歲不過三日。五十者養於鄉，六十者養於國，七十者養於學，孤寡鰥獨皆有常餼。周衰，王道息。秦併天下，遂盡滅三王之道。漢革秦之祥已矣，不能革秦之弊，猶襲秦之政。而井田卒不用也，什一卒不行也，鄉射卒不舉也，學校卒不興也，度量卒不齊也，衣服卒不章也，宮室卒不等也。市廛而稅、關譏而徵，林麓川澤不以時而入，用民之力無日。五十、六十、七十者不養，孤寡鰥獨無常錢。三王之道不復，非秦之罪也，漢之罪也。」參見〔宋〕石介：《徂徠石先生文集・漢論上》卷十，陳植鍔點校，北京：中華書局，1984年：第111頁。

〔註3〕〔宋〕楊仲良：《皇宋通鑑長編紀事本末・講筵》卷五十三，哈爾濱：黑龍江人民出版社，2006年：第441頁。

中書門下平章事掌管民政權。為限制宰相權力，增設副宰相「參知政事」。軍事上，改革殿前都點檢一人統領禁軍，而設殿前司、侍衛馬軍司、侍衛步軍司分權制衡。又在中央設樞密院，掌控調兵權，限制禁軍三帥的權力。在財政管理上，設置三司，由皇帝委派親信擔任，掌控財政大權。又常常實行一職多官，頻繁調動。同時大興科舉、採用恩蔭制籠絡人心。在地方，多以文官制約武官，使「兵不識將，將不識兵」。軍隊訓練鬆懈，戰鬥力低下。為穩定邊疆，不得不增加兵力配置。地方官多用文官，重要州府都有皇帝直接派出通判制約地方官員。而且官、職分離，有官不一定有權，掌權的官吏又往往由皇帝臨時任命。最後，地方財政由中央直接派遣的轉運使主管，從人、財兩方面遏制了地方權力。由此而來的冗官、冗兵、冗費，使得財政入不敷出。加上戰場失利，最終形成積貧積弱的局面，遂使改革成為北宋中後期的時政主題。

慶曆新政前夕，大宋與西夏戰爭失利。康定元年（1040年），富弼上奏章說：「論日食，以謂應天變莫若通下情，願降詔求直言，盡除越職之禁。」〔註4〕於是，宋仁宗詔書內外臣僚，暢言朝政得失。康定二年（1041年），范仲淹主持對西夏的軍事行動。慶曆三年（1043年），因經營西北邊事有功，范仲淹被任命為參知政事。慶曆四年（1044年），宋仁宗詔令「州縣皆立學，本道使者選屬部官為教授，三年而代；選於吏員不足，取於鄉里宿學有道業者，三年無私譴，以名聞」。〔註5〕這標誌著范仲淹領導的、以實現三王之道為目標的慶曆新政正式開始。慶曆新政以澄清吏治、富國強兵、厲行法治為目的，以范仲淹《答手詔條陳十事》為綱領。新政的主要內容有「明黜陟」「抑僥倖」「精貢舉」「擇長官」「均公田」「厚農桑」「減徭役」「修武備」「重命令」「推恩信」等。〔註6〕范仲淹新政嚴明官吏升降，提出新的考核政績、磨勘升遷辦法。重新規定官員按等級給以一定數量的職田，以「責其廉節」，防止貪贓枉法。限制中、上級官員的任子特權，防止權貴親屬壟斷官職。在科舉考試方面，進士科由重詩賦改為重策論，明經科由貼經、墨義改為闡述義理。令州

〔註4〕〔宋〕李燾撰：《續資治通鑒長編》卷一百二十六，康定元年二月條，北京：中華書局，1993年：第2978頁。

〔註5〕〔宋〕李燾撰：《續資治通鑒長編》卷一百四十七，慶曆四年三月條，北京：中華書局，1993年：第3564頁。

〔註6〕〔宋〕范仲淹：《范仲淹全集·答手詔條陳十事》，李勇先、王蓉貴校點，成都：四川大學出版社，2002年：第523～540頁。

縣立學，規定士子必須在學校學習一定時間方許應舉。加強農桑立法，將農政業績作為考察官吏、官吏黜陟的重要內容。主張合併戶口稀少的縣邑以減其徭役；開源節流，減輕人民負擔。主張恢復府兵制，用來輔助正規軍。然而，改革觸動了官僚貴族的特權。特別是官僚、地主、富商等既得利益階層，大都滿足於現狀而不顧國家利益和長遠利益。新政很快在官僚貴族的激烈反對聲中廢止。新政的核心人物也多在結黨嫌疑聲中調離京師。朋黨之說基於儒家君子小人之辨的觀念，簡單對立、非此即彼的思想觀念並不能客觀準確地反應人性或人格，常常被一些政客用作打擊政敵的利器。慶曆新政雖然失敗了，但是，以范仲淹為代表的士大夫君子人格成為年輕學子的楷模。康定用兵期間，張載曾慕名拜訪范仲淹。而此時，二程年齡尚小。

慶曆新政失敗後，積貧積弱的局面日益加劇，北宋王朝內憂外患，危機四伏，要求改革的呼聲此起彼伏。嘉祐三年（1058 年），王安石在《上仁宗皇帝言事書》中提出了一系列變法主張。治平四年（1067 年），更富有進取精神的宋神宗即位。熙寧元年（1068 年），王安石再次提出新政主張，為神宗接受。次年，宋神宗任命王安石為參知政事，陸續推行新法。主要內容有均輸法、青苗法、募役法、保甲法、方田均稅法、市易法等，對學校教育制度、科舉制度等也進行了一些改革。新法推行後，朝廷財政收入大幅增長，北宋國力有所增強。新法在一定程度上抑制了豪強地主土地兼併，限制了富商巧取豪奪，農戶賦稅有所減輕，促進了農業生產，加強了農村的封建統治秩序。節省了大量軍事訓練費用，提高了軍隊戰鬥力，軍事上有所成就。由於急於求成，政策執行不力，用人不當等，變法過程中出現了一些危害百姓的現象。加之改革派內部分裂，新法最終在以司馬光為代表的保守派的一片反對聲中宣告失敗。王安石新法首先遭到許多朝中元老大臣的反對。圍繞著推行新法，逐漸形成擁護派與反對派之間的兩黨之爭。熙寧七年（1074 年）春，天大旱，久不雨，朝內外守舊勢力以「天變」為藉口，又一次掀起對新法的圍攻，干擾了新法的持續推行。宋神宗一度對變法的前景產生了懷疑。元豐八年（1085 年），宋神宗去世，年幼的宋哲宗即位，高太后垂簾聽政。以司馬光為首的舊黨人物獲得重用，改革派遭到貶斥，新法幾乎全被廢止。紹聖元年（1094 年），高太后去世，哲宗親政。哲宗重新起用變法派，貶斥舊黨一派。而統治集團內部的派系鬥爭更加激烈，變法已成為派系傾軋的工具。從此北宋朝政陷入了黨爭的泥沼，不久亡於外族入侵。

三、張載、程頤與北宋中後期的改革與黨爭

鑒於以往王朝覆滅的教訓，宋初統治者採取了抑武祐文之策略。完善科舉制度，擴大錄用規模，是抑武祐文策略的重要舉措之一。這為大量出身寒族的文人進入統治者階層提供了門徑。隨著文人士大夫主體意識的增強，「以天下為己任」成為普遍的人格追求。新舊黨爭始終貫穿著「君子小人之辯」「義利之辯」等。而適度的黨爭是皇帝居中調停、控制官員的策略之一。而臺諫制度的完善，也加劇了黨爭，也使得居於權力中心的皇帝加強了對內外官員的控制。歷史上，御史臺與諫院職責有異、互不隸屬。御史臺制度大約成形於秦漢時期，此後逐漸演變為專門的監察官員的機構。諫官大約出現在秦漢時期，經常侍從皇帝左右，以勸諫皇帝為職責。北宋初年臺諫系統依然沿襲前代，真宗天禧元年（1017 年）開始，臺諫機構、制度逐漸完善、合流。臺諫共同勸諫皇帝，監察宰相與百官，共同參與朝政，影響政務決策。這也是北宋朝政的一大特色。臺諫制度逐漸成為皇帝控制百官，甚至黨爭的工具。北宋的大多數官員都深涉黨爭漩渦，難能置身其外。

張載、張戩與二程之父程珦是表兄弟。張氏家族人丁不旺，又多早喪，家世遠不如程氏一族興旺。二人在仕途、學術等方面，多少都曾受到程氏及其世交的幫助。而程氏是當時的名門望族，家族中多人曾為朝廷高官。程珦即與當時的元老重臣，諸如富弼、司馬光、文彥博、呂公著等交情深厚。仁宗皇祐五年（1053 年），二十四歲的張戩中進士，此後在閿縣、普潤、靈寶等多個地方任職。熙寧初，御史范育曾對神宗「盛稱張載、程顥兄弟，以為有道君子，乞詔還」〔註7〕，而後呂公著亦薦程顥。神宗遂以顥為「太子中允、監察御史裏行」。呂公著在薦舉程顥前後，亦以張載「有古學」而薦之入朝，遂為崇文院校書。

王安石新法遭到元老舊臣的反對〔註8〕。《宋史·食貨志》載：「當是時，

〔註7〕〔宋〕李燾撰：《續資治通鑑長編》卷二百二十三，熙寧四年五月辛卯條，北京：中華書局，1993 年：第 5418 頁。

〔註8〕《宋史·王安石傳》云：「安石與光素厚，光援朋友責善之義，三詒書反覆勸之，安石不樂。帝用光副樞密，光辭未拜而安石出，命遂寢。公著雖為所引，亦以請罷新法出潁州。御史劉述、劉琦、錢顗、孫昌齡、王子韶、程顥、張戩、陳襄、陳薦、謝景溫、楊繪、劉摯，諫官范純仁、李常、孫覺、胡宗愈皆不得其言，相繼去。驟用秀州推官李定為御史，知制誥宋敏求、李大臨、蘇頌封還詞頭，御史林旦、薛昌朝、范育論定不孝，皆罷逐。翰林學士范鎮三疏言青苗，奪職致仕。」參見〔元〕脫脫等撰：《宋史·王安石傳》卷三百二十七，北京：中華書局，1977 年：第 10546 頁。

爭青苗錢者甚眾，翰林學士范鎮言：『陛下初詔云公家無所利其入，今提舉司以戶等給錢，皆令出三分之息，物議紛紜，皆云自古未有天子開課場者。民雖至愚，不可不畏。』後以言不行致仕。臺諫官呂公著、孫覺、李常、張戩、程顥等皆以論青苗罷黜。知亳州富弼、知青州歐陽修繼韓琦論青苗之害，且持之不行，亦坐移鎮。」〔註9〕在熙寧新法開始時，程珦即稱病歸洛，不久致仕閒居。

熙寧年間，張載兄弟與舊臣諸賢在政治主張上也頗相一致，而張戩反對王安石新法尤為堅決。《宋史·神宗二》載：「（熙寧三年）三月丙申，孫覺、呂公著、張戩、程顥、李常上疏極言新法，不聽。壬午，右正言李常貶通判滑州，監察御史裏行張戩貶知公安縣，王子韶貶知上元縣。」〔註10〕神宗熙寧三年（1070年），張戩語犯王安石，四月，貶監察御使為公安（今湖北江陵地區）縣令。神宗熙寧四年（1071年），再貶為河南夏縣轉運使。神宗熙寧九年（1076年），再貶周至司竹監，三月患病暴卒。這對張家來說無疑是個沉痛打擊，《行狀》載張載悲痛異常，親持衰詞十二，撰墓誌銘，編《弟戩喪服纂要》，葬戩於父墓右側。張戩貶謫期間暴病而卒，二程以為與張戩個性不無關係。《程氏遺書》載：「天祺自然有德氣，似個貴人氣象，只是卻有氣短處，規規太以事為重，傷於周至，卻是氣局小。」〔註11〕二程認為，王安石執意不聽勸阻而行青苗法等，與張戩「面折介甫」使其產生逆反心理有關。〔註12〕這也算是舊黨人物對反對新法過激行為的反思。程頤在總結新法危害以及新舊黨爭之過錯時，曾說：「新政之改，亦是吾黨爭之有太過，成就今日之事，塗炭天下，亦須兩分其罪可也。」〔註13〕

〔註9〕〔元〕脫脫等撰：《宋史·食貨上四》卷一百七十六，北京：中華書局，1977年：第4285頁。

〔註10〕〔元〕脫脫等撰：《宋史·神宗二》卷十五，北京：中華書局，1977年：第275頁。

〔註11〕《二程集·程氏遺書》，第38頁。

〔註12〕如《程氏外書》載：「伯淳先生嘗曰：『熙寧初，王介甫行新法，並用君子小人。君子正直不合介甫，以為俗學，不通世務，斥去。小人苟容諂佞，介甫以為有才、知變、通適用之。君子如司馬君實，不拜副樞以去，范堯夫辭修注得罪，張天祺以御史面折介甫，被責。介甫性狠愎，眾人以為不可，則執之愈堅。君子既去，所用小人爭為刻薄。故害天下益深，使眾君子未與之敵，俟其勢久自緩，委曲平章，尚有聽從之理。則小人無隙可乘，其害不至如此之甚也。』參見《二程集·程氏外書》，第423頁。

〔註13〕《二程集·程氏遺書》，第28頁。

王安石用事後，亦曾向張載「問以新政」。張載云：「公與人為善，則人以善歸公；如教玉人琢玉，則宜有不受命者矣。」〔註14〕「教玉人琢玉」典出《孟子·梁惠王下》，喻不懂道術而指揮有道術之人。張載以純儒自居，以正心誠意修身齊家治國平天下為己任，認為王安石新政非儒者本分，自謙不擅長。因張載與王安石論新法不合，待苗振獄結，不久辭官還鄉。其年，張載始創橫崉書院，以講學、著述為業。神宗熙寧六年（1073年），在扶風午井、長安子午鎮、藍田等地，試辦「井田制」。《行狀》載：「嘗曰：『仁政必自經界始。貧富不均，教養無法，雖欲言治，皆苟而已。世之病難行者，未始不以亟奪富人之田為辭，然茲法之行，悅之者眾，苟處之有術，期以數年，不刑一人而可復，所病者特上未之行爾。』乃言曰：『縱不能行之天下，猶可驗之一鄉。』」〔註15〕顯然，張載這是要將其變法主張付諸實踐，以驗其可行與否。

熙寧十年（1077年），呂大防舉薦張載。其時吳充已代王安石當政，並引薦張載入朝為館職，授以同知太常禮院。這也可視為元老舊臣和皇室對張家不幸的一種安慰。九月，邵雍病重。《宋史·邵雍傳》載：「司馬光、張載、程顥、程頤晨夕候之」〔註16〕。不久，張載與禮官議禮不合，以病辭歸，經過洛陽時邵雍已經病逝。見二程時頗為感傷地說：「某之病必不起，尚可及長安也。」〔註17〕不料，冬十一月行至臨潼，竟卒於驛舍。

程頤雖然不曾真正入仕，但不乏儒者關心家國天下的淑世情懷。皇祐二年（1050年），程頤曾上書宋仁宗說：

> 道必充於己，而後施以及人，是故道非大成，不苟於用。然亦有不私其身，應時而作者也，出處無常，惟義所在。所謂道非大成，不苟於用，顏回、曾參之徒是也。天之大命在夫子矣，故彼得自善其身，非至聖人則不出也。在於平世，無所用者亦然。所謂不私其身，應時而作者，諸葛亮及臣是也。亮感先主三顧之義，閔生民塗

〔註14〕〔元〕脫脫等撰：《宋史·張載傳》卷四二七，北京：中華書局，1977年：第12723頁。

〔註15〕〔宋〕呂大臨：《橫渠先生行狀》，《張載集·附錄》，第384頁。

〔註16〕〔元〕脫脫等撰：《宋史·邵雍傳》卷四二七，北京：中華書局，1977年：第12728頁。

〔註17〕〔宋〕邵伯溫撰：《邵氏聞見錄》卷十五，李劍雄、劉德權點校，北京：中華書局，1983年：第161頁。

炭之苦，思致天下於三代，義不得自安而作也。如臣者，生逢聖明
之主，而天下有危亂之虞，義豈可苟善其身，而不以一言悟陛下哉？
故曰出處無常，惟義所在。〔註18〕

程頤年少自負，以道自任。認為當今天下，「民力匱竭」「戎狄強盛」，可謂危
機四伏。而當務之急是實行王道。能否行王道則與能否得賢才而用有關，正
所謂「治天下之道，莫非五帝、三王、周公、孔子治天下之道也。求乎明於五
帝、三王、周公、孔子治天下之道者，各以其所得大小而用之。」〔註19〕這
與王安石注重現實政治事務的《萬言書》主張截然不同。而程頤在文中主要
是在於宣揚王道政治，重在格君心的德性培養。顯然，王安石的「道」具有外
王取向，程頤的「道」所體現的則是內聖。

嘉祐四年（1059年），程頤「廷試報罷，遂不復試」，此後便無意科場。
熙寧二年（1069年）四月，程顥受王安石派遣到各地視察農田、水利、賦役
等新政推行情況。〔註20〕新政實施過程中顯露出的各種弊端使得程顥逐漸趨
向反對新法。程顥擔任了監察御史期間，前後進說甚多，「務以誠意感悟主上」
〔註21〕。在《論王霸劄子》中，程顥力昌儒者所謂王霸之辨，警言：「《易》
所謂『差若毫釐，繆以千里』者，其初不可不審也。」〔註22〕程顥從王霸之
辯的角度議論變法之宗旨，與程頤的致君之「道」就在於「格君心之非」如出
一轍。文中也以實現三代聖人之治為目標，認為王安石行新法是行漢唐君主
的霸道政治。希望神宗「知堯舜之道備於已，反身而誠之」。這便是他的除弊
的主張，這可以代表舊黨人士的變法綱領。〔註23〕對於王安石變法帶來的人
心騷動，程顥等舊黨人士是不能容忍的。元豐八年（1085年）三月，哲宗嗣
位，舊黨執政。五月，朝廷遷程顥宗正寺丞。六月，未及就任即病逝。

〔註18〕《二程集·上仁宗皇帝書》，第510～511頁。
〔註19〕《二程集·上仁宗皇帝書》，第513頁。
〔註20〕〔清〕畢沅：《續資治通鑒》卷六十六，熙寧二年四月條，北京：中華書局，
1957年：第1064頁：「丁巳，遣劉彝、謝卿材、侯叔獻、程顥、盧秉、王汝
翼、曾伉、王廣廉八人行諸路，察農田水利賦役，從條例司請也。」
〔註21〕〔元〕脫脫等撰：《宋史·程顥傳》卷四二七，北京：中華書局，1977年：第
12715頁。
〔註22〕《二程集·程氏文集》，第450～451頁。
〔註23〕在《上十事劄子》中，程顥效法三代制度，就修師傅之職、立六官、正經界、
均井田、興鄉黨之教、舉貢士、歸兵於農、儲備民食、使四民各有常職、節
制用度、明尊卑等闡述了自己的主張。參見《二程集·程氏文集》，第452～
455頁。

　　元祐元年（1086年），由王岩叟舉薦，朝廷任程頤為承奉郎，後又任宣德秘書省校書郎。三月，太皇太后召見程頤，面論程頤為崇政殿說書，輔導年幼的宋哲宗。元祐元年（1086年）九月，司馬光去世。舊黨分化為朔、洛、蜀三派，朔、洛兩黨都是司馬光故舊門生。洛黨以程頤及其門生為主，蜀黨以蘇軾、蘇轍及其門生為主。太皇太后高氏臨朝聽政期間，蘇軾、蘇轍兄弟執政，「元祐更化」開始。蘇軾作為文壇領袖，羽翼眾多。而邵雍、張載、程顥去世後，門生多投程頤門下。又程頤曾為崇政殿侍講，門生故舊陣容強大。元祐年間，兩黨在司馬光喪事、蘇軾策題、程頤侍講等方面紛爭不斷，相互攻訐。表面上看，蜀、洛黨爭都是由偶發事件引起，實質暗含著性格不合，特別是思想領域的衝突。二蘇治學緊跟皇室宗教政策，以兼容並蓄為特色，認為儒、佛、道三家殊途同歸，公開援佛入儒、援老入儒。二程則排釋拒老，以淳儒自居。元祐二年（1087年），程頤罷經筵。紹聖元年（1094年），哲宗親政，很快新黨上臺，舊黨遭貶斥。元符三年（1100年），哲宗病逝，徽宗即位。次年，蔡京執政，將司馬光等、蘇軾、程頤等舊黨人士一併列為奸黨，大加迫害，蔡京一黨專政形成。靖康二年（1127年），金軍攻取汴京，北宋滅亡。

四、三教並用的宗教政策和佛老二教對儒學的挑戰

　　在統治階級看來，宗教和學術無非是構築意識形態的工具而已。統治階級的個人偏好、鞏固皇權的需要等，左右著朝廷的宗教政策。作為最高統治者的皇帝，很少有真正的宗教信仰，對於宗教和學術基本上採取實用主義的態度。例如，漢宣帝曾說：「漢家自有制度，本以霸王道雜之。奈何純任德教，用周政乎！」〔註24〕南宋孝宗皇帝趙昚曾說：「以佛治心，以道治身，以儒治世。」〔註25〕這句話最能體現統治階級對宗教和學術的實用主義態度。隋唐以降，三教並用。三教之間的爭論制衡更有利於統治階級拉攏人心，操控社會輿論。而統治階級支持各個宗教、學派發展壯大的真實用意不言自明。

　　魏晉以降，儒家經學雖然取得了較大成就，但也深受玄學影響。比如，《十三經注疏》有漢代七部經注，唐代一部經注，其餘五部均為魏晉學者所

〔註24〕〔漢〕班固：《漢書·元帝紀》，北京：中華書局，1962年：第277頁。
〔註25〕參見〔元〕劉謐著，《三教平心論》卷上，王雲五主編《叢書集成初編·三教平心論》，上海：商務印書館，1936年：第一頁。

作。〔註 26〕孔穎達等吸納玄學觀念而作的《五經義疏》影響深遠，在經學史上具有一定的地位。劉學智教授認為，魏晉時期的儒家經學表現出明顯的玄學化特徵，包括王弼的《周易注》、何晏的《論語集解》在內，「嘗以虛無無為之道詮釋儒家的政治倫理和天道觀；把自然與名教統一起來，以自然無為的品格改造了儒家的聖人觀，把虛靜、恬淡視為聖人追求的理想境界。」〔註 27〕玄學化的經學依舊沿襲漢代董仲舒的天人感應神學目的論的釋經方式，缺少道德形上學建構，其對社會精英的吸引力已經大為減弱，與佛教和道教相比已經相形見絀了。

　　乘著時代的玄風，佛教學說逐漸在中土流行。至隋唐時期，佛教逐漸進入繁盛時期，理論體系日漸完善。唐代諸多佛教宗派紛紛創立，佛教的本土化、世俗化日益深入。道教在佛教發展的刺激下，尤其是在唐朝皇族的支持下，在宗教組織、戒律以及理論體系等方面加快了完善的步伐。道教的修行工夫逐漸完善，基於心性論的內丹學說逐漸流行。宋太祖開寶四年（公元 971 年），開始印刻宋版《佛藏》，歷時十年而成，計 1078 部、5380 卷，可見宋朝統治者對佛教的重視。佛教產生略早於儒道二教，至宋初，傳入中國已經有數百年時間。佛教源遠流長，宗派眾多，典籍豐富，宗派之間思想主張大同小異。從古印度南傳至整個南亞、東南亞，北傳至西亞，東傳至中國、朝鮮、日本。在外傳的過程中又存在本土化、世俗化的演變。佛教思想體系有自利、利他之別，是故有大小乘之分。小乘法門，是以自我完善與解脫為宗旨。大乘佛教主張慈悲普度，自覺覺他。緣起性空是佛教理論基礎，主張萬物各因因緣合和而有成、住、壞、空，故空而無有自性。又因對因緣、心識、佛性等範疇的不同認識而分為有宗類和無宗類等。又有調和有無的中道說或假有真空說等。佛教傳入中國後，《大乘起信論》又宣揚「真如緣起」論，而天台宗有「性具實相」論，華嚴宗則提出「法界緣起」論，禪宗則倡導「自心頓現」論等等。其論證之嚴密，體系之博大，已非漢代經學可以與之相抗禮。到唐朝中期，韓愈、李翱等面對佛家的流行，以及佛教盛行帶來的弊病，站在儒

〔註 26〕如王弼《周易注》、何晏《論語集解》、杜預《春秋經傳集解》、范甯《春秋穀梁傳集解》、郭璞《爾雅注》、韓康伯《繫辭注》，以及梅賾所獻孔安國所傳《古文尚書》等，頗負盛名。

〔註 27〕見劉學智、徐興海《中國學術思想編年·魏晉南北朝卷》前言《魏晉南北朝學術思想史概述》，西安：陝西師範大學出版社，2006 年：第 15 頁。

家立場上，極力排佛，試圖恢復儒家的一尊地位。韓愈甚至還提出「人其人，火其書，廬其居，明先王之道以道之。」〔註28〕這種方式顯然過於簡單，歷史上「三武一宗滅佛」無非也是這類方法，都以失敗告終，猶令儒者扼腕。〔註29〕佛教自有其理論上的圓融與自洽，又根基於現實社會的精神需求，簡單的排拒收效甚微。李翱融合《中庸》《易傳》的「性善情惡」說，主張復性以體聖人境界，理論高度也明顯不足。但是，韓愈、李翱等儒者的努力無疑啟發了儒家後學。北宋時期，理學家復興儒學，排斥異端，重構儒家天道性命學說的努力終於結出碩果。

玄學家、佛道二教學者對《周易》和《中庸》研究，也推動了儒家學者對《易》《庸》匯通的重視。《中庸》原為《禮記》中的一篇，作者和成書時間尚有爭議。漢代，《中庸》並不被儒者重視。《漢書‧藝文志》僅有《中庸傳》二篇。魏晉已降，在佛道學說的刺激下，《中庸》逐漸為學者關注。〔註30〕至唐代，韓愈和李翱始對《中庸》思想進行了闡發。宋代儒家學者為了弘揚先秦儒家天道性命學說，更加重視對《中庸》思想的闡發。佛道二教學者為了應對儒者反佛主張，特別重視三教匯通。而《中庸》是他們溝通三教學說的重要經典之一。宋初佛教學者智圓提出儒家中庸就是龍樹所謂中道，就此打開了儒、佛二教學說在道體層面上匯通的大門。宋初僧人智圓曾說：「釋之言中庸者，龍樹所謂中道義也。」〔註31〕繼智圓之後，雲門宗僧人契嵩曾作《中庸解》五篇。契嵩在《萬言書上仁宗皇帝書》中提出：

> 若今文者皆曰必拒佛，故世不用，而尊一王之道，慕三代之政，是安知佛之道與王道合也？夫王道者，皇極也；皇極者，中道之謂

〔註28〕〔唐〕韓愈著：《韓愈集‧原道》，上海：世界書局，民國二十四年：第174～175頁。又見遲文濬主編：《唐宋八大家廣選‧新注‧集評》（韓愈卷），遼寧：遼寧人民出版社，1997年：第4頁。

〔註29〕李翱曾說：「性命之書雖存，學者莫能明。是故皆入於莊、列、老、釋。不知者謂夫子之徒，不足以窮性命之道。信之者皆是也。」參見〔唐〕李翱著：《復性書》，又見〔清〕董誥等編，《全唐文》，卷六三七，北京：中華書局，1983年：第6434頁。又如歐陽修曾說：「佛法為中國患千餘歲，世之卓然而不惑而有力者，莫不欲去之。已嘗去矣而復大集，攻之暫破而愈堅，撲之未而愈熾，遂至於無可奈何。」參見〔宋〕歐陽修著：《歐陽修全集》第二冊，李逸安點校，北京：中華書局，2001年：第288頁。

〔註30〕據《梁書‧武帝本紀》載，梁武帝撰有《中庸講疏》一卷。《隋書‧經籍志》載劉宋時期戴顒撰有《禮記中庸傳》二卷。

〔註31〕〔宋〕釋智圓：《中庸子傳上》，《閒居編》，《續藏經》2-6-1，卷十九。

也。而佛之道亦曰中道，是豈不然哉？〔註32〕

多數佛教學者都是儒者出身，不僅從小都被灌輸了儒家的倫常觀念，一些佛教學者對於儒家五經有較深的造詣。他們的知識體系中或多或少會有些易學的觀念。自然而然會將易學與佛學對照，以求理解、融通。在佛教傳入的最初數百年裏，影響最大的教義是因果報應說，與《易傳》所謂「積善之家，必有餘慶；積不善之家，必有餘殃」之說具有相似性。《弘明集》是輯錄了大量東漢至魏晉時期佛教學者與儒道二教知識分子論爭的文章。這些文章主要是企圖證明儒、佛二教宗旨都在於勸善化民，證明儒、佛兩家學說具有相通之處，以緩和儒者對佛教學說的激烈批評。這些文章基本上可分為兩類：第一類是借《易》論佛，是形式上的引用。第二類則為融合佛易，融會與發揮並舉。慧遠為論證神之不滅，對《易傳》所謂「神」的內涵進行了改造。宗炳《明佛論》在慧遠的基礎上，擴展了「神」的內涵；又利用《易傳》「神道設教」之說，將輪迴報應之「神」，歸入了「道」的範疇。於《周易》經傳，「《弘明集》中文獻至少引用 73 處，涵蓋了目錄近三分之一以上的文獻，篇幅過半。」〔註33〕《弘明集》相當部分的引《易》文章還談不上佛學與易學的匯通。隋唐之後，隨著佛教學說中國化的完善，一些佛教學者開啟了真正意義上佛易匯通。如，唐代佛教學者李通玄曾以艮卦解《華嚴經》：「又文殊居東北清涼山者，像艮卦。艮為小男，主東北方故。艮為小男，為童蒙，為文殊常化凡夫，啟蒙見性及本智之初首故。又與普賢俱在東方卯位，卯為震卦，震為長男，又像日出東方，春陽萌發，無物不生，無物不照，表理智雙徹，體一無二。」（《華嚴經合論》，卷四）

李通玄的解釋也為後世儒家學者認可。《程氏外書》載：「周茂叔謂，一部法華經只消一個艮卦可了。」〔註34〕二程多次談到艮卦義理與修行的關係。《程氏遺書》載：「看一部華嚴經，不如看一艮卦。經只言一止觀。」〔註35〕又，《程氏遺書》載：「『艮其止，止其所也』，各止其所，父子止於恩，君臣止於義之謂。『艮其背』，止於所不見也。〔註36〕張載認為艮卦之義與《大學》

〔註32〕 〔宋〕契嵩：《萬言書上仁宗皇帝》，參見《鐔津文集》卷八，〔0687a06〕，《大正新修大藏經第》52 冊.No.21150。
〔註33〕 楊健禎：《《弘明集》「援易論佛」研究》，鄭州大學碩士論文，2017 年：第 4 頁。
〔註34〕 《二程集·程氏外書》卷十，第 409 頁。
〔註35〕 《二程集·程氏遺書》，第 81 頁。
〔註36〕 《二程集·程氏遺書》，第 133 頁。

所謂「定」之義和《中庸》所謂「明」之義相通。《橫渠易說》釋《大畜‧象》曰：

> 陽卦在上，而上九又在其上，故曰「剛上而尚賢」。強學者往往心多好勝，必無心處之乃善也。定然後始有光明，惟能定已是光明矣，若常移易不定，何來光明！《易》大抵以艮為止，止乃光明。時止時行，「動靜不失其時，其道光明」，「謙，天道下濟而光明」，「天在山中，大畜，君子以剛健篤實輝光，日新其德」，定則自光明，故《大學》定而至於能慮。人心多則無由光明。〔註37〕

張載以《大學》所謂「定」釋《周易》艮卦之「止」，並認為「定則自光明」，相反，「人心多則無由光明」。又，在《橫渠易說》中，張載反覆強調艮之光明之義。〔註38〕可見，張載、程頤的易學詮釋路徑和二教學者融會佛教學說與《易》《庸》等儒家經典的理路是類似的。

五、宋初的經學變古

　　北宋初期，統治者祐文抑武，大力發展文化事業，印刷術得到推廣，藏書、讀書活動更加流行。相對於隋唐五代十國時期，科舉取士規模空前擴大，學校教育更加普遍，文人地位得到極大提高，湧現出了大批具有理論創新精神的儒家學者。他們活躍於政治、教育等領域，繼承「文以載道」的精神，關心國是。以繼承道統，復興儒學為己任，使得北宋時期出現了儒學大繁榮的景象。理學家主張揚棄文字訓詁的治經傳統，重視對儒家經典的重新闡釋，挖掘其中的天道性命學說，在生命哲學領域與佛道二教展開競爭，爭取更多文化精英研讀儒家經典，以儒家淑世牖民的社會價值觀為精神歸宿。儒學復興成了當時歷史與文化發展的必然趨勢。因此，從這個角度看來，宋儒「超拔漢唐」、「自立義理」，實為時代精神的召喚。

　　佛教主張明心見性，覺悟成佛，解脫生死，相比儒學的倫理說教，對知識精英更具吸引力，更能滿足知識精英階層的心靈超越需求。對於普通民眾

〔註37〕《張載集‧正蒙》，第117頁。「剛上而尚賢」是《周易》大畜卦象傳中話。「時止則止，時行則行，動靜不失其時，其道光明」是《周易》艮卦象傳裏的話。「天道下濟而光明」是《周易》謙卦象傳中話。《周易》大畜卦大象傳原文為「天在山中，大畜，君子以多識前言往行，以畜其德。」

〔註38〕張載曾言「艮一陽為主於兩陰之上，各得其位而其勢止也。易言光明者，多艮之象，著則明之義也。」參見《張載集‧正蒙》，第53頁。

來說，佛教的偶像崇拜，無疑多了一層神靈保佑。儒學在政治領域之外，面臨著被邊緣化的境地。對於宋儒來說，時代需要他們挺身而出，站在與佛、道二教心性學說對等的高度上重新構築儒家自身的天道性命之學。這就注定了他們必須走一個與漢儒不同的治學道路。漢儒面對秦火之後的殘牘斷簡，加之名物制度變化，語言文字變遷，「纂輯訓詁」自然不可或缺。而宋代佛道二教興盛及其對儒家學說的衝擊，遠非先秦楊朱之學對儒學的衝擊可比。宋儒渴望重構儒家天道性命學說的憂患意識可想而知了。如果說漢儒的歷史使命是明經，那麼宋儒的歷史使命就是造道。

　　從另一的角度看，任何信仰體系都有排斥異端的傾向，在古代封建專制社會尤為明顯：多元鼎立則百家爭鳴；一家獨尊則停滯不前。宋儒學風的變革，既表現為外部與佛道之爭，又表現為儒家經學內部章句訓詁之學與義理之學的學派之爭。「異端」一語見於《論語‧為政》，其文曰：「孔子曰：『攻乎異端，斯害也已！』」〔註39〕《孟子‧滕文公下》亦載有批判異端的言辭，其文曰：「聖王不作，諸侯放恣，處士橫議，楊朱、墨翟之言盈天下。天下之言不歸楊則歸墨。楊氏為我，是無君也；墨氏兼愛，是無父也。無父無君是禽獸也。」〔註40〕又曰：「無父無君，是周公所膺也。我亦欲正人心，息邪說，距詖行，放淫辭，以承三聖者，豈好辯哉？予不得已也。能言距楊墨者，聖人之徒也。」〔註41〕宋初繼晚唐之衰世，儒者與以往歷史上的學者一樣，將社會動亂歸咎於學術不純，異端流行。《張載集‧張子語錄中》載：「『攻乎異端』，攻，難辟之義也，觀孔子未嘗攻異端也。道不同謂之異端。若孟子自有攻異端之事，故時人以為好辨。」〔註42〕張載以「難辟」代替「治」釋「攻」，雖不合《論語》本義，但排拒意味大大加強。又《經學理窟》載：「人於異端，但有一事存之於心，便不能至理。」〔註43〕張載又認為「道一而已，此是則彼非，彼是則我非，是故不當同日而語」〔註44〕。認為佛教雖以「太虛」為道體而能誠，但並無道體之化用。儒家則不然，既能體太虛而誠，又有參贊

〔註39〕參見程樹德撰，程俊英、蔣見元點校：《論語集釋》，中華書局，1990 年：第104 頁。

〔註40〕〔清〕焦循：《孟子正義》，北京：中華書局，1987 年：第 456 頁。

〔註41〕〔清〕焦循：《孟子正義》，北京：中華書局，1987 年：第 461 頁。

〔註42〕《張載集‧張子語錄》，第 320 頁。

〔註43〕《張載集‧經學理窟‧氣質》，第 267 頁。

〔註44〕參見《張載集‧橫渠易說‧繫辭》，第 183 頁。

化育，崇德廣業之化用。可見，張載已經成功地運用儒家的天道性命學說，批評佛教的理論體系。

同樣，程頤也不滿學者惑於異端。《程氏遺書》載：「今之學者有三弊，一溺於文章，二牽於訓詁，三惑於異端。苟無此三者，則將何歸？必趨於道矣。」[註45] 程頤將文章儒、章句儒與異端並列。而對佛道二教，程頤的態度有所不同。他認為道家和儒家一樣「蕭索」，而釋氏之說「衍蔓迷溺至深」。程頤認為闢佛家之說，當拔本塞源，立自家道理。《程氏遺書》載：

> 莊子叛聖人者也，而世之人皆曰「矯時之弊」。「矯時之弊」固若是乎？伯夷、柳下惠，矯時之弊者也，其有異於聖人乎？抑無異乎？莊周、老聃其與伯夷、柳下惠類乎？不類乎？子夏曰：「雖小道，必有可觀者焉，致遠恐泥。」子曰：「攻乎異端，斯害也已。」此言異端有可取，而非道之正也。[註46]

程頤對孔子所謂「攻乎異端」的解釋符合舊注。所謂「異端有可取」，也符合程頤對道家言道體一貫的肯定態度。程頤認為佛教對儒家的危害更大，因為道家學說也處在蕭索狀態。而王安石以釋老[註47]二教學說濟儒的新學，既合於統治階級三教並用的宗教政策，又對年輕學子極具誘惑。程頤認為王安石新學「壞了後生學者」，危害甚於佛道二教。成為程頤所謂當先整頓的對象。這裡，多少包含著洛學與新學門戶之爭。《程氏遺書》云：「今異教之害，道家之說則更沒可闢，唯釋氏之說衍蔓迷溺至深。今日（今日一作自）是釋氏盛而道家蕭索。方其盛時，天下之士往往自（一作又）從其學，自難與之力爭。惟當自明吾理，吾理自立，則彼不必與爭。然在今日，釋氏卻未消理會，大患者卻是介甫之學。譬之盧從史在潞州，知朝廷將討之，當時便使一處逐其節度使。朝廷之議，要討逐節度者，而李文饒之意，要先討潞州，則不必治彼而自敗矣。如今日，卻要先整頓介甫之學，壞了後生學者。」[註48] 程頤還認為，只依學者的才智並不能擺脫異端。重要的是要有學識，能夠識別正學和異端之學方為可貴。認為，「夫闢邪說以明先王之道，非拔本塞源不能也。」[註49] 所謂「拔本塞源」，就是闡明儒家自己的天道性命學說，建立儒家之正學，自然可以吸引有才識之士。

〔註45〕《二程集‧程氏遺書》，第 184 頁。
〔註46〕參見《二程集‧程氏遺書》，第 320 頁。
〔註47〕釋老主要是古代儒家學者對佛教、道教二教的合稱、簡稱。下同。
〔註48〕參見《二程集‧程氏遺書》，第 320 頁。
〔註49〕參見《二程集‧程氏遺書》，第 275 頁。

　　來自儒學內部的反思，加之來自儒學外部佛道二教心性學說的刺激，使得唐儒的古文運動演化為宋儒的經學變古。宋儒不再用軟弱無力「夷夏之辯」攻詰佛教，而是構築儒家自己的天道性命學說，以精一的學術自信在同樣領域裏，以同樣的理論高度與釋老二教一爭高下。對於佛道二教與儒家學說的根本區別，張載總覽先秦文獻得出了自己的真知灼見。《張載集·乾稱篇》云：「浮屠明鬼，謂有識之死受生循環，遂厭苦求免，可謂知鬼乎？以人生為妄見，可謂知人乎？天人一物，輒生取捨，可謂知天乎？孔孟所謂天，彼所謂道。惑者指遊魂為變為輪迴，未之思也。大學當先知天德，知天德則知聖人、知鬼神。今浮屠極論要歸，必謂死生轉流，非得道不免，謂之悟道可乎？悟則有義有命，均死生，一天人，惟知晝夜，通陰陽，體之不二。……此人倫所以不察，庶物所以不明，治所以忽，德所以亂，異言滿耳，上無禮以防其偽，下無學以稽其弊。自古詖淫邪遁之詞，翕然並興，一出於佛氏之門者千五百年，自非獨立不懼，精一自信，有大過人之才，何以正立其間，與之較是非，計得失？！」〔註50〕先秦儒家學說以天為最高主宰，而佛道二教，特別是道家以道為最高主宰。這是儒家學說與二教學說最明顯的區別之一。而且，佛道二教都認為儒家學說所謂最高主宰之天，僅僅是形而下的物而已。而二教所謂道，才是形而上的超越天地萬物的最高主宰。儒家所謂「天」無法與二教所謂「道」等量齊觀。張載創造性地引入太虛範疇，完成了儒家學說最高本體重構。張載以太虛說與氣論相結合論萬物之生滅，把生命哲學建立在堅實的自然哲學之上，這比輪迴說更具有科學性。顯然，張載是從道體的角度上，對佛教學說進行批評的。

　　程頤認為佛教學說繁瑣而高深，從道體上「未必能窮得他」。而程頤以理（道）釋天，實質上是援引道家言道體的形式，來論證儒家人倫綱常之道，即論證程頤所謂天理。顯然，這和張載批評二教言道體是不同的。二程對二教的批評只能在二教之「跡」上進行。〔註51〕這與張載批評二教不能「範圍

〔註50〕參見《張載集·乾稱篇》，第64頁。

〔註51〕《程氏遺書》云：「釋氏之學，更不消對聖人之學比較，要之必不同，便可置之。今窮其說，未必能窮得他，比至窮得，自家已化而為釋氏矣。今且以跡上觀之。佛逃父出家，便絕人倫，只為自家獨處於山林，人鄉里豈容有此物？大率以所賤所輕施於人，此不惟非聖人之心，亦不可為君子之心。釋氏自己不為君臣父子夫婦之道，而謂他人不能如是，容人為之而己不為，別做一等人，若以此率人，是絕類也。至如言理性，亦只是為死生，其情本怖死愛生，是利也。」參見《二程集·程氏遺書》，第149頁。

天用」說相一致。在程頤看來，從佛道二教學者的實際行動上看，二教不僅有違人倫之道，二教之「怖死愛生」是一種自私自利的行為，不足以同儒家聖人之道相提並論。總之，理學家的理論自信來自他們在《易》《庸》互詮中構築的屬於儒家的天道性命學說。

　　但是，儒家自子貢始就曾感歎「性與天道不可得而聞也」，即形而上的理論層面不為時人重視。那麼，原始儒家經典中天道性命學說在哪裏？這是宋儒亟待思考和探索的問題。答案就在《易傳》《禮記》以及孔孟的言語之中。然而，經過古史辨學派的疑古思潮的洗禮，現代學者一般認為《論語》是記錄孔子一生的言論、反映孔子思想的最可靠文獻，而認為其他文獻記載孔子的言論是不可靠的，是後世學者假託孔子之言。顯然，這是一種誤解。又，《漢書‧藝文志》載：「《論語》者，孔子應答弟子、時人及弟子相與言而接聞於夫子之語也。當時弟子各有所記。夫子既卒，門人相與輯而論纂，故謂之《論語》。」〔註52〕僅從表面文字上看，似乎孔子言論全載於《論語》。顯然，這是對《漢書‧藝文志》這段話的誤解。按照這一邏輯，孔子與《六經》幾乎沒有啥關係。因為《論語》中幾乎看不到孔子講解六經的話。這種思路顯然是荒謬的。因為，孔子對六經的講解，應該是被孔子後學分別歸入六經的「傳」「記」「序」等講解六經的文字中。散落在六經傳記中的文字才是研究孔子思想的重要資料，而非僅僅限於《論語》。而否認孔子曾經研究、傳授《周易》，將孔子塑造成專言德行修養的道德模範，顯然脫離了孔子生活的時代背景。這與漢儒將孔子塑造成為漢世立法的素王，與宋儒把孔子塑造成不言事功、名利的聖人一樣，都是不夠全面地。對於今文經學的繁瑣和不重孔孟一貫之道，漢儒早有反省。《漢書‧藝文志》就認為，《周易》所謂道才是儒家仁義禮智之所本，不識易則不能見道。而班固所謂「學者之大患」，也正是張載所謂「秦漢以來學者大蔽」。《漢書‧藝文志》云：「六藝之文，《樂》以和神，仁之表也；《詩》以正言，義之用也；《禮》以明體，明者著見，故無訓也；《書》以廣聽，知之術也；《春秋》以斷事，信之符也。五者，蓋五常之道，相須而備，而《易》為之原。故曰『《易》不可見，則乾坤或幾乎息矣』，言與天地為終始也。至於五學，世有變改，猶五行之更用事焉。古之學者耕且養，三年而通一藝，存其大體，玩經文而已，是故用日少而畜德多，三十而五經立也。後世經傳既已乖離，博學者又不思多聞闕疑之義，而務碎義逃難，

〔註52〕〔漢〕班固：《漢書‧藝文志》，北京：中華書局，1962 年：第 1717 頁。

便辭巧說，破壞形體；說五字之文，至於二三萬言。後進彌以馳逐，故幼童而守一藝，白首而後能言；安其所習，毀所不見，終以自蔽。此學者之大患也。」〔註53〕《漢書‧藝文志》認為，五經之於五常之道各有所重。《周易》所謂天地之道，才是五常之道的根源。隨著今文經學的失落，古文經學更加重視五經義理。從而，易學越來越受到重視。宋初官方經學沿襲了漢唐傳統。只是對《五經正義》《七經義疏》加以校勘與修纂。而中唐以來的經學疑古思潮仍在民間儒學中發酵。理學家認為漢儒所傳經典已非「聖道之全」，焚書坑儒造成五經殘缺，漢唐注疏則破碎大道，使得義理不明。理學家認為治經當以求得義理為旨歸。要自立義理，而易學是他們最主要思想理論來源。理學家認為，儒學之所以不能阻擋住佛、老等異端文化的進攻，正是因為漢唐注疏之學沒有真正把握聖人之道。要把握聖人之道，必須回歸孔孟。隨之而來的是治經理念、治經方法、經學內容等方面，發生重大變化。宋人主要把自立義理學作為治學重要手段。在今天看來，雖然他們的做法有時顯得證據不足，由此得出的結論也有繼續討論的餘地。但是，理學家敢於提出問題，勇於解決問題，學術研究中往往能夠破除迷信，不囿成說。他們提出的問題，經過元、明、清以及近現代學者的繼續探討，有的得到了證實，經受住了考驗；有的則屬於謬說，被後人否定。至於理學家「造道」之功，《宋史‧道學傳》記載了周敦頤、張載、二程匯通《易》《庸》、歸宗「四書」的學術探索歷程。《宋史‧道學傳》云：「『道學』之名，古無是也。……兩漢而下，儒者之論大道，察焉而弗精，語焉而弗詳，異端邪說起而乘之，幾至大壞。千有餘載，至宋中葉，周敦頤出於舂陵，乃得聖賢不傳之學，作《太極圖說》《通書》，推明陰陽五行之理，命於天而性於人者，了若指掌。張載作《西銘》，又極言理一分殊之旨，然後道之大原出於天者，灼然而無疑焉。仁宗明道初年，程顥及弟頤寔生，及長，受業周氏，已乃擴大其所聞，表章《大學》《中庸》二篇，與《語》《孟》並行，於是上自帝王傳心之奧，下至初學入德之門。融會貫通，無復餘蘊。」〔註54〕

理學家所謂義理就是本之於天地之道的人倫綱常，認為聖人作經之意全在六經，三代之人多知，而孟子之後不得其傳而已。理學家多是道德理想主

〔註53〕參見〔漢〕班固：《漢書‧藝文志》，北京：中華書局，1962年：第1723頁。
〔註54〕參見〔元〕脫脫等撰：《宋史‧道學一》卷四二七，北京：中華書局，1977年：第12709～12710頁。

義者，以三代王道之治為理想。與歷史上儒家的循環論史觀或倒退論史觀類似，張載也認為堯舜禹三代之時，王道政治大行天下。認為「三代時人，自幼聞見莫非義理文章」，學者很容易學得義理。而三代已降，大道不行，漢唐帝王都是雜用王霸之道。張載認為漢唐注疏使聖經大道破碎，故「今須自作」義理。曾說：「三代時人，自幼聞見莫非義理文章，學者易為力，今須自作。」〔註55〕程頤也有類似的看法。《程氏遺書》云：「古人為學易，自八歲入小學，十五入大學，舞勺舞象，有絃歌以養其耳，舞干羽以養其氣血，有禮義以養其心，又且急則佩韋，緩則佩弦，出入閭巷，耳目視聽及政事之施，如是，則非僻之心無自而入。今之學者，只有義理以養其心。」〔註56〕既然漢唐注疏不能彰顯義理，那麼治經就不可空守詞章訓詁。因此，張載主張「學貴心悟，守舊無功」。〔註57〕志於道而不能滿足於名物訓詁，即所謂「觀書必總其言而求作者之意」。〔註58〕又說：「心解則求義自明，不必字字相校。」〔註59〕而「作者之意」即在六經文字之中，之所以讀經不明義理，張載認為是心小而囿於聞見之知。曾說：「蓋心弘則是，不弘則不是，心大則百物皆通，心小則百物皆病。」〔註60〕張載並以孟子言性為例，說明孔子未曾言，而孟子心解聖人之意而言之。如，《經學理窟・義理》載：

> 當自立說以明性，不可以遺言附會解之。若孟子言「不成章不達」及「所性」「四體不言而喻」，此非孔子曾言而孟子言之，此是心解也。〔註61〕

又說，讀經不能「心解」，如果心中尚有疑問，則要「濯去舊見以來新意」〔註62〕。與「心解」相反，張載認為「耳不可以聞道」。曾言：「『夫子之言性與天道』，子貢以為不聞，是耳之聞未可以為聞也。」〔註63〕從易學角度講，張載認為「真義理」都有「時中」的特點。張載曾說：「大率時措之宜者即時中也。時中非易得，謂非時中而行禮義為非禮之禮、非義之義。又不可一如

〔註55〕參見《張載集・經學理窟・義理》，第274頁。
〔註56〕參見《二程集・程氏遺書》，第162頁。
〔註57〕參見《張載集・經學理窟・義理》，第274頁。
〔註58〕參見《張載集・經學理窟・義理》，第275頁。
〔註59〕參見《張載集・經學理窟・義理》，第276頁。
〔註60〕參見《張載集・經學理窟・氣質》，第269頁。
〔註61〕參見《張載集・經學理窟・義理》，第275頁。
〔註62〕參見《張載集・經學理窟・學大原下》，第286頁。
〔註63〕參見《張載集・經學理窟・學大原上》，第281頁。

此，如孔子喪出母，子思不喪出母，不可以子思為非也。……禮亦有不須變者，如天敘、天秩之類，時中者不謂此。」〔註64〕既然識得「真義理」，是否合義理便不難辨別。並舉例說：

> 《靈臺》民始附也，先儒指以為文王受命之年，此極害義理。又如司馬遷稱文王自羑里歸，與太公行陰德以傾紂天下，如此則文王是亂臣賊子也。惟董仲舒以為文王閔悼紂之不道，故至於日昃不暇食；至於韓退之亦能識聖人，作羑里操有「臣罪當誅兮，天王聖明」之語。文王之於紂，事之極盡道矣，先儒解經如此，君臣之道且不明，何有義理哉？如《考槃》之詩「永矢弗過、弗告」，解以「永不復告君、過君」，豈是賢者之言！〔註65〕

張載之所以倡導學者要自立義理，原因是張載認為天地之道自然而然，天地無心而以人心為心。以天地之道立心，就是自立義理。

與張載強調自立義理相仿，程頤強調「自得天理」。程頤曾說：「治經，實學也，譬諸草木，區以別矣。道之在經，大小遠近，高下精粗，森列於其中。譬諸日月在上，有人不見者，一人指之，不如眾人指之自見也。……人患居常講習空言無實者，蓋不自得也。為學，治經最好。苟不自得，則盡治五經，亦是空言。」〔註66〕又說：「有德者，得天理而用之，既有諸己，所用莫非中理。」〔註67〕程頤所謂「自得」有自然而然得之之義，非人為「安排布置」〔註68〕。與張載所謂非「思慮勉勉」可得同義。程頤認為之所以要自得，是因為道是《易傳》所謂「密」〔註69〕。至於《論語》載子貢所謂「性與天道不可得而聞」，《程氏粹言》記其言曰：「可自得之而不可以言傳也。」〔註70〕這與道家言道體所謂「道可道，非常道」類似。又曾說：「學莫貴於自

〔註64〕 參見《張載集·張子語錄》，第 328 頁。
〔註65〕 參見《張載集·經學理窟》，第 257～258 頁。
〔註66〕 參見《二程集·程氏遺書》，第 2 頁。
〔註67〕 參見《二程集·程氏遺書》，第 14 頁。
〔註68〕 參見《二程集·程氏遺書》，第 121 頁。
〔註69〕 《程氏遺書》云：「『生生之謂易，天地設位而易行乎其中，乾坤毀則無以見易，易不可見，乾坤或幾乎息矣。』易畢竟是甚？又指而言曰：『聖人以此洗心退藏於密』，聖人示人之意至此深且明矣，終無人理會。易也，此也，密也，是甚物？人能至此深思，當自得之。」參見《二程集·程氏遺書》，第 136 頁。
〔註70〕 參見《二程集·程氏粹言》，第 1253 頁。

得，得非外也，故曰自得。」〔註71〕顯然，程頤所謂「得非外」就是要心解。這與張載所謂「心解」相似。

第二節　張載的生平、著述以及學術歷程

一、張載的家世生平──少孤自立，無所不學

　　張載（1020～1077），陝西郿縣人，世稱橫渠先生。〔註72〕依據呂大臨《橫渠先生行狀》（下文簡稱《行狀》）所載，可知張載世代為大梁（今開封）人。祖父張復官至給事中，集賢院學士，去世後贈司空。父張迪官至殿中丞，知涪州事。去世後贈尚書都官郎中。天禧四年，張載生於長安張迪任所。仁宗景祐元年（1034年），張迪病逝涪州任上，張載及弟張戩均尚年幼〔註73〕，無力返回汴京。由涪州地方出資，張載兄弟與母親扶柩出川歸京。因阻於戰亂，寓居陝西郿縣橫渠鎮大振村，遂葬父於大振谷口迷狐嶺。此後奉母教弟，半耕半讀，閒時去崇壽書院讀書。《行狀》載，張載「少孤自立，無所不學。」曾與邠人焦寅遊，談論軍事，組織民兵，操練兵法，慨然以軍功報國。康定元年（1040年），范仲淹任陝西招討副使兼知延州，張載上書陳說軍事主張九條。司馬光所謂「先生負才氣，弱冠遊窮邊；麻衣揖巨公，決策期萬全，謂言叛羌輩，坐可執而鞭」〔註74〕，即康定用兵時期，張載拜謁范仲淹之故事。《行狀》載范仲淹很賞識張載志行，勉勵道：「儒者自有名教可樂，何事於兵！」並勸讀《中庸》。慶曆二年，張載至慶州，拜范仲淹，談邊事，撰《慶州大順城記》〔註75〕。仁宗慶曆八年（1048年），弟張戩十九歲，被地方選為鄉賢貢生。《宋史》載，皇祐三年，文彥博罷相知永興軍，至和二年復相。〔註76〕期間，曾聘請張載至學宮講學。張載在言行舉止、待人接物、修身齊

〔註71〕參見《二程集·程氏遺書》，第317頁。
〔註72〕關於張載生平，我們主要參考張載後人張世敏《張載年譜》、呂大臨《橫渠先生行狀》、《宋史·道學傳》以及清人武澄《張子年譜》等。
〔註73〕於浩編：《宋明理學家年譜》（一），北京：北京圖書館出版社，2006年：第36頁。
〔註74〕參見《張載集·附錄》，第388頁。
〔註75〕按：慶州大順城在今甘肅慶陽城西北。
〔註76〕參見〔元〕脫脫等撰：《宋史·文彥博傳》卷三百一十三，列傳第72，北京：中華書局，1977年：第10259頁。

家、答問學者、關心社稷民生等方面，無不以儒者德行自重。皇祐五年，張載二十四歲中進士。此後，在地方任職多年。仁宗嘉祐二年（1057年），張載至汴京舉進士，初見二程〔註77〕。在宰相文彥博支持下，講《易》于相國寺。《程氏外書》記載：「橫渠昔在京師，坐虎皮說《周易》，聽從甚眾。一夕，二程先生至，論《易》。次日，橫渠撤去虎皮，曰：『吾平日為諸公說者，皆亂道。有二程近到，深明《易》道，吾所弗及，汝輩可師之。』（逐日虎皮出，是日更不出虎皮也。）橫渠乃歸陝西。」〔註78〕余敦康認為《程氏外書》有溢美之詞，帶有濃厚的門戶之見。《道學傳》則更為客觀。〔註79〕是年，歐陽修主持科舉，張載與程顥、朱光庭、蘇軾、蘇轍、曾鞏等同年及第。先任祁州司法參軍，不久遷丹州雲嚴縣令。期間與程顥書信往來討論「定性」問題。《行狀》載，張載在知雲岩縣期間，「政事大抵以敦本善俗為先」，大概是將平生所學付諸實踐。嘉祐三年，張載調朝中任著作佐郎。仁宗嘉祐五年（1060年），西夏攻擾大順柔遠城（今甘肅平涼一帶），被環慶經略安撫使蔡挺擊敗，張載撰《賀蔡密學書》。仁宗嘉祐六年（1061年），張載調陝西蒲城縣令，積極採用張載「凡政事以敦本善俗為先」的主張，兼職講學。英宗治平二年（1065年），文彥博再赴長安治理邊防，張載應聘到長安作了一年學官。〔註80〕治平三年，《行狀》載「京兆王公樂道嘗延致郡學」，嘗告誡後學：「孰能少置意科舉，相從於堯舜之域否？」治平四年，張載任渭州簽書軍事判官，協助蔡挺籌辦邊務。在大災之年，曾說服蔡挺取軍用物資救濟災民。又提出招募當地土人取代戍兵換防等建議。有《與蔡帥邊事畫一》《經略司畫一》《涇原路經略司論邊事狀》等文留世。始創「將兵法」，同年染肺病。熙寧元年（1068年），張載從邊關返回關中，應武功主薄張山甫之邀，講學於綠野亭。〔註81〕蘇軾以集賢殿修撰知鳳翔，張載撰《送蘇修赴闕》詩

〔註77〕 二程祖母張氏是張載的姑母，張載是二程之父程珦的表弟，二程稱張載為表叔。

〔註78〕 參見《二程集·程氏外書》，第436～437頁。

〔註79〕 此條有溢美之詞，帶有濃厚的門戶之見。見余敦康：《內聖外王的貫通：北宋易學的現代闡釋》，上海：學林出版社，1997年：第365頁。

〔註80〕 武澄認為此條《行狀》記載有誤，文彥博治平二年判長安，此時張載已經46歲，並不是呂大臨說得「未弟時」。見《宋明理學家年譜》（一），第48頁。又，查《宋史·文彥博傳》，文彥博並非知永興軍一次。可見武澄之說並非確論。

〔註81〕 綠野亭在陝西路武功縣。參見《宋明理學家年譜》（一），第51頁。

四首，與蘇軾以詩詞談論治國之道。神宗熙寧二年（1069 年），范育在御史臺，曾「盛稱張載、程顥兄弟，以為有道君子，乞詔還」。〔註 82〕呂公著也極力推薦張載、張戩、程顥朝中任職。宋神宗召張載到京師，詔對治國之道。張載嘗曰：「為政不法三代，終苟道也」〔註 83〕。十二月，任先生為崇文院校書。與王安石論新政不合，辭官未允，命去浙東明州審理苗振貪贓案。程顥曾上《乞留張載狀》，曰：

> 竊謂載經術德義，久為士人師法，近侍之臣以其學行論薦，故得召對，蒙陛下親加延問，屢形天獎，中外翕然知陛下崇尚儒學，優禮賢俊，為善之人，孰不知勸？今朝廷必欲究觀其學業，詳試其器能，則事固有係教化之本原於政治之大體者；倘使之講求議論，則足以盡其所至。夫推案詔獄，非謂儒者之不當為，臣今所論者，朝廷待士之道爾。〔註 84〕

程顥乞狀認為張載是以「道德」名世，治獄之事非儒者所擅長。熙寧三年，張戩語犯王安石，貶監察御使為公安縣令。張載亦辭官回鄉，撰《別館中諸公》詩一首。張載在郿縣始創橫崌書院，或講學或著述。明人輯《張子全書》，其中《橫渠易說》《經學理窟》《張子語錄》中的大多數文字也可能成於此時。又在書院東西門牆，書《貶愚》《訂頑》以警學者。〔註 85〕並買田分井，舒東西二渠，試驗於鄉間。熙寧四年，張戩再貶為河南夏縣轉運使。神宗熙寧六年（1073 年），在扶風午井、長安子午鎮、藍田等地，試辦「井田制」。《行狀》載其言曰：「『仁政必自經界始……，縱不能行之天下，猶可驗之一鄉』」神宗熙寧九年（1076 年），張戩再貶周至縣任司竹監，三月患病暴卒。張載痛哭失聲，親持衰詞十二，撰墓誌銘，編《弟戩喪服纂要》，葬戩於父墓右側。熙寧九年秋，《正蒙》成。後由弟子蘇昞編訂為十七篇。

〔註 82〕參見〔宋〕李燾撰：《續資治通鑒長編》卷二百二十三，熙寧四年五月辛卯條，北京：中華書局，1993 年：第 5418 頁。

〔註 83〕參見《張載集·附錄·宋史張載傳》，第 386 頁。

〔註 84〕參見《二程集·程氏文集》，第 456 頁。

〔註 85〕張載去世後程頤認為這樣的命名容易引起爭端，就將《貶愚》改為《東銘》，將《訂頑》改為《西銘》。《程氏外書》記云：「橫渠學堂雙牖，右書《訂頑》，左書《貶愚》。伊川曰：『是起爭端。』改之曰《東銘》、《西銘》。」參見《二程集》，第 418 頁。范育編《正蒙》時，又將《西銘》與《東銘》一併收入《乾稱篇》，作為其首尾兩章。朱熹為了表彰《西銘》，又將其從《乾稱篇》抽出，並單獨作了《西銘解》。

熙寧十年，呂大防舉薦張載。張載受詔回京，授職同知太常禮院。九月，邵雍病重。「司馬光、張載、程顥、程頤晨夕候之」〔註86〕。《邵氏聞見錄》載：「子厚知醫，亦喜談命。」曾為邵雍號脈，認為無妨。又問「頗信命否？」對曰：「天命某自知之，世俗所謂命，某不知也」。〔註87〕其時吳充已代王安石執政，並引薦張載入朝任職。張載因與禮官議禮不合，不久辭歸。經過洛陽時，邵雍已經病逝。見到程顥、邵伯溫等人時頗為感傷地說：「某之病必不起，尚可及長安也。」〔註88〕期間，曾和程頤論及「龍女衣冠」事。冬十一月行至臨潼，卒於驛舍，隨行唯外甥宋京。張載去世，令弟子震痛，講友悲傷。司馬光曾作《又哀橫渠詩》。程顥作《哭張子厚先生》曰：「歎息斯文約共修，如何夫子便長休！東山無復蒼生望，西土誰共後學求？千古聲名聯棣萼，二年零落去山丘。寢門慟哭知何限，豈獨交親念舊遊？」〔註89〕張載一生清貧自守，其妻郭氏因生活困難，衣食不足，遂攜幼子往寄河南娘家。諸多弟子先後東去洛陽，問學二程。

二、張載的著述——仰讀覆思，晬盤示兒

理學家講解儒家經典，不同於漢唐經學。不以疏通文字的名物訓詁為主，而在於融會貫通儒家諸經典相關內容，以發揚先秦儒家「道學」為目的。從這一意義上講，張載易學重傳道，不重傳經。而程頤易學可謂重傳經，更重傳道。所謂道學之道，即韓愈《原道》所謂堯、舜、禹、湯、文、武、孔、孟相傳授的「先王之道」，亦即《宋史·道學傳》所謂「三代先王之道」。張載也稱道為義理，即「性與天道」或「天道性命」等。《經學理窟·義理》載：「此道自孟子後千有餘歲，今日復有知者。若此道天不欲明，則不使今日人有知者，既使人知之，似有復明之理。志於道者，能自出義理，則是成器。」〔註90〕此道也是孔孟之道，六經「作者之意」。昌明此道，正是張載易學的目的所在。《經學理窟·義理》載：「觀書必總其言而求作者之

〔註86〕 參見〔元〕脫脫等撰：《宋史·邵雍傳》卷四二七，北京：中華書局，1977 年：第 12728 頁。

〔註87〕 參見〔宋〕邵伯溫撰：《邵氏聞見錄》卷 15，李劍雄、劉德權點校，中華書局，1983 年：第 160～161 頁。

〔註88〕 參見〔宋〕邵伯溫撰：《邵氏聞見錄》卷十五，李劍雄、劉德權點校，中華書局，1983 年：第 161 頁。

〔註89〕 參見《二程集·程氏文集》，第 485 頁。

〔註90〕 《張載集·經學理窟》，第 273 頁。

意。」〔註91〕對經典中的聖人之意，張載強調要反覆研讀經典，融會貫通直至「濯去舊見以來新意」，亦即強調以「心悟」「心解」經典中的聖人之意。又，《經學理窟‧學大原上》說：「耳不可以聞道。『夫子之言性與天道』，子貢以為不聞，是耳之聞未可以為聞也。」〔註92〕張載把讀書分為耳聞和心解兩種不同的方法，而張載特別強調心解。認為不能心解經典，仍然是懵懂之人。而要心解經典，大其心就顯得特別重要。大心就是張載所謂「充大之以養其心」。〔註93〕《張載集‧經學理窟‧義理》載：「某觀《中庸》義二十年，每觀每有義，已長得一格。六經循環，年欲一觀。觀書以靜為心，但只是物，不入心，然人豈能長靜，須以制其亂。」張載認為不僅要多讀書，常讀書，循環讀，而且「於不疑處有疑，方是進矣。」〔註94〕

張載認為欲作文章，更是一個漫長的過程。《經學理窟‧義理》載：「學者潛心略有所得，即且志之紙筆，以其易忘，失其良心。若所得是，充大之以養其心，立數千題，旋注釋，常改之，改得一字即是進得一字。始作文字，須當多其詞以包羅意思。」〔註95〕這可謂張載作《正蒙》的心路歷程的真實寫照。張載嘉祐二年（1057 年）進士及第，到熙寧三年（1070 年）辭官還鄉，對仕途進退不以為意，而以講學著述為務。張載一生兩度被舉薦入朝，三歷外仕地方，在仕途不過十餘年。況且，做官期間不輟論學、講學。有文獻記載可知，張載三十多歲已經學有所成，被聘請到學宮講學。在京舉進士期間，坐虎皮講易大相國寺。可知張載舉進士前，早已開始講學授徒。可謂研讀經典而心解、心悟，融會貫通而自出義理，講學授徒而道明德尊。關於《正蒙》的成書過程，在《正蒙》的《蘇昞序》、《范育序》以及呂大臨《橫渠先生行狀》等文中都有論及。其中《蘇昞序》載：

> 先生曰：「吾之作是書也，譬之枯株，根本枝葉，莫不悉備，充榮之者，其在人功而已。又如晬盤示兒，百物具在，顧取者如何爾。」於是輒就其編，會歸義例，略效《論語》《孟子》，篇次章句，以類相從，為十七篇。〔註96〕

〔註91〕《張載集‧經學理窟》，第 275 頁。
〔註92〕《張載集‧經學理窟》，第 281 頁。
〔註93〕《張載集‧經學理窟》，第 281 頁。
〔註94〕《張載集‧經學理窟》，第 275 頁。
〔註95〕《張載集‧經學理窟》，第 275 頁。
〔註96〕參見《張載集‧正蒙》，第 3 頁。

觀《正蒙》之文，天文地理無不涉及。儒家六經自不必說，對於道家老莊之學中合於義理的觀點也有所借鑒。至於《黃帝內經》《化書》等中有關氣論、氣化說、天文曆法的內容等，也有所吸納。而張載這樣做的目的是昌明儒家經典的孔孟之道。張載所謂孔孟之道，已經不是簡單的道德說教。而是以太虛本源為道之體，以陰陽造化為道之用，也包含著儒家聖賢參贊天地、神道設教的淑世牖民之教。《正蒙》所示張載心解之義理，無不具備，只待學者參閱而能接引大道。《正蒙》並非名物訓詁的傳經之文，而是心解心悟的傳道之名言。而今本《正蒙》正是蘇昞「會歸義例，略效《論語》《孟子》，篇次章句，以類相從，為十七篇」的結果。呂大臨《橫渠先生行狀》載：

> 橫渠至僻陋，有田數百畝以供歲計，約而能足，人不堪其憂，
> 而先生處之益安。終日危坐一室，左右簡編，俯而讀，仰而思，有
> 得則識之，或中夜起坐，取燭以書，其志道精思，未始須臾息，亦
> 未嘗須臾忘也。〔註97〕

范育在《正蒙》序裏指出《正蒙》的撰寫是在張載生命的最後七年中完成的，是張載在政治上遭遇失意，辭官西歸橫渠鎮之後的作品。呂大臨《行狀》中所描寫，正是當時的真實寫照。張載本人對自己這部平生心血結晶也很重視，曾說：「此書予歷年致思之所得，其言殆於前聖合與！大要發端示人而已，其觸類廣之，則吾將有待於學者。正如老木之株，枝別固多，所少者潤澤華葉爾。」〔註98〕可見，《正蒙》是張載研讀儒家經典，積多年心得而成。從天道化育、繼善成性之說，到從變化氣質、知禮成聖之論，六經《論》《孟》無所不及。《正蒙》內容雖是張載手訂，而編纂體例卻由蘇昞完成，即所謂「略效《論》《孟》」「以類相次」。需要指出的是，張載辭官回郿縣後始創橫崐書院，專以講學、著述為務。《正蒙》即成，在書院東西門牆書《貶愚》《訂頑》。《程氏外書》記載：「橫渠學堂雙牖，右書《訂頑》，左書《貶愚》。伊川曰：『是起爭端。』改之曰《東銘》《西銘》。」〔註99〕改名之事可能在元豐三年（1080年），程頤應關中學者邀請前去講學。期間，大概要造訪張載所居之室，觀其所遺文字等。范育編《正蒙》時，又將《西銘》與《東銘》一併收入《乾稱篇》，作為其首尾兩章。程頤對《正蒙》部分內容有微辭，但是非常推崇《西

〔註97〕參見〔宋〕呂大臨：《橫渠先生行狀》，《張載集·附錄》，第383頁。
〔註98〕參見〔宋〕呂大臨：《橫渠先生行狀》，《張載集·附錄》，第383頁。
〔註99〕《二程集·程氏外書》，第418頁。

銘》。《河南程氏遺書》載其言曰：

> 孟子論王道便實。「徒善不足為政，徒法不能自行」，便先從養
> 生（一作道）上說將去。既庶既富，然後以「飽食暖衣而無教」為
> 不可，故教之也。孟子而後，卻只有《原道》一篇，其間語固多病，
> 然要之大意盡近理。若《西銘》，則是《原道》之宗祖也。《原道》
> 卻只說到道，元未到得《西銘》意思。據子厚之文，醇然無出此文
> 也，自孟子後，蓋未見此書。〔註100〕

程顥也曾說：「孟子以後，未有人及此。」〔註101〕二程的評價可謂中肯。朱熹
繼承二程觀點，為了表彰《西銘》，又將其從《乾稱篇》抽出，並單獨作了《西
銘解》。此後，《正蒙》廣為流傳。

　　然而直至去世，張載只有《正蒙》一書傳視門人。張載相與論道者諸如
二程、邵雍、司馬光等，門人諸如蘇昞、范育、呂大臨等，從沒有隻言片語提
及《正蒙》之外的著作。張載早年曾經講《易》京師，又曾與二程京師論《易》。
張載和程頤都以易學聞名。如果《橫渠易說》《經學理窟》等在二程在世時已
經成書，不可能不會提到。最大的可能就是後世所謂包括《橫渠易說》在內
的「諸經說」，都是張載研究經典的心得體會，見之於筆記，張載本沒有打算，
也不曾手訂《橫渠易說》一書。《經學理窟·義理》曾載其言曰：「學者潛心略
有所得，即且志之紙筆，以其易忘，失其良心。若所得是，充大之以養其心，
立數千題，旋注釋，常改之，改得一字即是進得一字。始作文字，須當多其詞
以包羅意思。」〔註102〕可見，張載平時有記讀書筆記的習慣。作為張載平日
心得體會的所謂「諸經說」，其中精華已經彙集到《正蒙》中了。從《正蒙》
的內容也可看出這一點。六經之中，《正蒙》內容涉及最多的是《易》和《禮》，
這與張載《易》《庸》互詮，發揚先秦儒家「性與天道」學說的治學宗旨相一
致。早年張載即講易京師，嚮往三代之治，後曾實驗井田，又推崇封建；在家
鄉以禮善俗，提倡知禮成性；去世前，又曾經「同知太常禮院」等。張載之所
以沒有將「諸經說」傳視門人，是因為這些心得體會只是《正蒙》的素材而
已。至南宋朱熹表彰理學五子學說，才搜集張載平時講義、弟子筆錄，以內
容分類，始有「諸經說」之語。《周易程氏傳》不及《繫辭傳》，而《橫渠易

〔註100〕《二程集·程氏遺書》，第 37 頁。
〔註101〕《二程集·程氏遺書》，第 39 頁。
〔註102〕《張載集·經學理窟》，《張載集》，第 275 頁。

說》注《繫辭傳》內容豐富，義理精深，故有單行本刊印，以供學者相互參照。朱熹搜集的「諸經說」其他部分內容較少，後學或將其分類編入《經學理窟》。從《經學理窟》中的篇名和內容也能看出「諸經說」的影子。或以為今本《橫渠易說》部分內容和「諸經說」的其他部分，元明以後就已經散失。

正因為張載重傳道，不重傳經。今天可以看到《正蒙》的一字一句無不散發著思想靈光。而作為《正蒙》素材的「諸經說」，則是張載研讀經典的心得體會，並非逐文逐句講解經典文字。故而《四庫提要》曾云：「是書較之程《傳》尤簡，往往經文數十句中無所說，卷內遂不復全載經文，載其有說者而已。蓋儒者之言，必真有得而記之，不以多寡計也。」〔註103〕潘雨廷《讀易提要》亦說：「此書似係門人裒集，未解處甚多，又繁簡失當，略有重複。張子未能親手訂成全《易》之說，惜哉！」〔註104〕

《正蒙》與張載易學有著密切的關係。中國古代的基礎教育，教材多以「蒙」字為命名。《正蒙》書名亦來自《周易》蒙卦義理。朱熹對《正蒙》書名注曰：「蒙者，蒙昧未明之謂；正者，訂正之也。」劉璣亦以此理解，他說：「篇內東銘、西銘，初曰貶愚、訂頑，皆正蒙之謂也。」〔註105〕「正」與「貶」和「訂」皆有糾正之義。《序卦傳》曰：「蒙者，蒙也，物之稚也。」這是說幼童不懂事，需要啟蒙教育。張載在《易說》中亦釋曰：「蒙，昏蒙也。」〔註106〕這裡，蒙又有糊塗懵懂，不明義理之義。《正蒙·中正篇》亦云：「使蒙者不失其正，教人者之功也。進其道，其惟聖人乎。」〔註107〕喻博文先生說：「張載講的『蒙』有兩方面的意義：一方面指幼稚無知的人；另方面指蒙受佛、道二教所謂異端思想理論毒害而不知覺醒的人。綜觀《正蒙》《橫渠易說》等著作，張載正是針對這兩種人提出批評。其鋒芒所向，常常是佛道兩家的人生觀等。」〔註108〕例如，張載曾說：

不悟一陰一陽範圍天地、通乎晝夜、三極大中之矩，遂使儒、

〔註103〕《四庫全書》出版工作委員會編：《文津閣四庫全書提要彙編》（經部一·易類），北京：商務印書館，2006年：第13頁。

〔註104〕潘雨廷：《讀易提要》，上海：上海古籍出版社，2006年：第89頁。

〔註105〕劉璣：《正蒙會稿》卷一，參見《正蒙會稿 新刊正蒙解》，北京：中華書局，2021年：第25頁。

〔註106〕參見《張載集·橫渠易說》，《張載集》，第85頁。

〔註107〕參見《張載集·正蒙》，第31頁。

〔註108〕喻博文：《正蒙注譯·前言》，蘭州：蘭州大學出版社，1990年：第1頁。

佛、老莊混然一途。語天道性命者，不罔於恍惚夢幻，則定以「有
生於無」為窮高極微之論。入德之途，不知擇術而求，多見其蔽於
詖而陷於淫矣。〔註109〕

張載又曾反覆強調秦漢學者「知人而不知天，求為賢人而不求為聖人」〔註110〕。
可見，張載所謂「訂正蒙昧」，正是針對這兩類人講的。張載認為《周易》經
傳是講解「性與天道」的書，故而十分重視對《周易》經傳的研習。在《正
蒙》中，除了專論《周易》的《大易篇》外，其他篇目中也多次提到，欲明
「性與天道」，必須明《易》。比如，《正蒙・太和篇》載：「語道者知此，謂之
知道；學易者見此，謂之見易。」又，《正蒙・神化篇》載：「知神而後能享帝
享親，見易而後能知神。是故不聞性與天道而能制禮作樂者末矣。」又，《正
蒙・乾稱篇》載：

　　　　釋氏語實際，乃知道者所謂誠也，天德也。……彼欲直語太虛，
　　不以晝夜、陰陽累其心，則是未始見易，未始見易，則雖欲免陰陽、
　　晝夜之累，末由也已。易且不見，又烏能更語真際！捨真際而談鬼
　　神，妄也。所謂實際，彼徒能語之而已，未始心解也。〔註111〕

張載十分重視《正蒙》，《正蒙》是他思想精華所在。《大易篇》是闡釋《周易》
義理，其他各篇也都滲透了易理，尤其以《太和》《參兩》《天道》《神化》《乾
稱》等章為重。《大易篇》共六十二節，是《正蒙》中章節最多的一篇，其中
的五十九條皆取自《橫渠易說》。《正蒙》中大量的概念與命題，也都與《周
易》經傳有著緊密聯繫。

　　張載十五歲喪父時，其弟張戩年僅五歲。此後，張載「奉母教弟」。而張
戩十九歲選貢生，二十四歲即進士及第。顯然，其中也有張載善於教導培養
的因素存在。而張載三十多歲時，即被朝中重臣文彥博邀請至長安講學。赴
京應試期間，又被文彥博推薦坐虎皮講易。可見，張載講學經驗之豐富。推
測這與其長期「教弟」的經歷是分不開的。而張載學問之高，直到三十七歲
才赴京應試，也是儒者特重孝道，父母在而不遠遊的緣故。況且父親早亡，
孤兒寡母之艱辛可想而知。而長兄如父，更致兄弟手足情深。可見，「奉母教
弟」此言不虛。一門二子都進士及第在鄉里實屬罕見。張戩少年才俊，二十

〔註109〕參見《張載集・正蒙・太和篇》，第8頁。
〔註110〕參見《張載集・附錄》，第386頁。
〔註111〕參見《張載集・正蒙》，第65頁。

四歲進士及第，本當前途無量。熙寧三年之後，卻因反對王安石變法，遭一貶再貶。推測張載也因此辭官回鄉。熙寧九年，張戩再度被貶為周至司竹監，其年三月突然暴病而卒。這對張載打擊之深可想而知。期間張載之肺病加重與此不無關係。熙寧九年秋，因感異夢，「乃集所立言」出示門人，《正蒙》之書當成於此時。「吾將有待於學者」之語、「老木華葉」之喻推測當有交代後事之義。熙寧九年，張載撰成《正蒙》，無編次，出示門人。後弟子蘇昞略效《語》《孟》類編輯定為十七篇，隨後傳佈於世。大概元祐二年，蘇昞邀范育作序。元祐五年，范育《正蒙序》成。《易說》等「諸經說」當是張載的讀書劄記，張載在世時大概沒有編輯成書。南宋時期二程洛學逐漸流行，特別是二程後學朱熹等人，逐漸將北宋五子的著述資料收集整理、融會貫通並發揚光大，張載著述賴此得以流傳後世。

　　張載著述見之於《宋史·藝文志》的略述如下。元朝脫脫等撰《宋史·藝文志》，「仿前史分經、史、子、集四類而條列之」。其中經類，列張載著作有《易說》十卷，《詩說》一卷，《經學理窟》三卷。又有《三家冠婚喪祭禮》五卷（由司馬光、程頤、張載定）。史類中儀注類有《橫渠張氏祭儀》一卷。子類列有《正蒙書》十卷，又《雜述》一卷。有《近思錄》十四卷（朱熹、呂祖謙編類周敦頤、程頤、程顥、張載等書）涉及張載著述、言行等。又有《諸儒鳴道集》七十二卷（濂溪、涑水、橫渠等書）涉及張載言行、著述等。集類中別集部分列有《張載集》十卷。

三、張載的學術歷程──獨闢蹊徑，勇於造道

　　依據呂大臨《橫渠先生行狀》《宋史·張載傳》等，多數學者籠統地將張載的學術歷程，描述為受讀《中庸》、訪諸釋老、返求之六經三個階段或三次轉折。林樂昌教授通過深入研究相關文獻，認為所謂三次轉折都是張載早期學術活動，並將張載近四十年的學術生涯劃分前、中、後三個時期。其中前期，以康定元年（1040年）范仲淹勸讀《中庸》為起點，大約自其二十一歲至四十歲的二十年間。這是張載泛觀博覽、鉤沉探奧奠定學術基礎的時期。張載之學演進的中期，是其思想體系的形成期，大約從其四十歲至五十歲的十年間。以呂大鈞拜張載為師，作為張載思想體系形成和關學學派創立的標誌。呂大鈞和張載同於嘉祐二年到京師應舉並中進士，呂大鈞對張載「執弟子禮」可能發生此段時間。張載之學演進的後期，亦即其思想成熟期，大約

從其五十歲前後至去世的七八年間。熙寧二年，張載已經五十歲。御史中丞的呂公著舉薦說：「張載學有本原，四方之學者皆宗之」。可見張載思想進入了成熟期，關學學派發展進入了繁榮期。〔註 112〕

在張載治學的前期，由於早年喪父，兄弟張戩年幼，張載「奉母教弟，半耕半讀」。《行狀》言其「少孤自立，無所不學」。慶曆八年，張戩十九歲，選鄉賢貢生。皇祐五年，張戩二十四歲中進士，任陝西閡縣主薄。至和二年（1055）張戩調任普潤縣令。嘉祐元年，張戩調任陝州靈寶縣令。據《宋史・道學傳》載，張戩在任期間，「誠心愛人，養老恤窮，間召父老使教督子弟。民有小善，皆籍記之。以奉錢為酒食，月吉，召老者飲勞，使其子孫侍，勸以孝悌。民化其德，所至獄訟日少。」〔註 113〕可見，張戩思想受其兄影響很大。雖沒有著述留下可資稽考，推測當以張載的教導為核心，也可說是張載思想的實踐者。大概此時，張戩成家立業，張載終於完成了他作為長子、長兄責任，可以安心考慮自己的前程了。張載讀《中庸》之後，《行狀》載其「雖愛之，猶未以為足也，於是又訪諸釋老二教之書」。這是因為，《中庸》是釋老二教學者最為關注的儒家經典。二教學者為了應對儒者日益強烈的反佛、禁佛之聲，多主動從儒家經典中尋找證據，以證明佛教與儒家學說並非水火不容。《中庸》作為闡發天道性命學說的儒家典籍之一，早在魏晉漢唐時期，一些主張融通三教的佛、道學者早於儒家學者重視研究《中庸》。《中庸》「脫穎而出」，始於南朝梁武帝。據《梁書・武帝本紀》載，梁武帝蕭衍撰有《中庸講疏》。唐代韓愈、李翱的心性學說也主要是對《中庸》心性學說的進一步闡發。北宋初期，自號「中庸子」的僧人智圓，就提出儒家所謂中庸就是龍樹所謂中道。智圓著有《閒居編》，在其中《中庸子傳上》一文中曾說，從社會教化的角度而言，儒、佛都是化民之道。並認為佛教學說是「內典」，用以治心；儒家學說是「外典」，用以治家國天下。〔註 114〕所謂內典、外典，漢儒本以記

〔註 112〕林樂昌：《張載的學術歷程及其關學思想》，《地方文化研究》，2015 年第 1 期。又見林樂昌，《張載哲學化的經學思想體系》，姜廣輝主編，《中國經學思想史》卷三上，北京：中國社會科學出版社 2010 年：第 525～528 頁。

〔註 113〕參見〔元〕脫脫等撰：《宋史・道學一》卷四二七，北京：中華書局，1977 年：第 12725 頁。

〔註 114〕智圓曾說：「夫儒釋者，言異而理貫也，莫不化民，稗遷遠惡也。儒者，飾身之教，故謂之外典也；釋者，修心之教，故謂之內典也；惟身與心，則內外別矣。蚩蚩生民，豈越於身心哉？非吾二教，何以化之乎？嘻！儒乎，釋

載所謂帝王之術的書籍充值皇家密室，謂之內典，或秘書。而教化百姓的典籍則是廣佈天下，稱之為外典。智圓這樣分類的目的就是要給佛教學說掙得一席之地，讓佛教學說作為治心的內典，讓儒家學說作為主導社會意識形態的外典。換句話說，就是儒家學說沒有心性學說，僅能用以齊家治國平天下。這其實存在著門戶之見，因為正心誠意也是儒家學說的重要內容。儒家學說是內聖外王兼備的。而理學家的時代使命就是闡發儒家心性之學。顯然，智圓所謂「釋之言中庸者，龍樹所謂中道義也」「修身以儒，治心以釋」〔註115〕等觀點，是以純儒自居的理學家所不能容忍的。

智圓之後，雲門宗僧人契嵩與韓琦、歐陽修、李覯等就儒、釋異同有過探討，來往密切。韓琦、歐陽修、李覯等朝臣對契嵩的著作自然很熟悉。契嵩所著《鐔津文集》卷四有《中庸解》五篇，〔註116〕論儒佛相通之道，流傳甚廣。又曾上書仁宗皇帝說：「若今文者皆曰必拒佛，故世不用，而尊一王之道，慕三代之政，是安知佛之道與王道合也？夫王道者，皇極也；皇極者，中道之謂也。而佛之道亦曰中道，是豈不然哉？然而適中與正，不偏不邪，雖大略與儒同，及其推物理而窮神極妙，則與世相萬矣。」〔註117〕契嵩的著作和主張影響之大，可想而知。范仲淹勸讀《中庸》與張載研讀《中庸》之後，又「訪諸釋老」可能與此相關。在《正蒙》中，張載所批評的「遂使儒、佛、老莊混然一塗」，大概是針對契嵩之流企圖匯通三教的主張。和傳統儒家章句訓詁之儒皓首窮經不同，張載也讀佛道二教的一些典籍。而張載「訪諸釋老」並非是要援釋老二氏學說來改造儒家學說，而是要抓住二氏學說的要害在性與天道的高度排拒之。既不同於王安石、蘇軾等三教並融的學術立場，也不同於程頤借鑒道家道一本倫而闡發儒家理一本論的學術路徑。在《經學理窟·義理》中，張載曾總結自己讀書經驗說：「唯六經則須著循環，能使晝夜不息，理會得六七年，則自無可得看。若義理則盡無窮，待自家長得一格則又見得

乎，其共為表裏乎！……嗚呼！好儒以惡釋，資釋以賤儒，豈能庶中庸乎？」參見〔宋〕釋智圓：《閒居編》卷一九，《中庸子傳上》，《新纂續藏經》第56冊，第894頁。

〔註115〕參見〔宋〕釋智圓：《閒居編》卷一九，《中庸子傳上》，《新纂續藏經》第56冊，第894頁。

〔註116〕參見〔宋〕契嵩：《中庸解》，《鐔津文集》卷四，《大正新修大藏經》第52冊，No.2115。

〔註117〕參見〔宋〕契嵩：《萬言書上仁宗皇帝》，《鐔津文集》卷八，〔0687a06〕，《大正新修大藏經》第52冊，No.2115。

別。」〔註118〕張載從「訪諸釋老」到「反而求之六經」，初步奠定了學術研究的基礎。《宋史》載，皇祐三年，文彥博罷相知永興軍，至和二年復相。〔註119〕期間曾聘請張載到學宮講學。即《行狀》所謂「方未第時，文潞公以故相判長安，聞先生名行之美，聘以束帛，延之學宮。」《宋史·道學傳》載張載講《易》京師，並與二程論《易》。這次會晤當在宋仁宗嘉祐初（1056年）張載進京舉進士期間。嘉祐二年，張載與程顥同年及第。在地方任職期間，曾與程顥書信討論「定性」問題。張載曾自述研讀《中庸》的經驗說：「某觀《中庸》義二十年，每觀每有義，已長得一格。六經循環，年欲一觀。」〔註120〕「已長得一格」，是說經過二十年的反覆研讀，對《中庸》精義已經達到自成「一格」的境地。從二十一歲始讀《中庸》，經過二十年，張載年齡四十出頭。此後，張載的學術歷程大約進入了中期階段。

　　在張載治學的中期，也是其思想體系的形成期。嘉祐二年，張載受知於歐陽修，與程顥、朱光庭、蘇軾、蘇轍、曾鞏、呂大鈞等同年及第。嘉祐三年，張載調任朝中，任著作佐郎。祕書省著作佐郎官品不高，但有機會接觸更多藏書和飽學之士。為張載與同代學者交流學術、切磋學問提供了更多的機會。《關學編》載：「先生（呂大鈞）於橫渠為同年友，及聞學，遂執弟子禮。」〔註121〕又，《宋元學案》載：「先生（呂大鈞）於橫渠為同年友，心悅而好之，遂執弟子禮，於是學者靡然知所趨向。」〔註122〕呂氏乃關中望族，在當地有巨大的影響力。在呂大鈞的帶動下，有更多學者投於張載門下，包括呂氏兄弟以及蘇昞、范育等。此間，關學學派初具規模。《行狀》載，張載曾讀《中庸》、訪釋老、返六經。然而，《行狀》沒有交代張載「反求之六經」後的治學經歷。從嘉祐（1056年）初，文彥博支持張載東京相國寺講《易》，以及張載與二程京師論《易》，可以推斷張載此時以易學見長。而張載多次提到類似「《易》乃是性與天道」的觀點。《正蒙》《橫渠易說》都有類似的觀點。「性與天道」語出《論語·公冶長》子貢之語。玄學家多以「性與天道」深微

〔註118〕　參見《張載集·經學理窟》，第 278 頁。
〔註119〕　〔元〕脫脫等撰：《宋史·文彥博傳》卷三百一十三，列傳第 72，北京：中華書局，1977 年：第 10259 頁。
〔註120〕　《張載集·經學理窟》，第 277 頁。
〔註121〕　〔明〕馮從吾：《關學編》卷一《和叔呂先生》，北京：中華書局，1987 年：第 9 頁。
〔註122〕　〔明〕黃宗羲原著、全祖望補修：《宋元學案》（卷三十一《呂範諸儒學案·教授呂和叔先生大鈞》），北京：中華書局，1986 年：第 1097 頁。

不可言，故夫子不曾言，子貢未曾聞。因此，釋老二教學者，甚至一些儒家學者都認為儒家沒有性與天道之學。如僧人智圓認為，儒學為「飾身之教」故謂之外典；佛學為「修心之教」，故謂之內典。張載認為「聖人語動皆示人以道」。常人視夫子之行，聽夫子之言，卻不求夫子之道，只是視而不見、聽而不聞而已。[註123] 至於玄學家認為孔子不曾言性與天道，張載認為這是對子貢之語的誤解。因為子貢明言「夫子之言性與天道」，至於學者能否「可得耳聞」則是另一回事。張載認為之所以有人「不可得耳聞」，是因為「聖門學者以仁為己任，不以苟知為得，必以了悟為聞」。[註124] 張載認為學者「不求」、不曾「了悟」的性與天道之學，就在《周易》《中庸》等儒家經典之中。《易傳·說卦傳》有所謂「和順於道德而理於義，窮理盡性以至於命」「昔者聖人之作易也，將以順性命之理」；《繫辭傳》有所謂「一陰一陽之謂道」及其「繼善成性」之說；《中庸》有所謂「天命之謂性，率性之謂道」，這些都是早期儒者認同的孔子講解《周易》之言。孟子所謂「盡其心者，知其性也。知其性，則知天矣。存其心，養其性，所以事天也」[註125]，顯然是對《易傳》所言的進一步引申而已。而《正蒙·誠明篇》所謂「天人異用，不足以言誠；天人異知，不足以盡明。所謂誠明者，性與天道不見乎小大之別也」，以及「義命合一存乎理，仁智合一存乎聖，動靜合一存乎神，陰陽合一存乎道，性與天道合一存乎誠」，這正是張載《易》《庸》互詮得出結論，也是張載用心力於這兩部經典原因之所在。[註126] 張載治學的目的就是繼此孔孟之後不傳的性與天道之學，以排拒佛老。認為之所以有很多學者蔽陷於釋老二教虛妄之學，是因為「入德之途，不知擇術而求」[註127]。

張載通過《易》《庸》互詮，所揭示的孔孟性與天道之學，是排拒佛老的利器。張載批評老氏「體用殊絕」的「有生於無」自然之論、釋氏「略知體虛空為性，不知本天道為用」的「躐等妄意」，深刻地揭示了二教消極避世「窮高極微」之論，無非是「恍惚夢幻」詖淫之辭。佛道二教之所以「有

[註123] 張載曾說：「子貢曾聞夫子言性與天道，但子貢自不曉，故曰『不可得而聞也』。若夫子之文章則子貢自曉。聖人語動皆示人以道，但人不求耳。」見《張載集·張子語錄》，第 307 頁。
[註124] 《張載集·張子語錄》，第 307 頁。
[註125] 〔清〕焦循：《孟子正義》，北京：中華書局，1987 年：第 877 頁。
[註126] 〔元〕脫脫等撰：《宋史·道學一》卷四二七，列傳 186，中華書局，1977 年：第 12709～12710 頁。
[註127] 《張載集·正蒙·太和篇》，第 8 頁。

有無之分」〔註128〕，是因為佛道二教學者不識易，「識易然後盡性」〔註129〕。所謂「諸子淺妄，有有無之分，非窮理之學也」，正是對老莊、玄學以及玄學化儒學而言。老莊玄學言道不知「道之道大原出於天」，釋氏言性而不識「窮理盡性以至於命」。隨著宋明理學家以易學為利器排拒佛道，二教學者也紛紛研究易學，通過詮釋《周易》融通三教，為二教爭取生存空間。張載通過《易》《庸》互詮，繼承孔孟性與天道之學的治學宗旨，在范育《正蒙序》中說得非常明確〔註130〕。張載一邊從政，將儒家的義理付諸實踐；一邊從事學問，教導弟子。和邵雍、司馬光、二程兄弟等講友切磋學問，相與論道。宋英宗治平二年（1065 年），張載應文彥博之聘，在長安當了一年學官。治平三年（1066年），王陶（子樂道）知永興軍，請張載到郡學講學。張載多以儒家道德而非以詩賦、章句教人，期間曾激勵學者說：「孰能少置意科舉，相從於堯舜之域否？」熙寧元年（1068 年），張載曾講學於綠野亭。

　　熙寧三年（1070 年）至熙寧十年（1077 年），張載學術進入精進階段。這是張載學術歷程的後期，也是其思想體系的成熟期。熙寧三年，張戩語犯王安石，四月，貶監察御使為公安縣令。而張載亦辭官返鄉，以示不以利祿苟同於人。張載晚年回顧自己的治學經歷時說：「某學來三十年，自來作文字說義理無限，其有是者皆只是億則屢中。……觀古人之書，如探知於外人，聞朋友之論，如聞隔牆之言，皆未得其門而入，不見宗廟之美、室家之好。比歲方似入至其中，知其中是美是善，不肯復出，天下之議論莫能易此。……學者又譬之知有物而不肯捨去者有之，以為難入不濟事而去者有之。」〔註131〕以范仲淹勸讀《中庸》作為張載向學之始，「某學來三十年」，剛好步入五十歲。「億則屢中」出自《論語・先進篇》，原是形容料事準確，張載引用說明自

〔註128〕　《橫渠易說》云：「氣之聚散於太虛，猶冰凝釋於水，知太虛即氣則無有有無。故聖人語性與天道之極，盡於參伍之神變易而已。諸子淺妄，有有無之分，非窮理之學也。」參見《張載集・橫渠易說》，第 200 頁。

〔註129〕　《橫渠易說》云：「釋氏之言性不識易，識易然後盡性，蓋易則有無動靜可以兼而不偏舉也。」參見《張載集・橫渠易說》，第 206 頁。

〔註130〕　范育《正蒙序》云：「自孔孟沒，學絕道喪千有餘年，處士橫議，異端間作，若浮屠老子之書，天下共傳，與六經並行。而其徒侈其說，以為大道精微之理，儒家之所不能談，必取吾書為正。世之儒者亦自許曰：『吾之六經未嘗語也，孔孟未嘗及也』，從而信其書，宗其道，天下靡然同風，無敢置疑於其間，況能奮一朝之辯，而與之較是非曲直乎哉！」參見《張載集》，第 4頁。

〔註131〕　《張載集・經學理窟・自道》，第 288 頁。

己「作文字說義理」已達精深透徹的境地。熙寧二年，呂公著時任御史中丞，與張載相善，向朝廷舉薦張載，言「張載學有本原，四方之學者皆宗之」。此時張載剛好五十歲。「四方之學者皆宗之」說明張載關學學派發展進入了繁榮期。程頤嘗言：「（張載）所居之鄉，學者不遠千里而至，願一識其面，一聞其言，以為楷模。」〔註132〕張載回到郿縣之後，講學之餘，終日獨坐，俯讀仰思，始撰《正蒙》。張載在書院東、西門牆書《砭愚》《訂頑》二銘，以警學者。〔註133〕明人輯《張子全書》中《橫渠易說》《經學理窟》《張子語錄》等文字，當成於此時。在學術方面，張載勇於造道，集一生精思所得著於《正蒙》。在教學方面，張載每以「變化氣質」「知禮成性」教導弟子。在社會實踐方面，張載致力於恢復古禮、實驗井田等改革實驗。這一時期有眾多弟子從學，其中不乏不遠千里，慕名而來的學者，而關學學派也規模可觀。據明馮從吾《關學編》載，其弟子主要有呂大忠、呂大鈞、呂大臨、蘇昞、范育、侯仲良等。〔註134〕參考《宋元學案·呂範諸儒學案》〔註135〕，張載有籍可考弟子合計十四餘人。

第三節　程頤的生平、著述以及學術歷程

一、程頤的家世和生平——名門大姓，幼有高識

程顥生於明道元年（1032年），卒於元豐八年（1085年），字伯淳，世稱明道先生。嘉祐年間舉進士，官至宗正寺丞。程頤，生於明道二年（1033年），卒於大觀元年（1107年），字正叔，世稱伊川先生。王安石當政時，二程閒居洛陽，講學授徒。司馬光等舊黨執政時，程頤被薦為崇政殿說書，不久即罷。程頤在為哲宗侍講期間，敢以天下為己任，議論褒貶無所顧忌，聲名日高而

〔註132〕《二程集·程氏文集·回禮部取問狀》，第564～565頁。

〔註133〕張載去世後程頤認為這樣的命名容易引起爭端，就將《砭愚》改為《東銘》，將《訂頑》改為《西銘》。《程氏外書》記云：「橫渠學堂雙牖，右書《訂頑》，左書《砭愚》。伊川曰：『是起爭端。』改之曰《東銘》、《西銘》。」參見《二程集》，第418頁。范育編《正蒙》時，又將《西銘》與《東銘》一併收入《乾稱篇》，作為其首尾兩章。朱熹為了表彰《西銘》，又將其從《乾稱篇》抽出，並單獨作了《西銘解》。

〔註134〕〔明〕馮從吾：《關學編》，北京：中華書局，1987年：第1～15頁。

〔註135〕〔明〕黃宗羲、全祖望：《宋元學案·呂範諸儒學案》（黃宗羲全集版·第四冊），杭州：浙江古籍出版社，2012年：第362頁。

從學日眾。程顥、程頤同為理學奠基者，世稱二程。南宋寧宗嘉定十三年、理宗淳祐元年，朝廷兩次表彰理學家，分別給邵雍、周敦頤、程顥、程頤、張載等賜諡、封號並從祀孔廟。〔註136〕下文所述二程生平、著述及學術歷程主要依據《宋明理學家年譜》《宋史・道學傳》以及《程氏文集》等。二程家世顯赫，族人為官者多。程頤在《上仁宗皇帝書》言：

> 臣高祖羽，太祖朝年六十餘，為縣令，一言遭遇，聖祖特加拔擢，攀附太宗，終於兵部侍郎。顧遇之厚，群臣無比，備存家牒，不敢繁述。臣曾祖希振，既以父任，後祖適復被推恩。國家錄先世之勁臣，父珦又蒙延賞，今為國子博士。非有橫草之功，食君祿四世，一百年矣。臣料天下受國恩之厚，無如臣家者。〔註137〕

二程高祖程羽，太宗朝得寵，被賜第於東京。曾祖程希振，曾任尚書虞部員外郎，生程適、程遹、程道。程希振歿後葬伊川，程家始遷洛陽。祖父程遹，曾任黃陂知縣，後贈開府儀同三司吏部尚書，生程珦、程璠、程琉、程瑜。程遹之兄程適，生程琳等堂兄弟五人，程琳官至開封府尹、丞相，去世追封為中書令，諡號文簡公。〔註138〕程珦、程璠、程琉兄弟，也因堂兄程琳蔭庇為官。程珦十七歲娶妻侯氏。侯氏世為河東大姓，家教謹嚴，好讀史書，待人仁厚，教子有方。二程幼時，勉勵二程讀書，「因書線帖上曰：『我惜勤讀書兒。』又並書二行曰：『殿前及第程延壽。』先兄幼時名也；次曰：『處士』。」〔註139〕後來果然：大程進士及第，小程雖然沒有取得功名，但才識很高。程母侯氏善文而不為辭章，讀史聞姦邪逆亂常常掩卷憤歎，聞忠孝節義之行則欽慕不已。侯氏識慮高遠，有英雄氣象，嘗稱唐太宗得禦戎之道。侯氏弟侯可，世稱名儒。

　　慶曆六年，程珦任職江西興國縣，與周敦頤為同僚。程珦仰慕其深明道學，遂結為好友，並讓二程兄弟拜師從學。〔註140〕受到周敦頤易學啟發，二程慨然有求道之志，不以科業為重。宋人度正《周敦頤年譜》載：「六年丙戌（1046年）。先生時年三十。大理寺寺丞、知虔州、興國縣程公珦假倅南安，

〔註136〕參見〔元〕脫脫等撰：《宋史・道學一》卷四二七，北京：中華書局，1977年：第12713、12717、12722、12725頁。

〔註137〕《二程集・程氏文集・上仁宗皇帝書》，第515頁。

〔註138〕〔元〕脫脫等撰：《宋史・程琳傳》，北京：中華書局，1977年：第9676頁。

〔註139〕參見《二程集・程氏文集》，第655頁。

〔註140〕參見《伊川先生年譜》，《二程集・程氏遺書・附錄》，第338頁。

視先生氣貌非常人。與語，果知道者。」〔註141〕皇祐二年（1050年），程頤十八歲，上書仁宗皇帝，自陳所學，希求進用。以帝師自居之心，溢於言表。〔註142〕嘉祐元年（1056年），二程到京城備科考，與同在京師的張載探討易學。事見《河南程氏外書》卷十二引祁寬所記尹和靜語〔註143〕。程頤在京師曾遊太學，時胡瑗主持太學，以「顏子所好何學論」試諸生。程頤文章略謂：「聖人可學而至歟？曰：然。」又論為學之道說：「凡學之道，正其心養其性而已。中正而誠則聖矣。」〔註144〕程頤文章深受胡瑗賞識，即請相見，處以學職。嘉祐二年（1057年），程顥中進士，此後數年，在地方任職。程頤進士未及第，曾作《與方元菜手帖》，曰：「今之治經者亦眾矣，然而買櫝還珠，人人皆是。」嘉祐四年，程頤再次落第，遂不復試。程頤以淳儒自居，並非為做學問而做學問，追求的是內聖外王之道。程頤雖心繫天下治亂、社稷安危，但對做官本身不感興趣。自謂「自少不喜進取，以讀書求道為事」〔註145〕，認為「作官奪人志」〔註146〕。雖然可以通過「任子恩」直接進入仕途，但他屢次把機會讓給族人。治平、熙寧年間，呂公著等朝中大臣屢次推薦，程頤以「自以為學不足，不願仕也」推辭〔註147〕。直至神宗元豐八年（1085年），程頤都是以處士的身份講學授徒。一則，任子恩的官吏升遷機會很小。再則，程頤好為人師，不肯屈就刀筆吏。治平四年，程珦知漢州，程頤隨同服侍。曾與成都隱者探討易學，事見《河南程氏外書》〔註148〕。在漢州期間，他還與張載通信討論學問，神宗熙寧二年（1069年），作《答橫渠先生書》《再答》等。熙寧年間，司馬光、呂公著等元老重臣也都因不滿王安石新法而逐漸退居洛陽。熙寧四年（1071年），程珦在漢州府任上因病歸朝，程頤隨侍。熙寧五年，程顥任職洛陽監局。此後二程在洛陽講學，投其門下的學子甚多。熙寧七年，程顥再度貶官。程珦父子與舊黨人物來往密切，二程也常與他們切磋學問。熙寧九年（1076年）十月，張載應詔赴京，途經洛陽與二程相見。

〔註141〕 參見〔宋〕周敦頤著，陳克明點校：《周敦頤集》，北京：中華書局，1990年：第95頁。
〔註142〕 參見《二程集·程氏文集》，第515頁。
〔註143〕 參見《二程集·程氏外書》卷第十二，第436頁。
〔註144〕 參見《二程集·程氏文集》，第577頁。
〔註145〕 參見《二程集·程氏文集》，第541頁。
〔註146〕 參見《二程集·程氏遺書》，第166頁。
〔註147〕 參見《伊川先生年譜》，《二程集·程氏遺書·附錄》，第338頁。
〔註148〕 參見《二程集·程氏外書》，第412頁。

張載說：「往終無補也，不如退而閒居，講明道義，以資後學，猶之可也。」
程頤說：「何必然？義當往則往，義當來則來耳」〔註149〕。熙寧十年，邵雍因
病去世。邵雍病革時，囑託程顥作墓誌銘。臨終告誡程頤：「面前路徑，須常
令寬。路徑窄，則自無著身處，況能使人行也。」〔註150〕此後三十年，程頤
的經歷異常坎坷，說明邵雍所言不妄。程頤為自己過於剛肅的性格付出了沉
重的代價。張載辭官過洛，曾與二程一起論學。二程弟子錄「洛陽議論」。十
一月，張載去世。元豐元年，謝良佐、周純明拜師求學。次年，藍田呂大臨從
學二程。元豐三年，程頤應關中學者邀請前去講學，行至雍華間，作《雍行
錄》。此行所言，弟子記有《入關語錄》。元豐四年（1081年），楊時調任京師，
聞程顥在穎昌，前往求學。游酢、謝良佐同往。楊時返回南方，程顥送行。言
道：「吾道南矣。」〔註151〕後來的事實證明，楊時是洛學南傳關鍵人物。元豐
五年，二程隨同程父返回洛陽居住。冬，劉詢拜見程顥。程頤居洛講學，收汝
州朱長文為徒，並致書文彥博，籌建伊皋書院。元豐八年，神宗駕崩，哲宗嗣
位，太皇太后高氏臨朝聽政。舊黨司馬光、呂公著執政，程顥改任承議郎。五
月，遷宗正寺丞。六月，程顥病逝。噩耗傳出，弟子、臣僚莫不哀傷。十月，
朱光庭任諫官，經過洛陽時拜見程頤。隨著邵雍、張載、程顥、司馬光等人的
離世，其門下學者多轉投程頤。程頤成為當時當之無愧的學術領袖。

　　元祐元年三月，太皇太后召見程頤，面諭任程頤為崇政殿說書，輔導幼主
哲宗。在朝數月，程頤從沒言及俸祿封蔭。但程頤直道而行，不肯屈節逢迎，
難為世俗所容。加之據此要職，為人妒忌，謗讒日至。曾言：「竊以聖人之學，
不傳久矣。臣幸得之於遺經，不自度量，以身任道。」〔註152〕又說：「頤至愚
學道，幾五十年，惟是自信，行其所知，不敢為世俗所移。知之罪之，則繫乎
人焉。」〔註153〕元祐春，一日講罷未退，少年哲宗皇帝起身折取一柳枝玩，程
頤依古訓戒之曰：「方春發生，不可無故摧折。」〔註154〕這讓哲宗皇帝很不高

〔註149〕 參見《二程集·程氏粹言》，1244頁。

〔註150〕 參見《二程集·程氏文集》，第675頁。

〔註151〕 參加〔元〕脫脫等等：《宋史》卷四百二十八，北京：中華書局，1977年：
　　　　　第12738頁。

〔註152〕 參見《二程集·程氏文集·上太皇太后書》，第546頁。

〔註153〕 參見《二程集·程氏文集·上謝帥師直書》，第611頁。

〔註154〕 《伊川先生年譜》記此事於「二年，又上疏論延和講讀垂簾事……」之後第
　　　　　二段；盧連章所著《程顥、程頤評傳》亦認為此事發生在元祐二年春。然《伊
　　　　　川先生年譜》朱熹注曰：「且云『溫公聞之亦不悅』」。司馬光卒於元祐元年

興，如此等等為其在哲宗朝的曲折經歷埋下伏筆。五月，罷講期間，朝廷命他同孫覺、顧臨及國子監長貳一起重新審定國子監條例。〔註155〕程頤撰寫《三學看詳文》等文書，提意見三十四條之多〔註156〕，幾乎是對太學舊制的全盤否定，使得主持太學的官員十分反感。對此，御史中丞劉摯奏言：「然則為今之議，無大措置，獨可按據舊條，考其乖戾太甚者刪去之，而存其可行可久，便於今日，則所謂學制，可以一言而定矣。若乃高闊以慕古，新奇以變常，非徒無補，而又有害。」〔註157〕據《伊川先生年譜》朱熹注：「禮部尚書胡宗愈謂……三舍科條固已精密，宜一切仍舊，因是深詆先生謂不宜使在朝廷。」〔註158〕而程頤所奏數十條建議都被禮部駁回。元祐二年（公元1087年），一日赴講，適逢哲宗患「瘡疹」，多日沒有上朝。《年譜》載，程頤「退詣宰臣，問上不御殿，知否？」又責曰：「二聖臨朝，上不御殿，太皇太后不當獨坐，且人主有疾，而大臣不知，可乎？」次日，宰臣「奏請問疾，由是大臣亦多不悅」。〔註159〕加之「一時人士歸其門者甚盛」，引起蜀黨成員的不滿。蜀洛兩黨相互排擠，黨爭日趨激烈。最終，諫議大夫孔文仲參劾程頤：「污下儉巧，素無鄉行，經筵陳說，僭橫忘分，遍謁貴臣，歷造臺諫，騰口間亂，以償恩仇，至市井目為五鬼之魁」，請求朝廷將其「放還田裏，以示典刑」〔註160〕。元祐五年（1090年）正月，程珦卒於西京國子監公舍，享年八十五歲。十二月，尹焞始登門求學。

程頤仕途坎坷，但並沒有消沉，《程氏遺書》載：

> 先生嘗說：「某於《易傳》，今卻已自成書，但逐旋修改，期以七十，其書可出。韓退之稱『聰明不及於前時，道德日負於初心』，然某於《易傳》，後來所改者無幾，不知如何？故且更期之以十年之功，看如何。」〔註161〕

九月，此事當此前，亦即元祐元年春天。參閱《二程集·程氏遺書·附錄》，北京：中華書局，1981年，342頁。盧連章：《程顥、程頤評傳》，南京：南京大學出版社，2001年，16頁。

〔註155〕參見《伊川先生年譜》，《二程集·程氏遺書·附錄》，第340頁。

〔註156〕參見《二程集·程氏文集·三學看詳文》卷第七，第562頁。

〔註157〕參見〔宋〕李燾撰：《續資治通鑒長編》卷三百九十，北京：中華書局，1993年：第9494頁。

〔註158〕參見《伊川先生年譜》，《二程集·程氏遺書·附錄》，第340頁。

〔註159〕參見《伊川先生年譜》，《二程集·程氏遺書·附錄》，第343頁。

〔註160〕參見《伊川先生年譜》，《二程集·程氏遺書·附錄》，第343頁。

〔註161〕參見《二程集·程氏遺書》，第174頁。

可見，經過幾十年的撰寫和反覆修改，《周易程氏傳》書稿已成。此後數年，二蘇執政，程頤備受排擠。元祐八年，楊時、游酢以師禮見程頤，留下「程門立雪」佳話。〔註162〕八月，太皇太后駕崩。紹聖元年（1094 年），哲宗親政。紹聖四年（1097 年）二月，朝廷欲恢復新法，對去世的司馬光等予以貶懲。蘇軾、程頤等一百二十人被列為「奸黨」，並刻名立碑，大肆貶竄。十一月，程頤被送涪州編管。元符二年，《周易程氏傳·易傳序》成。程頤以道自任，進退以義。據《邵氏聞見錄》載：「先生注《周易》，與門弟子講學，不以為憂；遇赦得歸不以為喜。」〔註163〕元符三年，哲宗病逝，徽宗即位。四月，程頤「以赦復宣德郎，任便居住」〔註164〕，始回到洛陽，散去門人又重新聚集起來。自涪陵歸，《易傳》已成。崇寧元年（1102 年）九月，蔡京執政，文彥博、呂公著、司馬光、蘇軾、程頤等列被為奸黨，書名刻石，立於端禮門。崇寧三年，程頤遷居伊陽縣之耙耬山下，尹焞、張繹仍從學。「大觀元年（1107 年）九月庚午，卒於家，年七十有五」〔註165〕。先生之葬，送葬弟子寥寥，洛人畏入黨籍，無敢送者。

二、程頤的著述——治易不輟，精益求精

先秦時期，儒者言論經常徵引的經典是《詩經》而非《周易》。孔子曾說「不學詩，無以言」。西漢今文經學家最重視《春秋》，視其為孔子為漢家立法的經典。西漢初年，因為要恢復統治秩序，古代的禮制又派上了用場，「三禮」也開始受到儒者重視。今文經學的特點是用陰陽五行說，推論天人之際、符瑞災異，言說治道得失、天人感應。《周易》象數之學迎合了這一時代潮流，逐漸成為顯學。《漢書·藝文志》已經將《周易》列為六經之首，以《易》為五常之道源。魏晉以降，《易傳》《中庸》有關天道性命的學說也受到玄學、佛學的關注。隋唐時期，佛道二教的興盛也促使儒者越來越重視易學。北宋時期，易學成為顯學。理學家在回歸先秦儒學正宗，發揚儒家性與天道之學的

〔註162〕《程氏外書》云：「游、楊初見伊川，伊川瞑目而坐，二子侍立。既覺，顧謂曰：『賢輩尚在乎？日既晚，且休矣。』及出門，門外雪深一尺。」參見《二程集·程氏外書》，第 429 頁。

〔註163〕參見〔宋〕邵伯溫：《邵氏聞見錄》卷十五，李劍雄、劉德權點校，北京：中華書局，1983 年：第 164 頁。

〔註164〕參見《伊川先生年譜》，《二程集·程氏遺書·附錄》，第 345 頁。

〔註165〕參見《伊川先生年譜》，《二程集·程氏遺書·附錄》，第 345 頁。

過程中，《易傳》《中庸》《大學》《論語》《孟子》成為最受關注的儒家經典。例如《宋史·張載傳》評價張載之學，有所謂「以《易》為宗，以《中庸》為體，以孔孟為旨歸」之語。〔註166〕

程顥去世早，只留下一些詩文、書信。雖有一些語錄存世，又與程頤語錄相雜。由於二程長期在一起學習、討論，程頤思想肯定受到程顥的影響。程頤早在十四五歲時受學於周敦頤，大概此時開始研究易學。《通書》是周敦頤重要的易學著作。《通書·理性命章》說：「剛善剛惡，柔亦如之，中焉止矣。二氣五行，化生萬物。五殊二實，二本則一。是萬為一，一實萬分。萬一各正，小大有定。」〔註167〕而《二程遺書》載：「二氣五行剛柔萬殊，聖人所由惟一理，人須要復其初。」〔註168〕可見，二程學說多少還是曾經受到周敦頤思想的影響。在太學時，程頤又受知於胡瑗。而胡瑗的《周易口義》即是講《易》之作。嘉祐初年，二程在京師與張載論《易》，受到張載高度的讚揚。程頤特別重視《周易》，曾說：

> 「自孔子贊《易》之後，更無人會讀《易》。先儒不見於書者，
> 有則不可知；見於書者，皆未盡。如王輔嗣、韓康伯，只以《莊》
> 《老》解之，是何道理？某於《易傳》，殺曾下工夫。〔註169〕

程頤認為，自秦漢以降，《周易》經傳所傳之道沒有得到儒者的真正傳承。《周易程氏傳》直接目的便是要使淹沒於漢唐注疏中的易道復明。《周易程氏傳·易傳序》載：「然而前儒失意以傳言，後學誦言而忘味。自秦而下，蓋無傳矣。予生千（原注：一有餘字）載之後，悼斯文之湮晦，將俾後人沿（原注：一作沂）流而求源，此《傳》所以作也。」〔註170〕涪州編管期間，程頤已經是遲暮之年，仍在不斷修改《周易程氏傳》。在釋《未濟·象》所謂「雖不當位，剛柔應也」有云：「雖陰陽不當位，然剛柔皆相應。……卦之諸爻，皆不得位，故為未濟。《雜卦傳》云：『未濟男之窮也。』謂三陽皆失位也。斯義也，聞之成都隱者。」〔註171〕程頤自編管涪州遇赦而歸，《周易程氏傳》遂成，但是

〔註166〕參見《張載集·附錄》，第 386 頁。

〔註167〕參見〔宋〕周敦頤著，陳克明點校：《周敦頤集·通書》，北京：中華書局，1990 年：第 30 頁。

〔註168〕參見《二程集·程氏遺書》卷第六，第 83 頁。

〔註169〕參見《二程集·程氏外書》卷第五，第 374 頁。

〔註170〕參見《二程集·周易程氏傳·易傳序》，第 689 頁。

〔註171〕參見《二程集·周易程氏傳》，第 1023 頁。

並未刊行，而是期待進一步修改完善。對此，《程氏遺書》有「更期之以十年之功」的記載。〔註172〕類似的記載又見《答張閎中書》：「《易傳》未傳，自量精力未衰，尚覬有少進爾。」〔註173〕看來《周易程氏傳》成書已久，仍處在不斷修改之中。其年逾七十仍不肯輕傳，乃是認為尚有完善餘地。《程氏粹言》記載：「子為《易傳》成，門人再三請傳，終不可，問其故。子曰：『尚不覬有少進也乎？』時年已七十餘矣。」〔註174〕《周易程氏傳》成書之後，不肯輕易傳授，一則因為黨禁方嚴。蔡京之流誣陷程頤用著書的方式來非毀朝政〔註175〕。再則，《周易程氏傳》傳孔孟之道，師範後學，干係重大，所以字字不苟。程氏認為，學問要先以《論語》《孟子》為本，識得義理而後才可以進一步治六經。《周易》又是六經中最難的一部，教學又須在他經之後。

從早年學《易》、論《易》、講《易》，到晚年著成《周易程氏傳》，程頤前後總共花了六十年的心血。臨終前「始以授尹焞、張繹」〔註176〕，足見對於《周易程氏傳》的重視程度。《周易程氏傳》可謂其畢生治學、思索的結晶。尹焞曾說：「先生平生用意，惟在《周易程氏傳》，求先生之學者，觀此足矣。」〔註177〕認為《易傳》是程頤人格踐履的集中體現，可以稱得上是他的代表作，見其書則知其人。可以說，《周易程氏傳》就是一部君臣進退之道的教科書。沿用邵雍的一句詩文「事觀今古興亡後，道在君臣進退間。」〔註178〕

除《周易程氏傳》，《程氏遺書》《程氏外書》亦載有大量談論《周易》經傳的語錄。二程生前的言行門人也多有記錄。南宋時期，朱熹牽頭收集整理二程弟子所記語錄，編為《程氏遺書》二十五卷。同時，又將其餘稍為雜

〔註172〕《程氏遺書》云：「某於《易傳》，今卻已自成書，但逐旋修改，期以七十，其書可出。韓退之稱『聰明不及於前時，道德日負於初心』，然某於《易傳》，後來所改者無幾，不知如何？故且更期之以十年之功，看如何。」參見《二程集‧程氏遺書》，第174～175頁。

〔註173〕參見《二程集‧程氏文集》，第615頁。

〔註174〕參見《二程集‧程氏粹言》，第1205頁。

〔註175〕《伊川年譜》云：「范致虛言程某以邪說詖行，惑亂眾聽，而尹焞、張繹為之羽翼。事下河南府體究，盡逐學徒，復隸黨籍。」參見《二程集‧程氏遺書‧附錄》，第345頁。

〔註176〕參見《伊川先生年譜》，《二程集‧程氏遺書‧附錄》，第345頁。

〔註177〕參見《伊川先生年譜》，《二程集‧程氏遺書‧附錄》，第345頁。

〔註178〕參見〔宋〕邵雍著，郭彧整理：《皇極經世‧伊川擊壤集卷之二》，北京：中華書局，2010年：第203頁。

駁者，輯為《河南程氏外書》十二卷。程頤曾言：「勿信吾言，但信取理」。〔註179〕然而，程頤學術思想形成的過程同時也是與門人論學的過程。這些語錄經過朱熹輯錄編次，也是研究二程學術最重要文獻之一。

程頤著述見之於《宋史‧藝文志》的略述如下。元朝脫脫等撰《宋史‧藝文志》，「仿前史分經、史、子、集四類而條列之」。其中經類列程頤著述有《易傳》九卷，又《易繫辭解》一卷。《堯典舜典解》一卷，《書說》一卷（程頤門人記）。關於詩經有《新解》一卷（程頤門人記其師之說）。有《三家冠婚喪祭禮》五卷（司馬光、程頤、張載定）。《四先生中庸解義》一卷（由程頤、呂大臨、游酢、楊時撰）中有程頤言行、著述等。《春秋傳》一卷。程頤《論語說》一卷。《河南經說》七卷，又《五言集解》三卷。史類中儀注類有《伊川程氏祭儀》一卷。子類列有《程頤遺書》二十五卷，《語錄》二卷（程頤與弟子問答），《孟子解》四卷（程頤門人記），《外書》十二卷（程顥、程頤講學），又有《近思錄》十四卷（朱熹、呂祖謙編類周敦頤、程頤、程顥、張載等書）涉及程頤言行、著述等。集類中別集部分列有《程頤集》二十卷。

三、程頤的學術歷程——尊嚴師道，踽踽獨行

程顥去世較早，一生多在仕途。觀其生平和學術生涯，也可略分為三個時期。嘉祐二年（1057年），進士及第之前，可視為前期，以遊學為主。此後，可視為中期。程顥一邊從政，一邊講學授徒。熙寧三年（1070年），程顥與王安石行新法不合，權發遣京西路提點刑獄。此後十餘年間，可謂其學術生涯的後期。期間程顥主要居洛講學，是當時的學術領袖之一。程顥二十餘歲即進士及第，又出生於當時豪族，本可以仕途上有所進取，無奈與王安石論新法不合。又遭子女夭折，夫人早喪，可謂經歷多舛。元豐八年（1085年），舊黨執政，本可大展宏圖，無奈旋即病逝。

程頤一生大部分時間從事講學授徒，其學術活動和仕歷大體也可分三個階段：第一階段，從嘉祐元年（1056年）至元祐八年（1085年）。嘉祐四年（1059年），程頤廷試落第，此後不再留意科舉〔註180〕。還經常對學生說：

〔註179〕 參見《二程集‧程氏外書》，第412頁。
〔註180〕 程頤曾說：「自少不喜進取，以讀書求道為事」參見《上太皇太后書》，《二程集‧程氏文集》，第541頁。

「做官奪人志」。〔註181〕《禮記·學記》曰:「君子曰:大德不官,大道不器,大信不約,大時不齊。察於此四者,可以有志於學矣。」〔註182〕「大德不官」或為其「志於學」心態之寫照。張載也有類似話,曾告誡後學:「孰能少置意科舉,相從於堯舜之域否?」宋神宗在位的十七年(1068～1085年),程頤一直沒有出仕。這一時期,司馬光、邵雍、張載、程顥等為舊黨的學術領袖人物。程頤的學術影響有限,洛學處在發展初期。

程頤為學之第二階段,從元祐元年(1086年)至紹聖三年(1096年)。期間,程頤曾短期擔任崇政殿說書。哲宗即位,舊黨主政。舊黨元老共同上疏,推薦程頤。元祐元年三月,程頤以處士身份受詔,擔任崇政殿說書之職〔註183〕。雖無實權,然地位崇高。程頤對此也極為重視,慨然以周公之教授輔佐周成王為楷模。〔註184〕在程頤看來,周公就是帝王師的榜樣。而經筵職位之重要,不可等閒視之。對於一心嚮往推行王道政治的宋代儒者而言,崇政殿說書是最合適的職位了。程頤甚至認為,經筵侍講之重要可與宰相併列。〔註185〕《禮記·學記》有曰:

> 君子知至學之難易而知其美惡,然後能博喻;能博喻然後能為師;能為師然後能為長;能為長然後能為君。故師也者,所以學為君也。是故擇師不可不慎也。《記》曰:「三王四代唯其師。」此之謂乎!〔註186〕

又曰:

> 凡學之道,嚴師為難。師嚴然後道尊,道尊然後民知敬學。是故君之所不臣於其臣者二:當其為尸則弗臣也,當其為師則弗臣也。

〔註181〕參見《二程集·程氏遺書》,第166頁。

〔註182〕參見〔清〕阮元校刻:《十三經注疏·禮記正義》,北京:中華書局,1980年:第1524頁。

〔註183〕參見《伊川先生年譜》,《二程集·程氏遺書·附錄》,第339～340頁。

〔註184〕《程氏文集》載其言曰:「臣伏觀自古人君守成而致盛治者,莫如周成王。成王之所以成德,由周公之輔養。昔者周公輔成王,幼而習之,所見必正事,所聞必正言,左右前後皆正人,故習與智長,化與心成。」參見《二程集·程氏文集》,第537頁。

〔註185〕《程氏文集》載其言曰:「臣竊意朝廷循沿舊體,只以經筵為一美事。臣以為,天下重任,唯宰相與經筵:天下治亂係宰相,君德成就責經筵。由此言之,安得不以為重?」參見《二程集·程氏文集》,第540頁。

〔註186〕參見〔清〕阮元校刻:《十三經注疏·禮記正義》,北京:中華書局,1980年:第1523頁。

　　　　大學之禮，雖詔於天子，無北面；所以尊師也。〔註187〕

在儒者看來，帝王的德行培養，離不開帝王之師。尊崇帝王之師可以為天下人
尊師重道樹立榜樣，影響著天下的道德風尚。程頤所謂「請令講官坐講，以養
人主尊儒重道之心，寅畏祗懼之德」〔註188〕，實非出自妄自尊大的心理。又
說：「若言可行，敢不就職？如不可用，願聽其辭。」〔註189〕程頤提出這種請
求，一則反映出其個性之剛肅，也足見其受到儒家經典《學記》《大學》《中庸》
等尊崇師道觀念的影響。《周易程氏傳》載：「賢者在下，豈可自進以求於君？
苟自求之，必無能信用之理。古之人所以必待人君致敬盡禮而後往者，非欲自
為尊大，蓋其尊德樂道，不如是不足於有為也。」〔註190〕程頤由布衣一躍而
為帝王師，名重一時。此後，從學弟子日眾。司馬光去世後，舊黨失去能夠收
攏人心、德尊年高的領導核心，內部遂分化為洛、蜀、朔三黨。北宋黨爭中的
文人士大夫，德才高尚非他朝可比。雖相輕而不失為君子。在《邵氏聞見錄》
中，邵伯溫曾說：「然雖賢者不免以類相從，故當時有洛黨、川黨、朔黨之語。」
〔註191〕洛、蜀、朔同為舊黨，因政見、個性、利益等因素矛盾重重。三黨互相
攻訐，更以洛、蜀兩黨矛盾尤甚。從根本上說，洛蜀黨爭既有政見、個性不合
的原因，也有學術異趣的原因。從個性方面講，程頤肅敬，蘇軾放縱。程頤以
謹正為美德，《程氏外書》載：「伊川先生甚愛《表記》中說：『君子莊敬自強，
安肆日偷。』蓋常人之情才放肆則日就曠蕩，自檢束則日就規矩。」〔註192〕蘇
軾曾在奏狀中直言：「臣素疾程頤之奸，未嘗假以辭色」〔註193〕，厭惡之情

〔註187〕 參見〔清〕阮元校刻：《十三經注疏・禮記正義》，北京：中華書局，1980年：
　　　　　第1524頁。
〔註188〕 參見《伊川先生年譜》，《二程集・程氏遺書・附錄》，第340頁。
〔註189〕 參見《伊川先生年譜》，《二程集・程氏遺書・附錄》，第340頁。
〔註190〕 參見《二程集・周易程氏傳》，第719頁。
〔註191〕 《邵氏聞見錄》云：「哲宗即位，宣仁後垂簾同聽政，群賢畢集於朝，專以
　　　　　忠厚不擾為治，和戎偃武，愛民重穀，庶幾嘉祐之風矣。然雖賢者不免以類
　　　　　相從，故當時有洛黨、川黨、朔黨之語。洛黨者，以程正叔侍講為領袖，朱
　　　　　光庭、賈易等為羽翼；川黨者，以蘇子瞻為領袖，呂陶等為羽翼；朔黨者，
　　　　　以劉摯、梁燾、王巖叟、劉安世為領袖，羽翼尤眾。諸黨相攻擊不已。正叔
　　　　　多用古禮，子瞻謂其不近人情如王介甫，甚疾之，或加抗侮。故朱光庭、賈
　　　　　易不平，皆以傍仙詆子瞻，執政兩平之。是時既退元豐大臣於散地，皆銜怨
　　　　　刺骨，陰伺間隙，而諸賢者不悟，自分黨相毀。」參見〔宋〕邵伯溫：《邵
　　　　　氏聞見錄》，李劍雄、劉德權點校，北京：中華書局，1983年：第146頁。
〔註192〕 參見《二程集・程氏外書》，第415頁。
〔註193〕 參見《伊川先生年譜》，《二程集・程氏遺書・附錄》，第343頁。

不可謂不深。蘇軾，長於文學，是當時文壇領袖，而短於經學，這與程頤恰恰相反。理學家重視經學，重視義理，鄙視詞章之學。程頤曾說：「某素不作詩，亦非是禁止不作，但不欲為此閒言語。且如今言能詩無如杜甫，如云『穿花蛺蝶深深見，點水蜻蜓款款飛』，如此閒言語，道出作甚？某所以不常作詩。」〔註194〕王安石、蘇軾等人的經學融會佛老，和統治者三教並用的宗教政策相協調。程頤卻是排拒佛老的理學先鋒，與統治者三教並用的宗教政策相左。表現在仕途上，區別還是很明顯的。理學家不為朝廷重用與他們對待皇家宗教政策不無關係。儘管新黨舊黨都不滿當時的政治局面，希望朝廷能進行一些改革。然而隨著熙寧新法的逐步推行，二蘇、二程等都加入了反對新法的行列，聚攏在司馬光身邊，卻「意多不合」。蘇軾豪爽，對於程頤這樣言行嚴肅拘謹的學者自然看不順眼。司馬光去世後，呂公著執掌朝政，和程頤一黨關係更密切一些。引起蘇軾一黨人物的不滿。垂簾聽政的高太后，更欣賞文采出眾的二蘇兄弟。而程頤的性格剛直不苟，言行之間，難免把太后、小皇帝、朝中大臣一併得罪。不久，在蘇軾門人的攻擊下，朝廷罷程頤崇政殿說書。〔註195〕程頤被貶，心灰意冷，連續三狀乞歸田里，兩狀乞求致仕。儘管程頤無意於官場，但在舊黨內部的鬥爭中，程頤仍然被排擠，鬱鬱不得志。這一時期，程頤成為舊黨學術領袖，洛學處在最為興盛時期。而《周易程氏傳》可謂程頤學術思想頂峰之作。

　　第三階段，從哲宗紹聖四年（1097年）至大觀元年（1107年）病卒。這十年之間，政局多變。程頤在舊黨執政時受排擠，在新黨執政時更受打擊。紹聖四年，新黨執政。舊黨人物遭到報復，程頤雖不居朝廷要職，依然受到牽連。新黨主持之下，程頤被朝廷詔追毀出身以來文字。先是被放歸田里，不久又遭遣涪州編管。元符三年正月，哲宗卒，徽宗即位。程頤短暫復職，得以回到洛陽故居。散去的門生故舊又聚攏過來。徽宗崇寧元年復行新法，朝廷立元祐黨奸碑，程頤為「餘黨」之首。崇寧二年，執政的新黨人物，藉口程頤「本因奸黨論薦得官，雖嘗明正罪罰，而敘復過優；今復著書，非毀朝廷」〔註196〕，於是又加迫害。程頤被迫遣散門生，勸止四方學者。大觀元年九月卒於家，年七十有五。程頤在世時，洛學雖在士子之間有很大的號召

〔註194〕參見《程氏遺書》卷第十八，伊川先生語四，《二程集》，第239頁。
〔註195〕參見《伊川先生年譜》，《二程集·程氏遺書·附錄》，第343頁。
〔註196〕參見《伊川先生年譜》，《二程集·程氏遺書·附錄》，第345頁。

力。但是，洛學的影響主要在民間，並未得到官方支持。

第四節　張載和程頤的生活世界比較

　　唐朝是中國政治、經濟、軍事、文化空前繁榮的時代，周邊少數民族與中原地區的漢文化交流日益頻繁。唐朝末年藩鎮割據和五代十國的軍事紛爭，嚴重消弱了中原王朝的實力。與此同時，周邊少數民族學習中原漢文化的進程日益加快。在從原始氏族制、奴隸制向封建社會轉化的過程中，一些少數民族政權勢力大增，紛紛建國稱帝，擴張領土。北宋初期統治者抑武祐文的頂層政治設計，雖然有效地防止了內部軍事割據，形成了皇族與以文人士大夫為主的地主階級共治天下的局面，但是國家軍事實力大大消弱。同時「三冗」問題給國家財政帶來極大的困難。到張載和二程生活的北宋中後期，抑武祐文的弊端逐漸顯現。周邊少數民族政權對北宋邊疆的威脅日益嚴重。而北宋內部土地兼併使得階級矛盾也非常尖銳，農民起義此起彼伏。變法圖強成為這個時代的主旋律。圍繞變法措施，文臣集團之間的黨派紛爭成為北宋中後期政治生活中難以破解的癥結。張載和二程的家族都深陷因王安石變法形成的政治漩渦之中，其仕途、學術歷程無不受到影響。

　　北宋和西夏的邊境戰爭對張載一生影響很大。張載雖然祖籍河南開封，但是出生在陝西長安，並在四川涪州長大。十五年時，張父在涪州任上去世。少年張載攜母親和年幼的兄弟扶柩出川。因阻於戰亂無力回歸中原，張家被迫寓居陝西郿縣。北宋時期，陝西已經成為邊疆地區，與西夏政權的戰事不斷。兵荒馬亂刺激著邊疆地區的有志青年，他們熱心於投身戰場，報效國家。慶曆新政前後，范仲淹是當時朝中的士子領袖，是年輕學子仰慕的君子典範。康定元年夏，范仲淹任主持西北邊事。張載至延州上書范仲淹，面陳自己的軍事主張。於是，才有范仲淹勸讀《中庸》之事。慶曆二年，范仲淹築大順城竣工。張載再度拜訪范仲淹，撰《慶州大順城記》賀其功業。嘉祐二年，張載中進士。此後，無論在地方任職，還是在朝中任職，作為關中弟子學術、道德領袖的張載仍然時刻關心西北邊事。嘉祐五年，環慶經略安撫使蔡挺擊敗西夏對大順城、柔遠城等地的攻擾，張載撰《賀蔡密學書》。治平二年，文彥博赴長安治理西北邊防事務，曾邀請張載到長安講學。治平四年，張載任渭州簽書軍事判官，協助經略使蔡挺籌劃邊務，擊退西夏侵擾邊關。曾撰《與蔡

帥論邊事劃一》一文。西夏侵擾造成家鄉「生無定業田疆壞」〔註197〕，對於
張載的政治主張、學術傾向的影響無疑也是存在。在北宋周邊少數民族的封
建化過程中，原有的原始宗教信仰逐漸淡化，而中原地區先進的儒釋道文化
影響日益深入。多數少數民族政權傾向於在政治體制方面借鑒中原王朝，在
宗教方面則傾向於以佛教代替原有的原始信仰為國教，作為抗衡中原地區儒
家文化的工具。而張載出生、生活在邊疆地區，與同時期其他儒家學者相比，
儒家夷夏之辨、排拒佛教學說的意識都比較強。張載立井田以養民、定封建
以教民的政治主張並非純粹為復古而復古，而是立足於土地兼併致民變頻繁、
邊疆地區軍民守土不力使家國淪喪的嚴峻社會現實。

　　佛教的心性學說、覺悟成佛的工夫論，對理學家的天道性命學說、學可
以至聖的工夫論的影響和啟發是外在的、形式上的。通過梳理文獻，我們發
現理學家的學說主要是創造性地闡發了先秦儒家故有的思想資源。北宋時期，
儒家的忠君孝悌、上下尊卑等上層意識形態和民間的禮神超度、卜筮祈福等
樸素的宗教儀式，與佛教宗教文化的融合步伐進一步加速。本土化程度高的
禪宗和民間化程度高的淨土宗等最為流行。而統治階級繼續實行三教並行的
宗教文化政策，使得中原地區形成了開放包容的文化氛圍。許多儒家學者的
治學態度從單純地排拒佛教異域文化轉向借鑒佛教文化以振興儒家學說。例
如，張載是理學家中排拒佛教學說立場比較堅定的儒家學者，但是對於佛教
典籍，也只是說「如道藏釋典，不看亦無害。」〔註198〕與唐代韓愈《原道》
中「人其人，火其書，廬其居」的排佛主張顯著不同。張載的理學思想對佛道
二教學說都有所借鑒。張載借鑒佛教學說的形式並非像一些道教學者簡單地
模仿和照搬佛教學說和儀軌。北宋時期，大乘佛教一切眾生皆有佛性的觀念
比較流行。禪宗「教外別傳，不立文字，直指人心，見性成佛」的修行觀對於
普通民眾具有極大的吸引力。這與先秦儒家思想形式上具有類似之處。孔子
教育弟子「泛愛眾而親仁」〔註199〕，做仁人君子，而非超凡入聖。因為，孔

〔註197〕神宗熙寧元年，蘇軾以集賢殿修撰知陝西鳳翔。張載與蘇軾是進士同年，撰
　　　　《送蘇修赴闕》詩四首相贈。其中二首曰：「（一）秦弊於今未息肩，高蕭從
　　　　此法相沿，生無定業田疆壞，蘇子存之任自然。（二）道大寧容小不同，顙
　　　　愚何取與機通，井疆師律三王事，請議戰功器業中。」參見《張載集・文集
　　　　佚存》，第 324 頁。
〔註198〕參見《張載集・經學理窟・義理》，第 278 頁。
〔註199〕參見《論語・學而》載：「子曰：弟子入則孝，出則悌。謹而信，泛愛眾而
　　　　親仁。行有餘力，則以學文。」

子生活的時代，人們還是以生而知之，有天命、尊位的王為聖。早期佛教也
有只有少數人才能成佛的觀點。孟子時，則主張「人皆可以為堯舜」，認為
「堯、舜之道，孝悌而已矣。子服堯之服，誦堯之言，行堯之行，是堯而已
矣。」顯然孟子聖人觀強調的不是天命、尊位，而是孝悌之道和合乎禮制的
言行舉止。孔子所謂仁德、孟子所謂堯舜之道不是一個人能不能做到的問題，
而是一個人願不願意做的問題。如《論語·述而》孔子所謂「仁遠乎哉？我
欲仁，斯仁至矣。」孟子也認為人人皆有善端，王道、孝悌如為長者折枝，
不是能不能而是願不願的問題。佛教徒誦經、行善、嚴守戒律等修行工夫對
理學家也是有啟發的。而張載主張「學可以至聖」，即誦經持禮、大心體物、
變化氣質乃至「知禮成性」，表面上似乎和佛教修行觀有相似之處，實際上
是創造性地闡發了先秦儒家的觀點。

　　張載早年喪父，兄弟年幼，家境清貧。對其他年輕人來說，孝悌還只是
一種耳邊的教條之時。在張載，奉母教弟已經成為不容辭的責任。張載十五
歲時，父親去世，其弟年方五歲。推測張載七八歲入小學，十歲始就外傅，十
五歲時已經到了入大學的年齡。此時，張載半耕半讀，「閒時去崇壽書院讀書」。
其弟張戩七八歲時，張載十七八歲，推測此時張載親自教其弟讀書。《經學理
窟·義理》曾載張載論關於教小童讀書的好處，其言曰：

> 常人教小童，亦可取益。絆已不出入，一益也；授人數次，已
> 亦了此文義，二益也；對之必正衣冠、尊瞻視，三益也；嘗以因已
> 而壞人之才為之憂，則不敢惰，四益也。〔註200〕

張載之言當非憑空而發，而是他親自教弟張戩讀書切身體會。范仲淹勸讀《中
庸》之時，張載二十一歲。此時，其弟張戩十一歲。推測張戩此時並未就外傅
讀書，而是由張載親自輔導。張戩十九歲，被地方選為鄉賢貢生，二十四歲
中進士。於此期間，張載並未外出遊學，也未求取功名。推測當是以耕讀養
家、教導張戩讀書為主。張戩及第後，張載始求取功名，而且一次便能中舉。
可見，張載學問功底深厚。此前不曾求取功名，乃是因為既要輔導張戩讀書
又要耕讀養家。張氏兄弟皆中進士，為張家帶來巨大聲譽。張載能夠輔導其
弟中進士，又能自己中進士，這是關中弟子仰慕張載學問重要原因之一。張
載至汴京舉進士期間，在宰相文彥博支持下，坐虎皮講《易》于相國寺。可
見，張載不僅自學成才，而且以善於講學聞名朝野。張載的教育思想也非常

〔註200〕參見《張載集·經學理窟·義理》，第 276 頁。

深刻而豐富，與其長期的教學實踐分不開。

　　早年喪父、兄弟年幼、家境清貧等也使得張載少年老成，也養成了刻苦自制、獨立思考、勇於擔當、注重實際的性格。除范仲淹勸讀《中庸》外，張載主要是自學儒家經典，再沒有師長約束張載的讀書求學活動。呂大臨《橫渠先生行狀》謂其「少孤自立，無所不學」。《經學理窟・義理》記有張載關於讀書的經驗之談。曾說，讀史書「見得無可取則可放下」。至於醫書，「亦不須大段學，不會亦不甚害事，會得不過惠及骨肉間。」又說：「如文集、文選之類，看得數篇無所取，便可放下」，而「如道藏釋典，不看亦無害」。張載強調，「唯六經則須著循環，能使晝夜不息理會得六七年，則自無可得看」。而張載認為讀書求義理，則有不同。曾說：「若義理則盡無窮，待自家長得一格則又見得別。」〔註201〕《邵氏聞見錄》載：「子厚知醫，亦喜談命。」邵雍病重期間，張載曾為邵雍號脈，認為無妨。又問「頗信命否？」對曰：「天命某自知之，世俗所謂命，某不知也」。〔註202〕類似記載又見邵伯溫《易學辨惑》。該書曾說張載懂醫術、擅推命。所謂推命就是以據人出生的年、月、日、時的天干地支推算人的命運。相傳為唐李虛中發明，經宋初徐子平（907～960）改進後，迅速流行。《程氏粹言》載：「八十四聲，各盡其清濁之極，然後可以考中聲。聲必本乎律。不得乎律，則中聲不可得矣。律者，自然之數也。今世有三命之術，以五行支干納音推之，蓋律之遺也。而用之者末矣。」〔註203〕所謂「三命之術」，〔註204〕既是推命術。《程氏遺書》曾記其言曰：「藻鑒人物，自是人才有通悟處，學不得也。張子厚善鑒裁，其弟天祺學之，便錯。」〔註205〕程氏所謂「藻鑒人物」大概與張載擅推命術有關。張載曾言「占非卜筮」，而推命術可占人事吉凶而非卜筮。張載非常重視窮理，當然也包括窮物理。因此，張載對於天文地理、曆法聲律、醫書、史書乃至推命術都有所涉獵。張載以造化釋易、以識造化為知易的易學觀是其格物窮理說的自然延伸。

〔註201〕參見《張載集・經學理窟・義理》，第 278 頁。
〔註202〕參見〔宋〕邵伯溫撰：《邵氏聞見錄》卷 15，李劍雄、劉德權點校，中華書局，1983 年：第 160～161 頁。
〔註203〕參見《二程集・程氏粹言》，第 1210 頁。
〔註204〕星命學中稱時辰推命之法為三命術。相傳此術緣起於春秋時的珞碌子，宋晁公武《郡齋讀書志》卷十四著錄《珞碌子三命賦》一卷。史稱六朝術士陶弘景曾著《三命抄略》，然不見傳世。宋徐子平有《珞琭子三命消息賦注》二卷傳世，明萬民英亦有《三命通會》十二卷。
〔註205〕參見《二程集・程氏遺書》，第 186 頁。

而以氣說改造太虛範疇，以「虛氣相即」釋儒家天道性心等範疇，可謂其獨立思考、勇於理論創新的結果。這與張載早年的遭遇和自學成才的經歷不無關係。

張載的生世和仕途可謂異常坎坷。先是十五歲喪父，在本該求學、求功名的青少年時代，不得不奉母教弟，耕讀持家。待其弟張戩進士及第成家立業之後，三十八歲的張載始到開封舉進士。雖然張載和程頤同樣出生在官宦世家，但是張載的家世要比程氏家族寒微地多。張載家族不僅人丁稀少，而且張父又早早去世，朝中更無族人為官。程氏則家世顯赫，不僅人丁興旺，族人中也不乏高官重臣。程氏一族世代都有因祖上恩蔭而為官之人，比如二程的父親程珦。程珦八十五歲病卒，「歷官十二任，享祿六十年」〔註206〕。與朝中出身北方望族重臣，諸如文彥博、呂公著、富弼、司馬光等來往甚密。張載、張戩兄弟二人雖然都進士及第，但在仕途上則依靠程氏家族及其親朋好友的提攜。特別是張戩，二十四歲即進士及第，可謂青年才俊。年紀輕輕就官至監察御史，本當前程無量。張載也以德行、學問聞名關中。張家本來有可能從此步入顯赫家族，卻不幸陷入圍繞王安石變法形成的黨派紛爭之中。熙寧三年，張載五十一歲。張戩因語犯王安石，貶監察御使為公安縣令，張載遂以病辭歸郿縣橫渠鎮。張戩因激烈反對新法而一貶再貶，熙寧九年竟然抑鬱病卒，四十七歲壯年早逝。這對張家的打擊可謂沉重。熙寧十年，張載應召赴京，授以同知太常禮院。又因與禮官議禮不合，再一次辭官西歸。同年十一月，行至臨潼驛舍病卒。從熙寧三年張載第一次辭官至熙寧九年病逝的七年間，是其身心倍感痛苦的七年。期間，仕途無望，身染肺病，兄弟暴卒。然而，這一時期也是張載學術精進時期。後世所謂「諸經說」，大概是張載整理一生讀書、思考的劄記。張載去世時，僅有作為「諸經說」的精粹——《正蒙》傳世。張載五十八歲即病卒，匆匆的一生沒能夠留下更多的著作。但是，張載善於獨立思考，勇於創新，他所提出諸多範疇和命題，成為程朱理學思想體系的重要理論資源。

程氏家世顯赫，族人在朝為官者眾多。二程不僅家庭生活環境優越，而且父母特別重視教育。程父因祖蔭為官，在任六十餘年，長壽八十五歲。程母侯氏出身河東大姓，家教謹嚴，識慮高遠，能詩善文。舅父侯可，世稱名儒。二程五六歲時，程父就為他們請了兩位老師，一授禮、樂、書、數，一教

〔註206〕參見《二程集·程氏文集》，第646頁。

射、御。二程十四五歲，程父讓其師從學問大家周敦頤。程頤少年自負，十八歲時曾上書仁宗皇帝，指點江山，自比孔明。嘉祐二年，程顥進士及第，一路仕途順利，三十七歲官至監察御史裏行。後與王安石論新法不合，鬱鬱不得志。閒居洛陽期間，以講學授徒為務，和司馬光、邵雍等都是當時西京洛陽的學術領袖。期間，程顥連遭子女夭亡，妻室早喪。元豐八年，舊黨執政，程顥復受到重用，未及上任而病卒，時年五十三歲。程頤於嘉祐二年、嘉祐四年兩度落地，從此不再留心科舉。程頤好為人師，不喜為官。元祐元年之前，一直隨侍程父料理公務、家事，並時常講學授徒，在學術上有很高的聲望。元祐元年三月至次年八月，程頤曾為崇政殿說書。罷免之後，雖不復出仕，專以講學、授徒、著述為務。二程幼有高識，兄弟二人經常探討學問。程父先後與周敦頤、司馬光、邵雍等相善，又與張載是表兄弟。這幾人都是當時的學問名家。其中，邵雍生於 1011 年，周敦頤生於 1017 年，司馬光生於 1019 年，張載生於 1020 年。他們學問高深，不同俗儒。不僅年長於二程，而且學術成熟期也早於二程。二程曾師從周敦頤，和邵雍、司馬光交往密切，經常探討學術。特別是和張載，既是親戚又是講友。二程的易學思想，或多或少都有周敦頤、邵雍、張載等人的學術思想影響存在。熙寧十年，程頤四十四歲，而周敦頤、邵雍、張載相繼去世。元祐元年，程頤五十三歲，程顥、司馬光病逝。大觀元年，程頤七十五歲病逝。二十多年間，程頤成為當時的學術領袖，邵雍、張載的部分弟子轉而師從程頤。從而，程頤有條件批評借鑒諸賢的學問。就易學而言，對程頤影響較大分別是的是胡瑗、邵雍以及張載等。

　　與張載相比，程頤可謂書齋裏的思想家。程頤一生出仕時間只一年又數月，而且是侍講之職，很少接觸具體的政務。他的一生除講學、授徒、著述之外，主要是隨侍父親處理公務、家務。程頤生活在文化保守的北宋時期，是當時的名門大姓。在大家族內部，族人甚多，幾世同堂。孝悌觀念濃厚，主僕、長幼之間等級分明。程父因祖蔭獲得官職，侍奉長輩特別孝敬勤恭。程母知書達理，能文善詩，常常慨歎姦邪逆亂，欽慕忠孝節義。程頤治經最重義理，認為不明義理不可以治經。其所謂義理主要指基於天尊地卑、陽主陰從的封建倫理道德，即君臣、父子、夫婦之三綱、仁義禮智信之五常。他所主張的治國之道也主要是君明臣忠，隨時通變。他所主張的修養工夫主要指源於忠誠孝敬的正心誠意。六經之中，程頤治《易》、治《詩》、治《春秋》用力較多。治《易》特重天尊地卑、陽主陰從。治《詩》特重家國和睦、君民親

敬，治《春秋》特重上下禮儀、是非曲直。總之，程頤治經非常重視人倫大道，也就是程頤所謂天理或理。而對於古代的自然哲學即天文地理不感興趣。程頤比較認同楊雄所謂「通天地人曰儒，通天地而不通人曰伎」，甚至認為不通天地亦無害為儒。曾批評邵雍推數神算之術為「知巧末技」，感歎與治國之道無用。程頤家教甚嚴，六經之外，主要都讀史書。相反，張載的知識面比較廣。六經之外，張載對天文地理、醫學、命理等比較感興趣，例如天文學中渾天說、宣夜說，《黃帝內經》中的以氣論生命論生理，《化書》中氣化說、太虛說，推命術中的以陰陽五行論命等等。張載的生成論、本體論是建立在嚴謹的氣論之上，與現代科學知識比較接近。從這意義上講，張載就是楊雄所謂「通天地人」之儒。相反，程頤對自然現象、生命現象、社會現象的解釋則比較含糊。程頤所重者是倫理、治道。正是從自己的學術立場出發，程頤認為張載之學比較龐雜。《程氏遺書》曾記其言曰：「子厚則高才，其學更先。」〔註207〕所謂「從雜博中過來」，從反面證明張載的哲學思想，正是總結前人自然知識和社會經驗的結果，並不是簡單地鼓吹儒家的人倫道德。張載的理學思想，視野開闊而善於總結經驗事實，見解獨到深刻而富有啟發，勇於造道而敢於理論創新，因而後世眾多學者或讚揚抑或批評，而這正是張載思想價值之所在。

程頤未曾真正入仕，長壽七十五歲，有充足的時間講學、著述。程頤一生最用力於學易、治易、著作《周易程氏傳》。一則，漢代以降《周易》已經成為群經之首，三教學者都比較重視。再則，借《易傳》中天道性命學說可以抗衡佛道二教的道德性命之說。程頤家族富有，時間寬裕，用心力於《易》六十餘年。《周易程氏傳》成書之後，又經過長時間地反覆推敲修改。因此，朱熹讚歎曰：「《易傳》義理精，字數足，無一毫欠闕。他人著工夫補綴，亦安得如此自然！」〔註208〕這與張載倉促所記「諸經說」中的《橫渠易說》形成了鮮明的對比。而張載奉母教弟十餘年，在仕途十餘年，以病辭官後始專心講學、著述六七年。期間，又曾實驗井田、料理兄弟喪事；同知太常禮院，又與禮官議禮不合，悲淒疾病交加，未幾而卒。《四庫提要》如此評論《橫渠易說》：「是書較《程傳》為簡，往往經文數十句中一無所說。末卷更不復全載經文，

〔註207〕參見《二程集‧程氏遺書》，第38頁。
〔註208〕參見〔宋〕朱熹：《朱子語類》，黎靖德編，王星賢點校，北京：中華書局，
1986年：第1651頁。

載其有說者而已。」〔註209〕又，潘雨廷《讀易提要》推測：「且此書似門人裒集，未解處甚多，又繁簡失當，略有重複。張子未能親手訂成全《易》之說」。

　　張載和程頤深受北方儒學一尊的傳統文化氛圍之薰陶，主張回歸三代王道政治，學術上排佛拒老，以回歸儒家孔孟之道為旨歸。這不僅與北宋統治者陽儒陰法、王霸雜用政治權術和三教並用的實用主義宗教政策不協調，與王安石以富國強兵為目的，以抑制大地主、富商利益為主的具體改革措施也不協調。與皇族宗教政策相協調的是實用主義的學術態度，援引二教學說為儒學復興服務，為現實政治服務。例如，王安石、蘇軾兄弟等，他們的學術立場和朝廷的宗教政策是協調的，都曾進入到朝廷權力集團的核心。而張載和程頤都是以信仰的態度對待儒學，深受孔孟明辨王霸、義利觀念的影響。理學家政治上力主王霸之辯，學術上力主夷夏之辯，人格上力主君子小人之辯，不僅很難為朝廷重用，與許多以實用主義態度治學的官員也難免有衝突。最典型的例子，就是程頤與王安石、二蘇之間的黨派之爭，其背後也有著學術立場衝突的因素存在。

　　總之，在中國古代，幾乎沒有純粹的學術活動。學術活動和政治立場、人生信仰是混沌不分的。而張載和程頤的講學、授徒、著述等學術活動與政治立場、人生信仰更是密不可分的。例如張載的井田制實驗，既有將學術付諸實踐的目的，也有支持舊黨人士政治主張的意圖。而他們的學生也很少有純粹作學問的。例如，程氏兄弟的弟子多數是朝中官員，甚至朝廷大臣。政治上的不得意，是促使他們從事學術活動的客觀原因。而通過講學授徒，宣傳自己政治思想，則是他們擺脫政治困境的主觀意圖之一。政治主張和仕途經歷對於他們的學術歷程，乃至個人命運都產生了重要的影響。

〔註209〕參見〔清〕永瑢等：《四庫全書總目》卷二《經部·易類二》，北京：中華書局，1997年：第6頁。

第二章　張載與程頤的易學觀比較

第一節　概述

一、易學史回顧

在先秦文獻中，蓋天說是先民最早見諸文字的宇宙觀。天圓地方的觀念正是這一天文學假說簡潔明瞭的概括。三才說則是在蓋天說基礎上形成的世界觀，是諸子百家闡述各自政治哲學、人生哲學的立論基礎。三才說也是《周易》古經的立論基礎。儘管中國古代並沒有專門的哲學著述，然而在《易傳》中保留了古人關於三才說的最完整表述。《易傳》關於三才說的論述，主要觀點如下：人和萬物為天地所生，即天施地成。天地不僅生成物萬物，萬物生成毀滅也由天命先天賦予。人類應當效法天地，男、君、父等象天之剛健，女、臣、子等法地之順從。人為萬物之一種，先民以為人乃萬物之靈長。人的使命是參贊天地之化育。先秦儒家學者認為只有聖人才能夠知天道，識造化，效法天地，神道設教，引領眾生完成人類使命。與其他先秦儒家經典相較，顯然《易傳》中的相關論述，比較全面論述了儒家的哲學思想。系統地論證並回答了宇宙的本質、人類在世界中地位以及人生的使命和價值等哲學問題。由於在天地之間，天尊地卑，天主地從，人與天地的關係可以約化為天人關係。

《易傳》所謂「易有太極，是生兩儀，兩儀生四象，四象生八卦，八卦定吉凶，吉凶生大業」，顯然是對宇宙生成過程的模擬。《繫辭傳》「大衍筮法」

章則是對揲蓍成卦過程的詳細描述。其中有後世學者所謂太極說。太極說認為宇宙之始混沌未開，表現為數字一。然後分出天地，表現為數字二。天地合氣化生人和萬物，表現為數字三。古人認為天地人乃世界之三級，探討天地人三者關係的學說就是三才說。太極說和三才說都是在宏觀上對世界的直觀描述。從微觀上解釋天地萬物構成和運行的有《尚書》中所謂的五行說、剛柔說。五行說將世界物質分為五類，剛柔說將物性分為兩類。西周以降，陰陽說逐漸流行，並與氣論逐漸融合起來以解釋自然、社會乃至人生諸多現象。至遲到戰國時期，陰陽說、五行說已經合流。陰陽五行說和氣論相結合，成為諸子百家解釋世界的理論工具。可以說，中國古人的政治哲學、人生哲學也是建立在當時的自然科學知識基礎之上的，儘管這些知識主要來自感官經驗的歸納總結和簡單分類推理。在中國傳統文化奠基階段的先秦時期尤為明顯。在西方傳統文化奠基階段的希臘文明時期，更為重視知識論。因而西方歷史上那些科學家、哲學家的名字和思想成果流傳下來的比較多，那些科學家、哲學的名字和著述比較容易流傳下來。中國古代社會精英階層比較重視政治思想，當時的歷史文獻關注的焦點是有關統治階級政治統治的言論和事蹟，權術、巫術以及實用技藝也充斥其間。而那些有關科學和技術的相關信息則星星點點地散見於這些言論、事蹟之中。在政治高於一切的社會氛圍之下，政治思想成為人們關注焦點，認識世界、改造世界的其他知識常常被忽視。那些現代學術意義上的自然科學家、哲學家的認識活動、思維成果沒有得到關注，他們的思想學說沒有專門的著述流傳或記載，甚至他們的名字也沒有流傳下來。然而，這些思想成果作為集體無意識，散落在各種古代文獻之中。顯然，那些認為中國古代的政治思想、倫理思想是沒有自然科學知識支撐而孤立存在或憑空產生的觀點，是管中窺豹，以偏概全。

與氣論融合起來的陰陽五行說，成為學者改造三才說、太極說的工具。例如，漢儒認為太極為元氣未分的混沌。元氣初闢，陽氣上浮散而為天，陰氣下滯聚而為地。這就是先秦、漢唐儒家學說中共同的世界觀，儒家各個學派的區別主要不在於世界觀，而在於人生觀、價值觀。就是在這一世界觀基礎上，對社會、人生的看法不同。

孔子開創儒家學派，把六經確定為研習、傳授的經典。並先後整理了《詩》《書》《禮》《樂》《春秋》等古代典籍，至晚年才開始著手整理《易傳》。在孔子整理《易傳》之前，《易經》主要被當作占筮書廣泛流傳。偶而也有些學者

引用《周易》古經卦爻辭說理，這與眾多學者言必稱《詩》《書》不可同日而語。孔子整理《易傳》在《史記·孔子世家》中有記載。然而，一則易道高深，再則祭祀卜筮趨吉避凶有悖於儒家「德行焉求福，仁義焉求吉」的道德修行原則。以至於部分弟子並不理解孔子何以晚年好《易》。帛書《易傳》中的《要》篇中記載了孔子與子貢的對話。大概內容是說，子貢對於孔子晚年好《易》很不理解。因為這與孔子曾經批評世俗之士「德行亡者神靈之趨，智謀遠者卜筮之繁」的話不一致。孔子則解釋說，之所以好《易》，是因為記錄古代聖人之言的《尚書》多有缺失，而《周易》則是完整的經典，保留了聖人之言。況且孔子研易是「後其祝卜」而「觀其德義」。並且認為，儒者治易和史巫治易不同，是「同途而殊歸」。巫之易「贊而不達乎數」，史之易「數而不達乎德」。而孔子治易則追求「幽贊而達乎數，明數而達乎德，有仁守者而義行之」。〔註1〕可見，子貢認為孔子老而好《易》，有悖於儒家一貫重視德行的原則。孔子則認為，對於《周易》應領會其德義，不必在意它是否被祝巫利用過。作為先王典籍，《尚書》不完備，而《周易》卻不同，其中有大量的先聖遺言。顯然，孔子所關注的是《周易》卦爻辭中蘊含的義理。子貢還有疑惑，從前聽說只要順正道，就不會迷惑，現在卻以卜筮決疑，這是否過分倚重了卜筮。孔子說，《易》之道能使剛者知懼，柔者能剛，愚者不妄，詐者革心。紂王無道，文王易興。前事不忘，後事之師。子貢問夫子是否相信卜筮結果，孔子則答，曾經「百占而七十當」。並說觀德更為重要，卜筮決疑其次。孔子的觀點與傳本《易傳》以義理為主釋經相一致。與《說卦傳》所謂「和順於道德而理於義」「窮理盡性以至於命」的表述是完全一致的。《易傳》不僅開闢了以儒家德性義理釋《易》的先河，為儒家的道德形上學奠定了理論基礎，更重要的是保留了大量關於易學史、筮法、卦象等資料。這些資料成為象數易學和義理易學共同的理論淵源，為後世易學的進一步發展奠定了基礎。

　　孔子對大多數弟子的教育，基本是以「六藝」為核心內容的基本素質訓練。孔子早年積極投身於現實的政治實踐，帶領弟子周遊列國，推廣自己恢復周禮的政治主張。早年孔子並不專注探討天道性命等玄遠的哲學問題。他所提出以「仁」為核心的眾多道德綱目，均淺顯易知而切近日用。孔子生活的時代，王室衰微，禮壞樂崩，諸侯紛爭，百姓生活在水深火熱之中。而仁德

〔註1〕參引自廖名春《帛書〈要〉篇「夫子老而好《易》」章新釋》，載《周易研究》
　　　　2008 年第 4 期：第 24 頁。

恰是自私自利的反面，可以補偏救弊，這就可以理解孔子何以要不遺餘力地提倡仁德原因了。提倡仁德的目的是要實現正名復禮的政治主張。因此，孔子的仁學注重對西周宗法禮制的人文詮釋，將血緣宗親之愛看作是仁的根基，以愛有差等之原則推及他人。內則堅守仁的信念，外則履行禮儀規範，從而實現社會和諧。孔子對於生死鬼神、性與天道等問題談得不多。一則，這些問題非年輕學子所當關注。二則，這些問題遠離現實政治操作，不切實際。如《論語・公冶長》所載子貢感歎「夫子之言性與天道不可得而聞」〔註2〕，又如《論語・先進》孔子所謂「未能事人，焉能事鬼？」「未知生，焉知死？」〔註3〕這些語錄說明孔子對大部分弟子以傳授儒術為主，性與天道等形而上的問題很少涉及。而晚年研習《周易》，整理《易傳》使得孔子思想學說更加完善。《易傳》《禮記》等文獻保留了很多孔子關於天道性命的論述。《論語》中幾乎沒有關於六經的語錄，並不能說明孔子不傳授六經。恰好說明《論語》記錄的都是孔子平日教學時的一般言論。而孔子對於六經的講解則記錄在六經的傳記之中。例如，《易傳》記錄了孔子講解《周易》的言論。《禮記》記錄了孔子關於禮儀方面的言論。可見，僅僅通過《論語》研究孔子思想是非常片面的。《易傳》《禮記》中關於天道性命的論述，可以視為先秦儒家心性論方面的思想。

先秦儒家學說本來既有關於天道性命內聖方面的學說，也有關於禮樂刑政外王方面的學說。後世儒家學者基於個人傾向，或者注重闡發儒家的修身養性說，以孟子為代表；或者注重闡發儒家禮樂刑政說，以荀子為代表。漢代初年，雖雜採前代禮制，主要還是繼承了秦代政治制度。漢初以主要融道家、法家的黃老道家學說指導時政。至漢武帝時，為了配合中央集權的政治需要，才將主張「大一統」的儒家學說推至一尊。今文經學用當時流行的陰陽五行學說創造性地詮釋先秦儒家經典，成為當時主導意識形態的官學。從蒙學教育、選拔官吏到議禮、制度、考文皆以儒家經義為尺度。而且迎合了統治階級時政運作的需要，即說天人感應，推陰陽災異。以「四始五際」解說儒家經典，把儒家的價值規範和道德理想納入到了陰陽五行說的宇宙圖式之

〔註2〕參見程樹德撰，程俊英，蔣見元點校.《論語集釋》，中華書局，1990年：第318頁。

〔註3〕參見程樹德撰，程俊英，蔣見元點校.《論語集釋》，中華書局，1990年：第760頁。

中，成為統治階級操控社會輿論的工具。

漢代象數易學主要發揮了《易傳》中象數體例，是用《周易》的卦爻象數體系與天文曆法相結合，構築起所謂的卦氣說，從而以風雨寒溫為候，占驗吉凶。其理論基礎無非是用陰陽五行說比附自然之陰晴寒暑、人主之喜怒哀樂、時政之仁德刑罰。

從治易風格來看，兩漢易學可分為三派：一是孟喜、京房的官方易學。孟、京易學多用卦氣推陰陽災異並用於指導時政，這與《易傳》釋經以疏通經文、發揮義理顯著不同。漢易引入陰陽五行之說，建構龐大的象數體系，關注重點乃是祥瑞災異的測算與徵驗。因此，漢代易學在整部易學發展史上通常都是以象數學為顯學。象數易學吸納了秦漢之際的天文曆法、陰陽五行說等，通過卦爻象數圖式彰顯天命之必然，用以推說陰陽災變，進而貫徹儒家政治主張。實際上，只是發揮了先秦儒學中外王的一面，偏離了《易傳》釋經旨歸。二是費直易學。費直易學在民間流傳，以孔子「十翼」釋經。三國時期，王弼奮起掃象，重興義理解易之風。其治《易》風格與之有繼承關係。三是道家黃老易學。從易學發展進程看，漢易大致經歷了三個階段：第一，漢宣帝時代，卦氣說初具規模，以孟喜、焦贛易學為代表。第二，漢元、成之世，卦氣說發展完善，以京房易學代表。第三，漢末哀、平之世，以《易緯》成書流行為標誌。多數學者認為《易緯》是漢易的重要組成部分，雜有先秦時代的易學資料。漢魏以降，讖緯文獻屢遭毀禁，遺失殆盡。唯《易緯》賴《永樂大典》之收錄、清代學者輯佚得以相對完整的面貌遺世。流傳至今的有《乾鑿度》《乾坤鑿度》《稽覽圖》《辨終備》《通卦驗》《乾元序制記》《是類謀》《坤靈圖》八種。《易緯》是儒者假託孔子之名，以融合象數、陰陽五行及律曆形成的卦氣理論，對《周易》經傳展開的神秘主義解釋。今本《易緯》一些內容，漢初時已經廣被徵引。如《史記·太史公自序》所謂「失之毫釐，差以千里」〔註4〕，所引見今本《易緯·通卦驗》。此語《大戴禮·保傅傳》亦有徵引。《後漢書·郎顗傳》所謂「《易內傳》曰」，引文見今本《易緯·稽覽圖》。另郎顗引「陽感天，不旋日」時稱「《易中孚傳》曰」。而此語見今本《易緯·稽覽圖》。〔註5〕而《京房易傳·遯》有謂：「《繫》云：『能消者息，必專

〔註4〕參見〔漢〕司馬遷撰，〔宋〕裴駰集解，〔唐〕司馬貞索引，〔唐〕張守節正義：《史記》卷第一百三十，中華書局，1999年：第2492頁。

〔註5〕參見《文淵閣四庫全書》，史部，正史類，《後漢書》，卷第六十下。

者敗』」〔註6〕語見今本《易緯‧乾鑿度》。唐朝學者僧一行和李鼎祚在言及《易緯‧稽覽圖》的相關內容時，稱其為《易軌》或《易通統軌圖》。可見，《易緯》中部分內容淵源甚為久遠，在結集成書之前篇目並不固定。《易緯》以信仰的態度釋經，把《周易》經傳涉及到的聖人神秘化，把聖人所受之天命附會為具體的運數。把與《周易》有關的概念、卦名神秘化、數字化，充滿著天命崇拜、數字崇拜的意味。孔子所謂聖人都是制禮做法、天命在身的聖王，而《易緯》一個重要目的就是矯造天命和符瑞，把孔子塑造成為漢家立法的素王。東漢經學家馬融等進一步發揮漢儒象數體例，以釋經為旨歸而非推陰陽災異。東漢末年象數易學隨著今文經學盛極而衰，費氏易成為主流，經學家鄭玄、荀爽等主張融合今、古文治學。

魏晉時期，融合儒、道學說的玄學成為時代風尚。王弼易學繼承了《易傳》以義理為主的釋經傳統，卻以老莊道家貴無賤有為旨歸。儒家《易傳》認為世界存在著「三才」天地人。《說卦傳》載：「昔者聖人之作易也，將以順性命之理。」《易傳》所謂道，並非獨立的實體，而是分屬於三才天地人的。其中，天道剛健而自然；地道則順從天道；人道之仁義要效法天道之陰陽和地道之剛柔。故而人和天地的關係可以約化為天人關係。天道運行方式，即《繫辭傳》所謂「一陰一陽」。道家則認為世界存在著「四大」〔註7〕。認為道是獨立的實體，不僅不屬於天地人，還是天地人效法的對象。在《易傳》中，天道是自然而然的，地道、人道順從天道。《老子》認為道是自然而然的，天地人都要效法道。天地人都是以「有」的方式存在，而道卻以「無」的方式存在，道和天地人的關係可以約化為有無關係，有無之辯是玄學家的爭論的核心命題。在《易傳》中，三才之前存在著太極。《易傳》認為太極生天地，天地合和生萬物。太極是個宇宙論概念，儘管《易傳》沒有交代，但一般觀點認為，太極生天地之後便不存在，也不再支配萬物。秦漢時期，學者以元氣釋太極，即認為太極是無形而混沌的有，表現在數字上，太極是一。道家所謂「反者道之動」與《繫辭傳》所謂「一陰一陽之謂道」含義也比較接近，然而內涵更為抽象，應該是對後者的進一步引申。道家也認為道是無形而混沌的

〔註6〕參見郭彧：《京氏易傳導讀》，濟南：齊魯書社，2002年：第68頁。
〔註7〕《老子》云：「有物混成，先天地生。寂兮寥兮，獨立而不改，周行而不殆，可以為天地母。吾不知其名，強字之曰道，強為之名曰大。大曰逝，逝曰遠，遠曰反。故道大，天大，地大，人亦大。域中有四大，而人居其一焉。」

有，也表現為一。但是，《易傳》所謂太極與道家所謂道是不同的。道家認為道生了天地萬物之後，仍然存在，並始終支配著天地萬物。而「弱者道之用」與《易傳》尚陽、尚剛觀念正相反。這就決定了玄學家以老莊釋《易》，難免脫離聖人作易之意。玄學家以道體之自然為本，以禮樂名教為末，這是儒家學者所不能接受的。儒家學者認為禮樂名教本於天地，是做人的根本。就易學而言，玄學家認為漢代經學易以繁瑣的象數體例釋經是本末倒置，使得聖人作易之意晦暗不彰。玄學家治《易》貴無尚自然，對魏晉以降的儒學影響深刻。南北朝時，鄭學與王弼玄學同列為國學。

　　漢代儒家今文經學成為官學之後，社會教育、選任官吏、禮樂刑政等無不以儒家經義為標準。儒家學說逐漸融合傳統宗教信仰成為社會上層建築的指導思想。儒家倫理道德觀念也以集體無意識的形式早已融入到百姓的日用倫常之中。而先秦儒學關於修身養性的天道性命學說卻長期被忽視。以粗淺的天人感應、讖緯迷信形式出現的儒家政治說教和從小就作為道德觀念被灌輸的儒家人倫道德學說，遠遠不能滿足文化精英們探討自然、社會以及人生問題的精神追求，不能滿足文化精英階層的心靈歸宿。也促使「越名教而任自然」的玄學盛行於社會精英階層。魏晉以降，佛教和道教依附玄學而逐漸流行。隋唐時期，佛道二教心性學說逐漸成熟，取代玄學成為精英階層的精神歸宿。不僅吸引了眾多的高級知識分子，佛道二教的世俗化、民間化也逐漸融入傳統民間信仰而為下層民眾追捧。隋唐以降，在佛道二教興盛的刺激下，反對二教、復興儒學的古文運動開始興起。北宋時期，隨著統治階級祐文抑武施政綱領的實施、科舉制的普遍推行、造紙術印刷術的廣泛應用等，文化事業繁榮發展，使得眾多的知識分子開始積地極參與國事，並對傳統儒學開始了積極的反思和重建，從而形成了眾多的思想流派。始於唐代的儒學復興運動，終於在北宋初年結出碩果。在當時的儒家理論創新大潮中，比較著名學派的有關學、洛學、蜀學、新學等。在儒家經典詮釋和本體論建構方面做出傑出貢獻，並得到後世學者公認的學者有周敦頤、邵雍、張載、二程等。他們都不約而同地選擇了易學作為構築自己哲學體系的立論基礎。主要通過用儒家經典融會易學範疇和命題，開展學術活動，並從不同的角度分別創建了易學本體論，為宋代新儒學的復興奠定了理論基礎。為了區別傳統的儒家五經章句訓詁之學，宋史稱他們的學術為道學。《論語・述而》載孔子語「志於道，據於德，依於仁，游於藝」，可見，「道學」二字也是儒家學說

的應有之義。

就易學而言，張載在參考了天文學之宣夜說基礎上，以太虛釋天，代替基於蓋天說的蒼蒼之天。以「知太虛即氣，則無無」的命題破老氏「有生於無」。以「略知體虛空為性，不知本天道為用」批評釋氏「體用殊絕」。《正蒙・太和篇》載：「由太虛，有天之名；由氣化，有道之名；合虛與氣，有性之名；合性與知覺，有心之名。」張載通過創造性地詮釋太虛這一概念，使之成為宇宙本體。進而又以太虛為核心範疇，創造性地詮釋了先秦儒學天道性心等重要範疇。既本之於先秦文獻，又有所創新改造。道，即是太虛之氣陰陽合化的過程。這一論述本之於《易傳》所謂「一陰一陽之謂道」；性，即是合太虛之虛與太虛之氣而賦予萬物之所以然，綜合了「生之為性」與《中庸》所謂「天命之謂性」；心，即是合太虛之虛氣和感官知覺的思維主體，綜合了《禮記・禮運》所謂「故人者，天地之心也」與《孟子》所謂「心之官則思」等儒家觀點。張載曾說：「誠則實也，太虛者天之實也。萬物取足於太虛，人亦出於太虛，太虛者心之實也。」〔註8〕張載通過創造性地詮釋先秦儒家所謂天道性心等範疇，提出了「變化氣質」「大心體物」「知禮成性」「外趨變化，內正性命」「民胞物與」「存順沒寧」「窮理盡性」「天人合一」等命題，最終構築了以太虛為實體，以氣為基質的本體論哲學。程頤易學則置道於三才之上，這與道家「四大說」的思路一致。然而，程頤又以理釋道，用理本論取代道本論，即所謂「理則天下只是一個理，故推至四海而準，須是質諸天地、考諸三王不易之理。」〔註9〕與道家所謂「弱者道之用」之道不同。程頤所謂「且如五常，誰不知是一個道？」顯然，程頤是以儒家所謂仁義禮智信為道的內涵。張載強調天道性心異中有一本，程頤則強調天道性心「其實一也」。如《程氏粹言》載：「以形體謂之天，以主宰謂之帝，以至妙謂之神，以功用謂之神鬼，以情性謂之乾，其實一而已。所自而名之者異也。夫天，專言之則道也。」〔註10〕從「其實一也」的視角出發，程頤提出了諸如「道外無物，物外無道」「性即理」「道即性」「理一而分殊」「天人無二」「體用無先後」等命題。而程頤《周易程氏傳・易傳序》所謂「至微者理也，至著者象也。體用一源，顯微無間」，是這些命題的精準概括。顯然，這是理本論最經典的表達。張載和程

〔註8〕《張載集・張子語錄》，第 324 頁。
〔註9〕《二程集・程氏遺書》，第 38 頁。
〔註10〕《二程集・程氏粹言》，第 1225 頁。

頤所創建的易學本體論的兩種不同進路——太虛本體論和理本論，對後世理學家，特別是朱熹和王夫之分別產生了深刻的影響。

二、《周易》概述

傳本《周易》有經、傳兩部分。《周易》古經有六十四卦，每卦各有卦畫、卦名以及卦辭。除乾、坤兩卦分別另有「用六」、「用九」一條爻辭外，每卦之下有六爻，由爻題和爻辭構成，共 386 爻。每卦卦畫六爻自下往上排列，六爻爻位由下而上依次稱為初、二、三、四、五、上。陰爻稱六，陽爻稱九。因而爻題分別稱初六、六二、六三、六四、六五、上六，或初九、九二、九三、九四、九五、上九。傳本《易傳》有七種十篇。其中《彖傳》《象傳》隨古經而分上下篇，分別附於諸卦卦辭之下。《彖傳》解釋卦辭文字，《大象傳》述說卦辭之於成就君子德行的微言大義；《小象傳》解釋爻辭。《文言傳》分《乾文言》《坤文言》，是對乾坤二卦卦爻辭微言大義的進一步闡發，分別附於《乾》《坤》兩卦之後。《繫辭傳》《說卦傳》《序卦傳》《雜卦傳》單獨成篇，附於古經之後。《繫辭傳》《說卦傳》《序卦傳》《雜卦傳》屬於通論性質，從不同方面講解全經。《繫辭傳》或因篇幅大而分上下篇，或是《易緯》為湊足「十翼」之數而分。傳，傳也，傳述聖人之意；翼，羽翼也，取輔助之義。

關於傳本《周易》以傳附經，《郡齋讀書志》（卷一《易類》）認為「凡以《彖》《象》《文言》等參入卦中者，皆祖費氏。」〔註11〕《文獻通考・經籍考》與此說法相同，以為「緣祖費氏」〔註12〕。四庫館臣以為：「自鄭玄傳費直之學，始析《易傳》以附經，至弼又更定之。」〔註13〕這是認為鄭玄以《彖傳》《象傳》附經，而王弼則又附入《文言傳》。湯用彤先生認為以《彖傳》《象傳》《文言傳》附經始於王弼，根據主要有兩條：一是《周易正義》云：「弼意象本釋經，宜近相附，故分爻之象辭，各附當爻下。」二是依據《魏志・高貴鄉公紀》記載：「帝又問曰：『孔子作彖、象，鄭玄作注，雖聖賢不同，其所釋經義一也。今彖、象不與經文相連，而注連之，何也？』俊對曰：『鄭玄合彖、象於經者，欲使學者尋省易了也。』帝曰：『若鄭玄合之，於學誠便，則孔子

〔註11〕〔宋〕晁公武著，張猛校證：《郡齋讀書志校證》，上海：上海古籍出版社，1990 年：第 4 頁。

〔註12〕〔元〕馬端臨撰：《文獻通考》，北京：中華書局，1983 年：第 1514 頁。

〔註13〕魏小虎編撰：《四庫全書總目匯訂》（《四庫全書總目》卷一《經部・易類一》），上海：上海古籍出版社，2012 年：第 7 頁。

曷為不合以了學者乎?』俊對曰:『孔子恐其與文王相亂是以不合,此聖人以不合為謙。』帝曰:『若聖人以不合為謙,則鄭玄何獨不謙邪?』俊對曰:『古義弘深,聖問奧遠,非臣所能詳盡。』」〔註14〕湯用彤先生分析說:「夫古注單行,康成注《易》,合《彖》《象》於經,為之解說。然其於《周易》本文,據高貴鄉公之言,實經傳未嘗混合。是則以《彖》《象》附入經文,似非如世人所言出於康成。」〔註15〕宋儒以為,漢儒以傳附經是亂經,故有定「《周易》古經」版本的種種做法。張載、程頤釋經都是以《周易正義》所用的王弼以傳附經本子。現代學者多認為,《易傳》成書於戰國中期或後期。例如,張岱年先生在其《論〈易大傳〉的著作年代與哲學思想》一文中指出:「總之,《易大傳》的基本部分是戰國中期至戰國晚期的著作。」〔註16〕又如,劉大鈞先生認為,「《易大傳》的基本部分是戰國初期至戰國中期寫成。」〔註17〕這種觀點,容易讓學者產生如下錯覺:1.以為《易傳》和孔子無關。事實上,從文獻記載來看,孔子最早研讀、傳授《周易》,最早整理《易傳》。《易傳》內容和思想雖然不一定由孔子首創,也應該是孔子認可的解釋《周易》古經的材料。2.《易傳》中有關先秦易學的諸多記載是戰國乃至漢儒的杜撰。事實上,與其他先秦典籍一樣,《易傳》成書也有一個漫長歷史過程。《易傳》成書存在著一個後世學者搜集前世流傳的材料並整理這些材料的過程。其中還存在著語言文字轉述、版本逐漸定型等等。3.《易傳》所反映的哲學思想屬於戰國時期。事實上,雖然《易傳》成書較晚,但是《易傳》中部分內容早就存在了。《易傳》所反映的一些哲學思想則更為古老。

三、易學觀概述

易學觀是歷代易學家對易學史上具有普遍性的問題的觀點或看法,諸如作易之人,易之義,易之為書,言象數的關係,學易的途徑等。由於時代背景的不同,個人理論傾向的差異,每個時代的不同學者各有不同的易學觀,反映了各自不同哲學思想。

〔註14〕參見〔晉〕陳壽撰,陳乃乾校點:《三國志·魏志》,北京:中華書局,1959年:第136頁。

〔註15〕湯用彤著:《湯用彤學術論文集》,北京:中華書局,1983年:第268頁。

〔註16〕參見中國廣播電視出版社,1999年版《張岱年哲學文選》上冊,第346～354頁。

〔註17〕參見劉大鈞著《周易概論》,濟南:齊魯書社,1988年:第13～24頁。

（一）《周易》的作者

考查先秦古籍的作者是一件異常困難的事情。不僅僅是因為資料缺失，古人所謂「作者」也不是現代版權意義上的作者。始作者、手定者、編纂者、主持編纂者等多數情況下，並非一人。古籍成書的過程、版本的流傳過程、版本的釐定過程都很複雜。然而理學家都以淳儒自居，以信仰的態度對待《周易》經傳，對於聖人作易、傳易乃至神道設教很少懷疑。不僅如此，還常常對聖人、聖經曲為迴護。反對其他學者對《周易》經傳神聖性的質疑。宋儒常常表達出對漢唐儒者以及其他雜學誤解《周易》經傳和聖人之意的不滿。諸如張載之談論《序卦傳》《繫辭傳》作者，程頤之談論《繫辭傳》錯簡，批評王弼、王安石易學之雜以釋老二教學說等。《周易程氏傳・易傳序》載：「聖人之憂患後世，可謂至矣。去古雖遠，遺經尚存。然而前儒失意以傳言，後學誦言而忘味。自秦而下，蓋無傳矣。」這明明是要否定漢唐儒者的易學。程頤對王弼以老莊之意解易也甚為不滿。

儒者尊《易》為經，漢儒以之為「六經」之首。關於聖人作易的爭論，可分為何人作八卦、何人重卦、何人繫卦爻辭等。《繫辭傳》認為八卦為伏羲所作。《周禮・春官》認為《連山》《歸藏》《周易》「其經卦皆八，其別皆六十有四」〔註18〕。然而迄今為止，並沒有文獻資料可以確定《左傳》成書之前，《周易》古經是否存在卦畫和爻題。畢竟揲蓍成卦得到的首先是一組筮數組合。〔註19〕根據陽奇陰偶的規則，用「—」「– –」可以把此筮數組合轉化為卦畫。但是，具體何時出現卦畫不能確定。也不能確定《繫辭傳》所謂「伏羲作八卦」就是「伏羲畫八卦」。從筮數組合，到用陰陽符號「—」、「– –」把筮數組合轉化為卦畫，從用「之卦」的形式指示某爻，到用「初六」、「上九」之類爻題指示某爻等等，必然有一個漫長的歷史過程。也不能確定《周禮》所謂經卦、別卦分別指的就是三畫卦、六畫卦。抑或只有筮數組合而無卦畫。《左傳》稱引筮例常常以「某卦之某卦」的形式出現，從無後世所謂「初九」「上六」之類的爻題。《繫辭傳》認為《周易》之作，與中古「周代殷商」的歷史事件有關。《易傳》沒有提到重卦問題，後世關於周文王作《周易》的記

〔註18〕參見〔清〕阮元校刻：《十三經注疏・周易正義》，北京：中華書局，1980年：第802～803頁。下文引用《周易》原文均見該書。下引《周易》原文，僅注明書名、篇名。

〔註19〕現代一些歷史學者在部分陶器、甲骨、青銅器上發現的「數字卦」可能就是這樣的筮數組合。

載，現在看來「含義模糊」，似乎周文王不僅「繫辭」「作上下篇」，而且是重卦之人。《史記》曾云：「自伏羲作八卦，周文王演三百八十四爻而天下治。」〔註20〕又，《史記》載：「西伯蓋即位五十年。其囚羑里，蓋益《易》之八卦為六十四卦。」〔註21〕《漢書・藝文志》有謂文王「重《易》六爻，作上下篇」〔註22〕。這裡所謂「演三百八十四爻」「益《易》之八卦為六十四卦」「重《易》六爻」的確切含義與「重卦」的含義不盡一致。最早涉及「重卦之人」的爭論，可追溯至漢魏時期。唐孔穎達《周易正義》卷首第二「論重卦之人」，對畫卦、重卦之人有所考辨：「然重卦之人，諸儒不同，凡有四說。王輔嗣等以為伏羲畫卦，鄭玄之徒以為神農重卦，孫盛以為夏禹重卦，史遷等以為文王重卦。故今依王輔嗣以伏羲既畫八卦既自重為六十四卦為得其實，其重卦之意，備在《說卦》，此不具敘。伏羲之時，道尚質素，畫卦重爻，足以垂法，後代澆訛，德不如古，爻象不足以為教，故作繫辭以明之。」〔註23〕孔穎達依據《繫辭傳》《說卦傳》《周禮》《易緯》等文獻記載，並結合古經相關文字進行了認真地考證。其結論是伏羲獨自完成「畫卦重爻」。然而，《繫辭傳》《說卦傳》《易緯》等記載並非可靠的史料。而且「作卦」與「畫卦」、「重爻」與「演爻」的含義是否一致難以確定。孔穎達所謂六畫的別卦早在《周易》成書之前已經存在，重卦之人非《周易》作者的結論也不可靠。宋代一些儒者則就作易之人提出了懷疑。關於卦爻辭作者，即「繫辭」之人，唐代以前主要有文王繫辭、周公繫辭兩說。孔穎達認同第二種觀點，並說：「所以只言三聖，不數周公者，以父統子業故也。」〔註24〕宋儒於此二說亦有質疑，或以為卦辭、爻辭分屬文王、周公，或以為均為文王所作，或以為既非文王亦非周公所作。現代學者多認為古經成書當於殷周之際，非出自一人一時。而現代人版權意義上的「作者」與古人所謂「作者」的含義又不盡一樣。

〔註20〕〔漢〕司馬遷撰，〔宋〕裴駰集解，〔唐〕司馬貞索引，〔唐〕張守節正義：《史記》（卷四《周本紀》第四），北京：中華書局，1999 年：第 86 頁。

〔註21〕〔漢〕司馬遷撰，〔宋〕裴駰集解，〔唐〕司馬貞索引，〔唐〕張守節正義：《史記》（卷一百二十七《日者列傳》第六十七），中華書局，1999 年：第 2437 頁。

〔註22〕〔漢〕班固：《漢書・藝文志》，北京：中華書局 1962 年：第 1704 頁。

〔註23〕參見〔唐〕孔穎達疏：《周易正義》卷首第二「論重卦之人」。參見〔清〕阮元校刻：《十三經注疏・周易正義》，北京：中華書局，1980 年：第 8 頁。

〔註24〕〔唐〕孔穎達疏：《周易正義》卷首第四「論卦辭爻辭誰作」。參見〔清〕阮元校刻：《十三經注疏・周易正義》，北京：中華書局，1980 年：第 10 頁。

　　《易傳》內容龐雜，可能由不同時期的不同學者搜集整理。這些不同時期的學者，確切地講因該是《易傳》的編者，孔子也許就是其中的佼佼者。關於《易傳》，《史記·孔子世家》只有孔子「序」《易傳》的記載〔註25〕。司馬遷本人也有「正《易傳》，繼《春秋》，本《詩》《書》《禮》《樂》之際」〔註26〕的學術理想。其後，班固《漢書·藝文志》載：「孔氏為之《彖》《象》《繫辭》《文言》《序卦》之屬十篇。」〔註27〕何以司馬遷、班固二人都不言「作」，一言「序」，一言「為之」。這可能與古人對於「作者」一詞的含義理解有關。在《易傳》《禮記》《論語》等先秦儒家文獻中，「作者」特指德盛位尊的聖王制禮作樂，當然也包括編撰六經。孔穎達注意到這一點，認為「凡言『作』者，創造之謂也」〔註28〕。張載也注意到「作者」的特殊含義。如釋《論語》「作者七人」，曰：「所謂作者，上世未有作而作之者也」。〔註29〕《易傳》本為述經、傳經、解經之文，與「作者」本無關。然而，對於儒者來說，孔子最早整理、講解古經，傳授古經，最早整理了講解古經的資料——傳本《易傳》，說孔子「作」《易傳》還是有些道理的。儘管《孔子》整理的《易傳》和傳本《易傳》不一定一致，但是孔子曾經整理《易傳》是很難否認的。反觀歐陽修等學者質疑孔子作《易傳》，以及現代學者質疑文王作《周易》，孔穎達、張載關於「作者」的理解可謂深刻，也更接近歷史真相。北宋歐陽修作《易童子問》，認為《彖傳》《象傳》二傳是孔子所作，其他《繫辭傳》《文言傳》《說卦傳》《序卦傳》《雜卦傳》六篇皆非出於孔子，只是可能保存了部分孔子

〔註25〕　《史記·孔子世家》云：「孔子晚而喜《易》，序《彖》《繫》《象》《說卦》《文言》。」參見〔漢〕司馬遷撰，〔宋〕裴駰集解，〔唐〕司馬貞索引，〔唐〕張守節正義：《史記》，北京：中華書局，1999 年：第 1559 頁。

〔註26〕　〔漢〕司馬遷撰，〔宋〕裴駰集解，〔唐〕司馬貞索引，〔唐〕張守節正義：《史記》（卷一百三十《太史公自序》第七十），中華書局，1999 年：第 2491 頁。

〔註27〕　〔漢〕班固：《漢書·藝文志》，北京：中華書局 1962 年：第 1704 頁。

〔註28〕　《周易正義》卷首第二「論重卦之人」載：案《說卦》云：「昔者聖人之作《易》也，幽贊於神明而生蓍。」凡言「作」者，創造之謂也，神農以後便是述修，不可謂之「作」也。則幽贊用蓍，謂伏犧矣。」

〔註29〕　張載釋《論語》所謂「作者七人」：『『作者七人』，伏羲也，神農也，黃帝也，堯也，舜也，禹也，湯也。所謂作者，上世未有作而作之者也。伏羲始服牛乘馬者也，神農始教民稼穡者也，黃帝始正名百物者也，堯始推位者也，舜始封禪者也，堯以德，禹以功，故別數之。湯始革命者也。若謂武王為作，則已是述湯事也，若以伊尹為作，則當數周公，恐不肯以人臣謂之作。若孔子自數為作，則自古以來實未有如孔子者，然孔子已是言『述而不作』也。」參見《張載集·張子語錄》，第 319 頁。

之言。〔註30〕《歐陽文忠公集》第七十六至七十八卷載有關於《繫辭傳》作者的考辯，質疑孔子作《繫辭傳》以下三傳。歐陽修的考訂、質疑不無道理。此後，更多的學者參與其中，時至今天仍聚訟未已。實際上，歐陽修的錯誤在於忽視了古人思想見諸文辭，文辭著成文章，文章積成典籍，典籍不斷傳抄、完善，乃至典籍版本漸趨固定，有一個漫長而複雜的過程。從而，把孔子編撰《易傳》，當成孔子手寫《易傳》去質疑。孔子曾編撰《易傳》、傳授《易經》，不僅《史記》有記載，《易傳》中的「子曰」也足以證明孔子曾講解傳授《周易》古經。那麼，孔子曾編撰講解古經的《易傳》也在情理之中。

（二）《周易》的性質

易學史上關於《周易》的性質，可以概括為二種觀點：第一，《易》為卜筮之書。這是《易傳》產生之前流行的看法。南宋朱熹強調《周易》古經本卜筮之書，《易傳》才是孔子言儒家義理之書。程朱理學流行以後，這一觀點開始為儒者普遍接受。第二，《周易》雖源自於卜筮，但保留了古代聖人之遺言。《周易》卦爻辭蘊含有深刻的義理，《易傳》闡明了其中所蘊含的義理。這是孔子和漢唐儒者的觀點。

孔子鑒於東周禮壞樂崩的社會現實，創立儒家學派，以「克己復禮」為宗旨，以六經為教材，以六藝為科目，收徒授學。又收集、編撰、刪消、傳授古代典籍，於是有了儒家六經。儒家後學又把孔子整理的解經資料、以及孔子及其弟子講論六經的資料整理成為六經的「傳」。當然，孔子整理六經的情形不盡相同：於《詩》主要是刪消，於《書》主要是編序選擇，於《禮》主要是收集文獻、講解、傳習，於《春秋》主要是匡正文字，於《樂》主要是選擇、匡正。於《易》則又有所不同。《周易》源於卜筮，有一套記錄卜筮操作結果的符號和占者或觀象、或結合以往卜筮記錄綜合判斷吉凶悔吝的文辭。孔子只是收集資料、整理資料、講解古經。《易傳》中的《彖傳》主要疏解卦辭。《大象傳》闡發卦辭微言大義，《小象傳》疏解爻辭。《繫辭傳》記載了關於易學史的傳說、關於揲蓍成卦的筮法、《周易》成書的歷史背景等等。《說卦傳》主要講解八卦與物象、四時八方對應關係、八卦的性質和作用等。《序卦傳》疏解傳本六十四卦的卦序。《雜卦傳》在傳本卦序的基礎上，以韻文的

〔註30〕鄭吉雄，傅凱瑄：《〈易傳〉作者問題檢討（上）》，《船山學刊》，2015 年第 3 期：第 63～65 頁。

形式述說六十四卦卦德。因為傳本《易傳》始於孔子，後學視孔子為《易傳》的作者也在情理之中。傳本《易傳》經過了孔子後學的整理補充，尤為重視孔子講解《周易》的言辭。《易傳》儘管保留了很多古代講解古經的傳說、筮法、卦象等，但解經的宗旨卻是儒家義理，而這些義理並非出自孔子發明，而是蘊於六經中的周代道德人倫。孔子僅是有所選擇、損益而已。

　　長沙馬王堆帛書《易傳》之《要》篇，詳細記載了孔子「老而好《易》」，記載了孔子與子貢辯論儒家治易與史巫治易的不同之處。從《要》篇文字來看，孔子晚年好《易》，但並非單純好卜筮。孔子明言好《易》是因為「《尚書》多疏矣，《周易》未失也，且有古之遺言焉。予非安其用也，予樂〔其辭也，予何〕尤於此乎？」孔子也不全信卜筮的結果。子贛問：「夫子亦信其筮乎？」孔子則回答曰：「吾百占而七十當，唯周粱（梁）山之占也，亦必從其多者而已矣。」〔註31〕把《周易》當作卜筮之書，是自《周易》誕生後、《易傳》誕生前，多數人的看法。《易傳》之後，《周易》經傳成為儒家經典之一，隨著儒家學說逐漸主導主流意識形態，和其他經典一樣，《周易》不斷被重新解讀，儒者研習傳授不絕，儒門易成為易學正宗。古代還有其他與卜筮有關的典籍，因與儒家神道設教的關聯性不強，得不到傳承而逐漸散失。至於孔子以六經為教，四庫館臣的說法最為公允。至於《周易》神道設教的性質，《四庫全書總目》總結道：「夫六十四卦《大象》皆有『君子以』字，其爻象則多戒占者，聖人之情，見乎詞矣。其餘皆《易》之一端，非其本也。」〔註32〕這兩句話可以代表大多數的學者的觀點。在儒者看來五經都是講儒家義理的書。從現代學術觀點分類來看，五經都不是哲學之書，《周易》也不例外。《尚書》記錄先王言行，《春秋》記錄魯國公卿事蹟，《詩經》是前代民歌總集，《周禮》《儀禮》《禮記》記錄周代禮制等。

　　朱熹在研讀、教授五經的過程中，比較五經的特點時，認為《周易》之外的經典直接講儒家義理，而《易》本為卜筮而作，「非教人底書」。例如，朱熹曾說：「人自有合讀底書，如《大學》《語》《孟》《中庸》等書，豈可不讀？讀此四書，便知人之所以不可不學底道理，與其為學之次序，然後更看《詩》、

〔註31〕參引自廖名春：《帛書〈要〉篇「夫子老而好《易》」章新釋》，載《周易研究》2008年第4期：第24頁。

〔註32〕魏小虎編撰：《四庫全書總目匯訂》(《四庫全書總目》卷一《經部‧易類一》)，上海：上海古籍出版社，2012年：第2頁。

《書》、《禮》、《樂》。某才見人說看《易》，便知他錯了，未嘗識那為學之序。《易》自是別是一個道理，不是教人底書。」〔註33〕顯然，這是程頤所謂不先識義理，不可以治經說的引申。邵雍認為自己的易學主要闡發伏羲先天之學，這為朱熹所推崇。其理論依據主要是《繫辭傳》所謂伏羲作八卦、乾坤衍生六子卦、「大衍筮法」章等，以及《說卦》所謂「天地定位」章、「地出乎震」章等。邵雍認為伏羲根據「一分為二」的心法畫出八卦，圖示吉凶，無有文辭而蘊含著天下萬物之理。而文王繫辭而象數辭始備，已是後天易學。在朱熹看來，卦爻辭基本上就是在說卦爻之象數，並視辭為理和象數的表現形式。

　　從現代學術的視角看，《易》源本自卜筮之書，然而蘊含著深刻的哲理，這些哲理未必就是程朱理學所謂的儒家義理。而朱熹所謂的義理主要指儒家的人倫道德，而《周易》古經文辭確實沒有直接講儒家的人倫道德。這就是朱熹說《周易》不是講義理的書的主要原因。從其自身結構看，《周易》古經卦爻符號是筮數奇偶組合符號。這些符號本之於卜筮過程中的揲蓍成卦。其中陽爻稱九，用符號「—」表示；陰爻稱六，用符號「－－」表示。從文辭內容看，只有卦爻辭中的吉凶悔吝等才是卜筮占斷之語。《左傳》《國語》筮例中有用《周易》卦爻辭占筮的，顯然把《周易》當作卜筮之書。實際上，卜筮之書也可以蘊含深刻義理，兩者並不矛盾。把卜筮之書與義理之書完全對立起來，乃至水火不容、非此即彼，無疑也是一種偏頗的觀點，實不足為取。卦畫模擬天地人三才，而三才之道是正反映了古人的世界觀、社會觀、人生觀等。三才說講述了天地合和而生人與萬物，自然規律、社會秩序也由「天主地輔」來運轉，又用天尊地卑論證君臣上下、男女夫婦、貴賤主從關係的合理性，已經不是簡單的陰陽哲學了。而且，還有大量的卦爻辭直接述說哲理。《左傳》《國語》早有記載，古人把《周易》當作像《詩經》《尚書》等主要講義理的書一樣來稱引。諸如，「不恒其德，或承之羞」「無平不陂，無往不復」等等。又如《左傳·宣公六年》載：「鄭公子曼滿與王子伯廖語，欲為卿。伯廖告人曰：『無德而貪，其在《周易》豐䷶之離䷝，弗過之矣。』間一歲，鄭人殺之。」〔註34〕所謂「豐䷶之離䷝」即傳本《周易》豐卦上六，其爻辭曰：

〔註33〕〔宋〕朱熹：《朱子語類》，黎靖德編，王星賢點校，北京：中華書局，1986年：第1658頁。
〔註34〕楊伯峻：《春秋左傳注》，北京：中華書局，1993年第2版：第689～690頁。

「上六：豐其屋，蔀其家，窺其戶，闃其無人，三年不覿。凶。」伯廖間接引用豐卦上六爻辭，這正是說明無德而貪，招致災禍。又如，《左傳·襄公二十八年》載：「子大叔歸，覆命，告子展曰：『楚子將死矣！不修其政德，而貪昧於諸侯，以逞其願，欲久，得乎？《周易》有之，在復䷗之頤䷚，曰：「迷復，凶。」其楚子之謂乎？欲復其願，而棄其本，復歸無所，是謂迷復。能無凶乎？君其往也！送葬而歸，以快楚心。楚不幾十年，未能恤諸侯也。吾乃休吾民矣。』」〔註35〕這是引用《周易》復卦上六爻辭說明有錯不知悔改而招致災禍。可以說，《周易》從誕生的那一天起，就有士人沒有將之視為純粹的卜筮之書。《周禮》記載的卜筮典籍還有很多，直到《漢書·藝文志》還保留了很多卜筮書目。這些卜筮書不像《周易》那樣蘊含著深刻的哲理，沒有被儒者拿來作為神道設教的工具，從而沒有得到傳承而終致散失。

　　《易傳·繫辭》追述了八卦創設、重爻、繫辭的人物、過程和目的。《繫辭傳》所記載的「大衍筮法」就是用蓍草進行演算而得出一組由六、七、八、九四個數組成的數字組合，奇數七、九用「─」表示，偶數六、八用「━ ━」表示，即可組成六十四卦中的一個別卦。《易傳》就是通過分析所得的卦畫中各爻的陰陽屬性、相對位置來推斷卦爻之辭何以吉凶悔吝的原因。在「大衍筮法」演算過程中，筮數九被稱為老陽之數，筮數六被稱為老陰之數，筮數七被稱為少陽之數，筮數八被稱為少陰之數。依據陽進陰退、物極則返的原理，筮數老陽九變少陰八，爻畫─變━ ━。筮數老陰六變少陽七，爻畫從━ ━變─。而少陽、少陰尚沒有從量變達到質變，保持各自的陰陽屬性。這就是所謂的「老變少不變」。經過變化之後，原來的筮數組合就變成一個新的數字組合，這一新的奇偶數字組合又可以轉化為一個新的卦畫。這就是《左傳》中所謂「之卦」的由來，「之」意為「變化到」。劉大鈞教授認為，「這就是『老變少不變』，……《周易》以變為占，故以老陽數『九』作為卦中陽爻的標誌，以老陰數『六』作為卦中陰爻的標誌。」〔註36〕顯然，筮法中已經蘊含陰陽對立統一和物極必反等哲理。

　　標誌卦中陰陽爻的九、六是通過大衍筮法演算所得的數，卦爻辭是筮占記錄的改編。在古代，前人筮占的經驗常常是後人筮占時判斷吉凶的重要依

〔註35〕楊伯峻：《春秋左傳注》，北京：中華書局，1993 年第 2 版：第 1143～1144 頁。

〔註36〕參見劉大鈞：《周易概論》，濟南：齊魯書社，1988 年：第 100 頁。

據和參考。隨著筮占記錄的不斷積累，為了檢索起來方便，就需要把從前的筮占記錄進行適當地整理編纂。《周禮·春官》云：「凡卜筮，既事，則繫幣以比其命。歲終，則計其占之中否。」〔註37〕意思是說掌管卜筮之人於每次占卜之後，將所得的兆象（龜卜的兆和筮卜的卦象）、命辭（卜問的事情）以及占辭（吉凶悔吝的占斷結論）記錄下來，連同禮神之幣藏之於府庫。年終加以統計、整理，核對事情占斷準確與否。依《周禮》所說，包括《周易》在內的「三易」都是古代筮占記錄的彙編。一般說來，一條完整的卦辭分三部分。第一部分是德辭，即所謂「元、亨、利、貞」，不是所有的卦都具此四德，而是或一或二或三或四不等。第二部分是象辭，或敘述一件事，或描述一個自然現象。第三部分是驗辭，即判斷吉凶悔吝的斷語。這些都是珍貴的歷史資料，也含有先民生產、生活經驗的總結。

　　《易經》在選擇、概括、編排前人筮占紀錄的時候還用到了三才說。八卦、六十四卦取象三才。八經卦上畫像天，中畫像人，下畫像地。六畫卦則是在三才說的基礎上引入陰陽說。至於六爻如何與三才對應，後人的觀點可以歸結為兩種。朱熹等認為「初、二為地，三、四為人，五、上為天」，而尚秉和等認為「初、四下極，二、五中極，三、上上極」。〔註38〕三才說認為天地合氣生成萬物，《易經》六十四卦的卦序正是對這一過程的模擬。乾卦象天，坤卦象地。乾坤六爻相雜而生其他六十二卦。《易傳·繫辭》敘述了演數成卦的過程，這正是對混沌初開，兩分為天地，天地合氣而生萬物過程的模擬。〔註39〕《易傳·序卦》則直接描述了這一過程：「有天地，然後萬物生焉……有萬物，然後有男女……然後禮義有所錯。」人和萬物不僅是由天地合氣而

〔註37〕 參見〔清〕阮元校刻：《十三經注疏·周禮注疏》，北京：中華書局，1980 年：第 805 頁。

〔註38〕 朱熹《周易本義》釋《繫辭傳》「六爻之動，三極之道也」，曰：「六爻，初二為地，三四為人，五上為天。」這一觀點為後世繼承。參見蕭漢明著：《〈周易本義〉導讀》，濟南：齊魯書社，2003 年：第 242 頁。另一種觀點與此不同。《周易集解》引陸績注「三極之道」，謂「三極」指「初、四下極，二、五中極，三、上上極」。尚秉和先生之《周易尚氏學》亦承此說，認為「下極」即「地極」，「中極」即「人極」，「上極」即「天極」。參見尚秉和著：《周易尚氏學》，北京：中華書局，1983 年：第 289 頁。

〔註39〕 《繫辭傳》「大衍之數」章云：「大衍之數五十，其用四十有九，分而為二以象兩，掛一以象三，揲之以四以象四時，歸奇於扐以象閏；五歲再閏，故再扐而後卦。……乾之策，二百一十有六；坤之策，百四十有四，凡三百有六十，當其之日。二篇之策，萬有一千五百二十，當萬物之數也。」

生，萬物的生化運轉也由天地決定。在《周易》中，乾坤兩卦是父母卦故居首。其他六子卦是由乾坤陰陽爻交錯生成故居後。反映在卦畫上，乾坤兩卦之外的六十二卦，既有陰爻，也有陽爻。這六十二卦的順序正是對萬物生化運轉過程的描繪。人間的男女、夫婦、父子、君臣之間的尊卑、上下、主從關係，正是對天地與萬物生成關係的效法，先民認為這正是人間的人倫大道的先天依據。

三才說是對世界的直觀描述。天地人三者的地位和作用既有聯繫又有區別。對三者的區別和聯繫的論述即《易傳》所謂三才之道。依據三才中天地人的不同地位和作用，地道之剛柔順承天道之陰陽，人道之仁義正是對天地陰陽、剛柔之道的效法。顯然，天地之道對於人道具有超越義、主宰義。《易傳》中哲理並非空穴來風，而是源自對古經本身蘊含哲理的闡發。朱熹所謂義理僅指儒家人倫道德，朱熹認為《易傳》所闡發的哲理與古經沒有關聯，用現代學術視角看顯然是站不住腳的。雖然作為卜筮之書不直接講述哲理，但《周易》的結構和內容處處都蘊含著古人的哲學思考。

1977年出土的阜陽雙古堆《周易》，卦爻辭後另外附有筮占記錄，「其卜事之辭為固定的格式，指出各種天象和人事的吉凶，如晴雨、田獵、征戰、事君、求官、行旅、出亡、嫁娶、疾病等等。」〔註40〕可見，民間占筮不能用《周易》卦爻辭直接占斷吉凶，而不得不自編筮辭以滿足占筮需要。如果《周易》純粹為卜筮服務，文王何必要「重易六爻」，又何必將三百八十四爻煞費苦心地編成六十四卦，又煞費苦心地弄出一個如此複雜的、符示天地萬物生成運行過程的卦序來。顯然，《周易》古經與一般的卜筮之書不同，並非單純為卜筮服務。

《左傳》《國語》引用《周易》古經二十二次，大部分是用作筮占參考，也有單純講道理的。說明古人並不把《周易》古經當成單純的卜筮之書。例如，又《左傳·宣公十二年》載：

> 知莊子曰：「此師殆哉。《周易》有之，在師之臨，曰：『師出以律，否藏凶。』執事順成為藏，逆為否，眾散為弱，川壅為澤，有律以如己也，故曰律。否藏，且律竭也。盈而以竭，天且不整，所以凶也。不行謂之「臨」，有帥而不從，臨孰甚焉！此之謂矣。果遇，

〔註40〕參見《阜陽漢簡簡介》，《文物》，1983年第2期。

必敗，尫子尸之。雖免而歸，必有大咎。」〔註41〕

知莊子引用《周易・師・初六》爻辭，來說明紀律鬆散必敗，並用卦象進一步論證。又如《左傳・召公三十二年》載：

> 趙簡子問於史墨曰：「季氏出其君而民服焉，諸侯與之，君死於外而莫之或罪也。」對曰：「……魯君世從其失，季氏世修其勤，民忘君矣。雖死於外，其誰矜之？社稷無常奉，君臣無常位，自古以然。故《詩》曰：『高岸為谷，深谷為陵。』三後之姓，於今為庶，王所知也。在《易》卦，雷乘乾曰大壯，天之道也。〔註42〕

在史墨看來，和《詩經》一樣，《周易》的卦爻辭、卦爻象也可以作為「古之遺言」引用。史墨認為《詩經》所謂「高岸為谷，深谷為陵」和《周易》「雷乘乾」的卦象都包含著「天之道」。而「社稷無常奉，君臣無常位」正是天道無常的反映。可見，史墨並未將《周易》視為只能用於卜筮之書。

（三）論易之三義

「易」作為《周禮》中一類卜筮經典的名稱，本來沒有深刻含義。〔註43〕儒者在釋經過程中，把《周易》一書中的義理逐漸賦予給「易」字。例如，漢儒已經開始講「易道」。所謂「易道」有兩種含義，一是指「《易》之道」，是指《易》書中包含著三種義理。二是指「易」之道。第一種觀點更接近原義，第二種觀點則有過度詮釋之嫌。因為，「易」之義含有簡易、變易都是可以理解的。而易有不易之義則不符合邏輯。後世學者逐漸將「《易》之道」理解為「易之道」。進而，認為「易」即道，這個道的內涵就是變易。使得易之簡易之本義被忽略，不易之義被捨棄。

「易一名而含三義」的說法，最早出自《易緯・乾鑿度》。《易緯》的主要內容是對《周易》經傳的解釋。《易緯》釋經風格是以信仰的態度，將作易之

〔註41〕 參見楊伯峻：《春秋左傳注》，北京：中華書局，1993 年第 2 版：第 726～727 頁。

〔註42〕 參見楊伯峻：《春秋左傳注》，北京：中華書局，1993 年第 2 版：第 1519～1520 頁。

〔註43〕 三易是《周禮》所謂《連山》《歸藏》《周易》三種與龜卜、占夢不同的決疑典籍。三易的共同特點是操作起來比龜卜簡易。龜卜的器具、操作程序等太過複雜，以前的占卜記錄不方便查詢等。夢占是被動的占卜，很多事情無法用夢占。而且夢境複雜無規律，不便總結。造成夢占記錄太多，查詢困難。因此三易更方便實用。

聖人神秘化，將《周易》經傳神秘化。認為《周易》經傳中文字、數字不僅含義深刻，而且預示著人間帝王的天命和運數。《易緯》神化經典的第一步，就是將各種深刻的義理賦予給作為書名的「易」字。《易緯》深信《易傳》為孔子所作，「易」之「三義」為孔子所發。認為孔子所謂「易之三義」「管三成為道德苞籥」。對此，鄭玄注曰：「管，統也。德者，得也。道者，理也。籥者，要也。言易道統此三事，故能成天下之道德。故云包道之要籥也。」〔註44〕《易緯・乾鑿度》論易之三義曰：「《易》者，易也，變易也，不易也」，易、變易、不易分別指「其德」「其氣」「其位」。〔註45〕《易緯》所謂「易一名含三義」的解釋來自對《易傳》，特別是《繫辭》之文的理解。例如，鄭玄曾作《易贊》《易論》〔註46〕，並引《繫辭》言乾易坤簡之文，以簡易釋易之第一義。

　　從《易緯》所謂「易者，易也」的行文看，「易」字之本義，是易之第一義。《易緯》所謂「易者，以言其德也。通情無門，藏神無內」〔註47〕。鄭玄認為，易之第一義即《繫辭傳》對於乾坤簡易之德的描述。鄭玄關於易之第一義的解釋存在著矛盾之處。因為，簡、易二字是近義詞，所以鄭玄才用來解釋易之第一義。而在《繫辭》中，天地、乾坤、健順等是含義相對甚至相反稱謂。因為天地陰陽相對，故而乾坤之德有健順之不同。看來，易作為一類筮書的稱呼，本義或指「簡易的筮書」。或者，與龜卜相較而言，易乃指筮卜是簡易的決疑之術。而乾坤二卦已經代表了天地之德、天地之位、天地之道，從而可以作為《周易》縮影。從這一意義上講，乾坤二卦就是《周易》的簡易版。而《周易》其他六十二卦則是乾坤之道的進一步細化而已。而《繫辭》以簡易之德分別賦予乾坤二卦，鄭玄又以乾坤簡易之德釋《乾鑿度》所謂易之第一義，都有過度詮釋的嫌疑。

　　魏晉以降，易之變易之義越來越受到重視。而易之本義逐漸淹沒在眾多的想當然的注疏文字之中。《易緯・乾鑿度》載：

〔註44〕參見林忠軍：《《易緯》導讀》，濟南：齊魯書社，2002年：第77頁。按：括號內文字為鄭玄注。

〔註45〕參見林忠軍：《《易緯》導讀》，濟南：齊魯書社，2002年：第77頁。

〔註46〕張舜徽先生認為，「論」是「侖」的借字。是（集）合簡策的意思，即是整理遺文。「贊」是表明、申演其義的意思，即是注釋古書。見張舜徽：《鄭學叢著》，濟南：齊魯書社，1984年：第7頁。

〔註47〕參見林忠軍：《《易緯》導讀》，濟南：齊魯書社，2002年：第77頁。按：括號內文字為鄭玄注。

> 變易也者，其氣也。天地不變，不能通氣。五行迭終，四時更
> 廢。君臣取象，變節相和。能消者息，（文王是也。）必專者敗；（殷
> 紂是也。）君臣不變，不能成朝，紂行酷虐，天地反。（不能變節以
> 下賢也。）文王呂，九尾見。（文王師呂尚，遂致九尾狐瑞也。）夫
> 婦不變，不能成家。妲己擅寵，殷以之破，（不變節以逮眾妾也。）
> 大任順季，享國七百。此其易也。」〔註48〕

鄭玄之後，學者不僅將「《易》之道」逐漸理解為「易之道」，而且「易之三義」逐漸向「易之變化一義」轉化。崔覲、劉貞簡等以「生生之德」言易之第一義——簡易。以「生生之道」言易之第二義——變易。〔註49〕這一解讀，很容易讓人誤以為「易之義」只有變易、簡易二義。加之，易有「不易」之義難免會產生邏輯混亂。於是，變易之義逐漸取代「易之三義」也就在情理之中。孔穎達《周易正義》卷首開篇即云：「夫易者，變化之總名，改換之殊稱。」〔註50〕雖然孔穎達傾向於以變易為易之本義。但是，仍然保留漢儒所謂「易之三義」。其釋「易者易也」為「簡易之義，無為之道」，音「易」為難易之易，符合《易緯》所謂「不煩不擾，淡泊不失」之義。周簡子等則認為：「易者易代之名，凡有無相代，彼此相易，皆是易義。」周氏讀「易」為「亦」，認為「凡有無相代，彼此相易，皆是易義」，這其實是把「易之三義」換成了「變易」一義。〔註51〕易之變化之義在《易傳》中比比皆是。如《繫辭傳》所謂「一陰一陽」「一闔一闢」等。不僅自然界，人類社會亦然。這種具體變化表現為大化流行，生生不息，是聖人化育天下的效法對象。聖、賢則是儒家學者追求人生境界。《繫辭傳》所謂「《易》之為書也不可遠，為道也屢遷。變動不居，周流六虛，上下無常，剛柔相易，不可為典要，唯變所適」，是對易之變化之義的最經典的表達，為後學者常常引用。

至於易之「不易」之義，《易緯‧乾鑿度》載：

> 不易也者，其位也。天在上，地在下。君南面，臣北面。父坐

〔註48〕參見林忠軍：《《易緯》導讀》，濟南：齊魯書社，2002 年：第 78 頁。按：括號內文字為鄭玄注。

〔註49〕參見〔清〕阮元校刻：《十三經注疏‧周易正義》，北京：中華書局，1980 年：第 7 頁。

〔註50〕參見〔清〕阮元校刻：《十三經注疏‧周易正義》，北京：中華書局，1980 年：第 7 頁。

〔註51〕參見〔清〕阮元校刻：《十三經注疏‧周易正義》，北京：中華書局，1980 年：第 7 頁。

　　子伏，此其不易也。故易者，天地之道也。乾坤之德，萬物之寶。

　　至哉，易！一元以為元紀！（天地之元，萬物聽紀。）〔註52〕

對於《易傳》所謂變中有其不變，也容易理解。與變易密切相關的，就是和其相對待的不易，即《易傳·繫辭》所謂「天尊地卑，乾坤定矣。卑高以陳，貴賤位矣」。董仲舒所謂「天不變，道亦不變」〔註53〕，這個「道」就是儒家的倫理綱常，也就是程頤所謂理。易之不易之義顯得邏輯混亂，乾坤易簡之義，則顯得唐突。宋儒則拋棄易之三義的說法，專取變化一義。

　　總觀《周禮》關於「三易」的命名，「簡易」之義當是《周禮·春官》所謂「三易」之「易」的本義。所謂易，是相對於龜卜的繁瑣而言：龜卜需要卜師、龜人、筮氏、占人等多人協作完成。龜卜要經過開龜、視高、揚火、致墨、辨龜、命龜、取龜、攻龜、恤龜、灼甲等等。龜卜百有二十體、千有二百頌，相較筮占的經卦八、別卦六十四複雜何止千百倍，攜帶、檢索起來也很困難。較之龜卜，蓍草的取得、攜帶、演算簡易了許多，六十四卦攜帶、檢索也輕便得多。〔註54〕《易傳繫辭》所謂「夫乾，確然示人易矣；夫坤，隤然示人簡矣」，無疑是過度詮釋了易之「簡易」之義。

　　另外，漢儒還有「日月為易」說。《說文解字》載：「《秘書》曰：日月為易，象陰陽也。」〔註55〕《易緯·乾坤鑿度》曰：「易名有四義，本日月相銜」〔註56〕。「日月為易」，是易有三義轉向變化一義的中間環節。魏伯陽丹書《參同契》載：「日月為易，剛柔相當。」〔註57〕這一說法對張載易學影響較大。張載就接受了日月為易的說法，並有所發揮。程頤則受胡瑗易學觀影響，專取易之變易之義。

（四）言象意與氣數理

　　言象意之辯是玄學有無之變在易學方面的延伸。氣（象）數理之辯則是

〔註52〕參見林忠軍：《〈易緯〉導讀》，濟南：齊魯書社，2002年：第78頁。

〔註53〕參見〔漢〕班固：《漢書·董仲舒傳》，北京：中華書局，1962年：第2518～2519頁。

〔註54〕參見〔清〕阮元校刻：《十三經注疏·周禮注疏》，北京：中華書局，1980年：第804～805頁。

〔註55〕參見〔漢〕許慎著，段玉裁注，許惟賢整理：《說文解字注》，南京：鳳凰出版社，2007年：第801頁。

〔註56〕參見林忠軍：《〈易緯〉導讀》，濟南：齊魯書社，2002年：第124頁。

〔註57〕參見孟乃昌，孟慶宣輯編：《〈周易參同契〉三十四家集萃》，北京：華夏出版社，1993年：第35頁。

理學理氣（器）之辯在易學方面的延伸。而這也是由《周易》一書的特殊性質決定的。

《周易》是筮占參考書，而筮占屬於數字占。《易傳》所述的「大衍筮法」就是用四十九（即「大衍之數」五十，其一不用象太極）根蓍草，通過分、掛、揲、扐得到一組數字組合。再根據天數奇、地數偶的原則，把所得到的筮數組合轉化成卦畫。三畫的八經卦對應天、地、雷、風、水、火、山、澤八種物象。六畫的別卦由兩個三畫卦上下疊加而成，每個別卦對應上下兩個卦象。這樣數字占（觀察數字奇偶組合推測吉凶）就轉化為象占（觀察卦象之間的關係推測吉凶）。《周易》古經又有六十四條卦辭和三百八十六條爻辭（含乾用九、坤用六），可以直接用於筮占參考。通過卦爻辭直接推測吉凶悔吝，可以稱之為辭占。而《周易》與其他卜筮之書不同。聖人「作卦」「重爻」「繫辭」並非僅僅為了言說吉凶悔吝的占驗之辭。卦爻辭中還蘊含著基於天尊地卑的貴陽抑陰、君主臣從、褒揚君子之道而貶抑小人之道等「聖人之意」。

帛書《易傳》《要》篇記載了孔子關於史巫易、儒門易之間的「數德」之辨，開啟後世學者辯言象意、氣數理的先聲。傳本《易傳·繫辭》也有「辭、變、象、占」四道不廢之說。關於言、象、意三者的關係，《繫辭傳》載：

> 子曰：「《書》不盡言，言不盡意。」然則聖人之意，其不可見乎？子曰：「聖人立象以盡意，設卦以盡情偽，繫辭焉以盡其言，變而通之以盡利，鼓之舞之以盡神。」

這是說，孔子認為《尚書》所記聖人之言殘缺不全，聖人之意沒有得到很好地彰顯。而《周易》通過聖人「立象」「設卦」「繫辭」能夠「盡其言」，從而聖人之意得到完備地彰顯。

儒家經典都算不上直接講哲理的書，《周易》和其他經典又不同，因為它有一套與卜筮揲蓍演數而成的卦爻符號系統和觀象繫辭而成文字系統。《周易》又與其他卜筮之書不同，不僅僅是簡單的關於吉凶悔吝的卜筮記錄。《周易》作者在編撰卦爻辭時，總結了當時人們有關自然界、人類社會的經驗、知識、價值觀等，從而蘊含著豐富的哲學思想。後世學者關於象數與文辭、吉凶與德義之間何者更為根本的爭論此起彼伏。

帛書《要》篇所載孔子和子貢的對話代表了《易傳》成書時代人們的爭論。從史巫用《易》之角度看，《周易》是決疑、趨吉避凶的卜筮之書。而不能否認的是，《周易》卦爻辭中保留的格言警句和歷史典故無疑蘊含著義理。

這正是孔子重視《周易》的地方。孔子認為《周易》中保留大量「古之遺言」。君子據此觀象玩辭，贊數達德，從而「德行焉求福」「仁義焉求吉」。因此，帛書《要》載其言曰：「《易》，我後其祝卜矣，我觀其德義耳也」〔註58〕。傳本《易傳》，將孔子對《周易》古經的認識，全面地歸納為包含辭、變、象、占的「聖人之道四」，即《繫辭傳》所謂：「以言者尚其辭，以動者尚其變，以製器者尚其象，以卜筮者尚其占。」關於卦象與聖人言意之關係，《易傳》認為《周易》之所以能補《尚書》之缺，即在於《周易》設卦觀象之不同於《詩》《書》等其他經典中的言辭。孔子認為《尚書》所載聖王之言辭，只是聖王言辭很少一部分，大部分並未記載或載而復失。況且聖王言辭未必完全能表達出聖王之心意，而《周易》通過立象可以完整傳達聖王之心意。這是說史書記錄聖人之言是有限的，所記錄聖人言論未必能充分表達聖人之意。而治易則可以通過立象、設卦、繫辭來盡聖人之言、達聖人之意。〔註59〕

然而，漢儒為了迎合現實政治需要，依據《易傳》和當時流行的物候、曆法等知識，發展出一套象數體系，推論災異，指導時政。釋《易傳》文字，望文生義，衍生出許多《易傳》所沒有的釋經體例，諸如互體、卦變、納干、納支之類。東漢經學家雖不以推論陰陽災異為務，但是，仍然沿用西漢象數易學體例，並發展出更多的象數體例以疏通經文，穿鑿附會，象外生象。魏晉玄學對於現實政治不感興趣，企圖在儒家名教體系內，實現內在的自然超越。玄學家釋經從關注史巫象數轉至聖人言意。如王弼《周易略例·明象》批評道：「義苟在健，何必馬乎？類苟在順，何必牛乎？」並總結漢代象數釋經的弊端為「一失其原，巧喻彌甚。縱復或值，而義無所取」。〔註60〕

王弼反對執著於具體的易象，反對以繁瑣的象數體例，諸如互體、卦變、納甲、飛伏、卦氣、爻辰，乃至干支五行、乾坤升降、陰陽流轉、消息旁通等，來釋經。然而王弼又主張忘象、忘言而存意，這顯然不同於《繫辭傳》，而同於老莊貴無之玄言。王弼所謂「忘象以求其意，義斯見矣」，顯然是針對

〔註58〕引自廖名春：《帛書〈要〉篇「夫子老而好《易》」章新釋》，載《周易研究》2008 年第 4 期：第 24 頁。

〔註59〕可參閱《易傳·繫辭》文：「子曰：『《書》不盡言，言不盡意。』然則聖人之意，其不可見乎？子曰：『聖人立象以盡意，設卦以盡情偽，繫辭焉以盡其言，變而通之以盡利，鼓之舞之以盡神。』」

〔註60〕參見〔魏〕王弼著，樓宇烈校釋：《王弼集校釋》，北京：中華書局，1980 年：第 609 頁。

漢代繁瑣的象數易學而言。至於《四庫總目提要》所謂「王弼盡黜象數」，又言過其實。實際情況是，王弼《周易注》釋經，由象尋言，由言求聖人之意。

唐宋儒者面臨著佛道二教心性之學興盛造成的儒門清淡局面，普遍重視融會《中庸》《易傳》中「性與天道」的思想材料。無論是義理易學還是象數易學，主要以儒理釋經，是宋代易學的主流。與先秦、漢唐儒學不同，理和氣成為宋明理學的重要範疇。用理和氣重新解釋和改造易學史上諸如象、數、天道等範疇是宋代義理易學的重要特徵。而理或天理則成為聖人之意的代名詞。與漢唐象數派以象數解《易》的傳統相比，宋儒在釋經形式上變化很大。即便宋易中的象數派也出現了某些義理派的特徵。宋易象數學以劉牧和邵雍等為代表，不講天人感應、陰陽災異以及讖緯迷信，而是將漢易的象數學進一步數理化。宋儒發明各種位圖式，解說易學中的範疇和命題。而這些範疇命題基本上還是漢代象數易學提出的。在宋代易學中，圖書易派的一個重要特點就是以位圖代替文字、數字，理論上並無多少實質上的創新。從這個意義上講，毋寧說這是宋代印刷術普遍應用在學術上引起的變化而已。

（五）治《易》之法

《周易》並不是一部識字明理的普通經書，而是一部用來輔助判斷筮占結果的工具書。筮占是古人決疑的一種方術，不懂這種方術的人很難弄明白《周易》。《周易》被孔子作為經典傳授給儒家後學而得以流傳。孔子曾說，如果自己在五十歲之前若干年就開始學習《周易》，人生就可以不會有大的過錯。看來，孔子直到晚年才開始學習《周易》。他的很多弟子可能沒有接觸過這部經典。關於學易、治易的方法、門徑，《易傳》中已經有所探討。歷代易學家也有類似的討論。《易傳》關於學易、治易的方法、門徑討論保存在《繫辭傳》中。

易學史有上兩件大事，就是所謂「伏羲畫卦」和「文王繫辭」。從詞義來看，「繫」是指繫屬之義。《周易》就是文王繫辭的成果，在這個意義上《繫辭傳》也可稱為「文王繫辭傳」。而司馬遷《史記》曾稱《繫辭傳》為《易大傳》。〔註61〕《繫辭傳》通論全經，主要篇幅是解釋與易學相關的重要術語和原理。《繫辭傳》首先回顧了易學史，交代了伏羲作易八卦、文王繫辭（選編排列卦爻辭）的歷史背景、歷史意義以及卦爻辭的結構、體例和德義，介紹了占

〔註61〕《史記·太史公自序》云：「《易大傳》：『天下一致而百慮，同歸而殊塗。』」參見〔漢〕司馬遷撰，〔宋〕裴駰集解，〔唐〕司馬貞索引，〔唐〕張守節正義：《史記》（卷一百三十），北京：中華書局，1999年：第2485頁。

筮的哲學依據、占筮的原理、揲蓍成卦的筮法，以及陳述並強調了孔子「觀其德義」、「三陳九卦」之語等。《易傳‧繫辭》也有若干章，內容與學《易》方法、關鍵、路徑以及治《易》的宗旨有關。略述如下：

首先，《繫辭傳》認為，對於卦爻辭和占斷吉凶之法要反覆揣摩。《周易》文辭並非直接講道理，並非僅僅通過文字訓詁就可以明白其中道理。因此，學《易》始於觀象玩辭，終於觀變玩占。所謂觀、所謂玩就是要反覆體會、揣摩。對於《周易》成書，《繫辭傳》認為是由設卦、觀象、繫辭而成。學易、治易也要循著這一過程，才能準確理解古經。剛柔相推相當於晝夜交替等，古人認為人只有順從天地之道，順從大自然之剛柔相推才能獲得吉利，所謂順之者昌而逆之者亡。人之進退屈伸和晝夜剛柔相交疊，就出現了吉凶悔吝之象。君子學易，居則觀象玩辭；有所行動則觀變化、占吉凶。易之「聖人之四道」，都包含在內而不偏不頗。

乾坤二卦是理解《周易》的關鍵。《周易》六十四卦首列乾坤，以彰顯天尊地卑、乾健坤順之大義。乾坤二卦卦爻辭的編撰體例最具規律，可以作為他卦卦爻辭編撰體例的典範。《繫辭傳》載：「子曰：『乾坤，其《易》之門耶！』乾，陽物也；坤，陰物也。」六十四卦，陰陽錯綜而成，演繹著自然界陰陽消息之道。而乾坤則分別是陰陽的代表。人效法天地之道，無非是乾健坤順而已。正如《繫辭傳》所謂「其稱名也小，其取類也大。其旨遠，其辭文」。所謂「門」就是路徑、通道之義。可見，乾坤二卦對於學易之重要。歷代易學家都非常重視乾坤二卦。孔子贊《易》之《文言傳》，只有乾坤二卦才有，而於《乾文言》最為詳盡。這也是《繫辭傳》反覆強調「乾坤其《易》之蘊」「乾坤毀則無以見《易》」的原因之所在。而所謂「蘊」就是指精神實質而言，這是認為學《易》成而上者得君子之道，「潔淨精微而不賊」〔註62〕；成而下者無非史巫之術。聖人則神道設教，「化裁」「推行」而天下服。

《繫辭傳》還指出了諸爻之特點，中爻、彖辭的重要意義等。《繫辭下》載：「《易》之為書也，原始要終，以為質也。六爻相雜，唯其時物也。其初難知，其上易知，本末也。初辭擬之，卒成之終。若夫雜物撰德，辯是與非，則非其中爻不備。噫！亦要存亡吉凶，則居可知矣。知者觀其彖辭，則思過半矣。二與四同功而異位，其善不同；二多譽，四多懼，近也。柔之為道，不利

〔註62〕語出《禮記‧經解》，參見〔清〕阮元校刻：《十三經注疏‧禮記正義》，北京：中華書局，1980年：第1609頁。

遠者；其要无咎。其用柔中也。三與五同功而異位，三多凶，五多功，貴賤之等也。其柔危，其剛勝耶？」研究《繫辭傳》可以吸收古人學易、治易的經驗。特別是對於漢唐以降的學者，由於古代大部分易學資料遺失殆盡，《繫辭傳》成為研究古代卜筮的最重要資料。儘管《易傳》產生於古經成書數百年之後，《易傳》本身仍然是最為接近《周易》古經時代背景的釋經資料。

至於《說卦傳》《序卦傳》《雜卦傳》，它們的內容本身就是學習和理解古經的重要資料。《說卦傳》講解八卦之於時間空間、天地萬物、社會家庭等的取象關係。對於理解古經比類推理的思維模式，理解八卦各自的特性以及八卦之間的分類原則都有重要意義。《序卦傳》揭示六十四卦與天地化生萬物、社會等級秩序以及社會生活之間的符示關係。既便於檢索卦爻辭，領會成卦之義，又便於從整體上理解六十四卦之間的關係。《雜卦傳》以韻文形式總結了六十四卦每一卦的特性。既便於理解六十四卦的特性，又便於記憶六十四卦卦名。

（六）治《易》宗旨

帛書《易傳》《要》篇所謂：「《易》，我後其祝卜矣！我觀其德義耳也」，可以作為孔子治《易》的宗旨。傳本《易傳·說卦傳》第一章的內容，和帛書《易傳》《要》篇大旨是一致的。這一段類似的文字，可以幫助理解《要》篇孔子的話。所謂「贊而不達於數，則其為之巫」，是說巫只能借助蓍之神明，趨吉避凶於一時。所謂「數而不達於德，則其為之史」，是說史則能參天兩地發現事物之定數。「幽贊而達乎數，明數而達乎德」，是孔子治《易》則是要達到目的。所謂「達乎德」之「德」，就是得，即得之於天命。得之於天命，則是「達乎德」。此深刻含義與《說卦傳》所謂「和順於道德而理於義，窮理盡性以至於命」具有大致相同的意蘊。所謂數，指天地萬物運行之中，冥冥之中先天注定的運數。古人以為，天地萬物各有其天命，表現為先天之定數。這是中國先民宿命論或決定論哲學的樸素表述。例如，天三地兩，天奇地偶。又如，漢儒將特定的數字賦予八卦、五行等等。《易緯》中把聖人天命、朝代更迭數字化則是這一哲學的極致。相對而言，儒者重視的是可用於修身養性的德義，祝史所陳的是依據禮儀制度的死板之度數。〔註63〕又，《左傳·僖公

〔註63〕《禮記·郊特牲》云：「禮之所尊，尊其義也。失其義，陳其數，祝史之事也。故其數可陳也，其義難知也。知其義而敬守之，天子之所以治天下也。」參見〔清〕阮元校刻：《十三經注疏·禮記正義》，北京：中華書局，1980年：第1455頁。

十五年》記載，韓簡曾說：「先君之敗德，及可數乎？史蘇是占，勿從何益？」〔註64〕韓簡認為，如果德行敗壞，就是占卜獲吉也毫無意義。因為敗德之人難以達數，失德之人天命不祐。正如帛書《易傳》《要》篇所謂「君子德行焉求福，故祭祀而寡也；仁義焉求吉，故卜筮而稀也」。這是說君子不是完全排斥祝卜，而是修德行以求福，施仁義以求吉，從而寡祝而稀卜。也就是說，以弘揚君子之道為宗旨。

　　傳本《易傳》充分體現了孔子弘揚君子之道的宗旨。《彖傳》《小象傳》釋經主要從剛柔中正出發以疏通經文。在孔子《易傳‧大象傳》中，六十四卦中有五十餘卦之《象傳》，文辭都直接喻以君子之道。《文言傳》反覆鋪陳乾坤二卦卦爻辭之於君子修德的重要意義。《繫辭傳》除簡要介紹了揲蓍成卦的筮法外，大量篇幅陳說聖人設卦繫辭的目的、意義，交代文王繫辭的歷史背景和憂患惕懼、崇德安民的王道精神。特別是「三陳九卦」之德，可謂儒者觀象玩辭的典範。《序卦傳》一則陳說六十四卦卦序所符示天地化生萬物，再則強調男女、夫婦乃人倫之大道。《易傳‧雜卦傳》雖然不被多數學者重視，但是，其保留關於六十四卦之雜德，淵源甚古。它以韻文的形式陳說六十四卦之雜德，不僅便於記憶，而且概括精準。唯有《說卦傳》象數內容較多的，卻只是簡單羅列卦象。《易傳》如此安排，完全符合所謂帛書《易傳》之《要》篇中孔子所謂「後其祝卜，觀其德義」的釋經旨歸。

　　《易傳》之後，漢代經學成為主導主流意識形態的官學。漢代易學深受當時學風的浸染，將《周易》的卦爻象數形式與天文曆法結合在一起，推陰陽災異，論治道得失。玄學家釋《易》繼承了《易傳》注重發揮義理的釋經傳統，卻以貴無尚自然為旨歸。理學家釋《易》，首先批評並拋棄了象數易學的今文經學風格，拋棄了玄學易之貴柔處弱的道家旨歸，而以回歸先秦儒家易學為主觀意圖，以繼承孔孟大道為宗旨。

第二節　張載的易學觀

一、聖人作易

　　宋人疑經非是針對聖人、聖經。他們質疑的主要是漢唐儒者對聖經「錯

誤」地編撰和注解，質疑的是漢唐儒者（包括玄學和魏晉以降玄學化的經學）對聖人之意的曲解。例如，歐陽修並非懷疑孔子曾經整理過《易傳》，歐陽修懷疑的是後世儒者假託聖人之名，在《易傳》中摻入了講師之言，或其他不經之辭。張載是以道德名世的儒家學者，總是以信仰的態度看待儒家的聖人和聖經。在北宋時期的疑古思潮中，張載懷疑的不是儒家的聖人史觀和聖經，而是漢唐學者對於聖人境界和儒家經典中聖人之意的解讀。

關於《周易》經傳，張載認為都是聖人所作。首先，張載對於《易經》文字，常常稱「聖人曰」。如釋《坎・九五・象》曰：「險難垂出而下比於四，不能勉成其功，光大其志，故聖人惜之曰『祗既平，无咎』而已矣，不能往有功也。」〔註65〕其中「祗既平，无咎」，正是古經坎卦九五爻的爻辭。

張載認為《易傳》皆是聖人所作。如釋《歸妹・彖》「歸妹，人之終始，說以動，所歸妹也」時說：「『說以動』須是歸妹，聖人直是盡人情。」〔註66〕這是明言《彖傳》為聖人所作。

張載對於《文言傳》格外重視，其中對於《乾文言》的注解尤為詳盡。《易傳》中共有「子曰」三十處，主要分布在《繫辭傳》和《乾文言》中。儒者一般認為這是孔子講解古經的話。這些引語充滿了憂患意識和進取精神，主要從「君子進德修業」的角度闡發卦爻辭的微言大義。反映了孔子治易「觀其德義」的宗旨。張載完全繼承了這一宗旨。孔子贊《易》乾坤二卦的《文言傳》和《繫辭》中孔子「三陳九卦」，都是闡發進德修業的君子之道。張載推而廣之，注解此十一卦之外的五十三卦卦爻辭時，也常常闡發進德修業的君子之道。而且直接以孔子、顏子、孟子的德行境界解釋乾卦六爻爻辭。把乾卦六爻爻辭直接闡發為學者學而至聖的工夫路徑和境界。

至於《序卦傳》，張載曾說：

《序卦》相受，聖人作易，須有次序。

《序卦》無足疑。

《序卦》不可謂「非聖人之蘊」，今欲安置一物，猶求審處，況聖人之於《易》！其間雖無極至精義，大概皆有意思。觀聖人之書，須布遍細密如是，大匠豈以一斧可知哉！〔註67〕

〔註65〕參見《張載集・橫渠易說》，第122頁。
〔註66〕參見《張載集・橫渠易說》，第161頁。
〔註67〕參見《張載集・橫渠易說》，第238頁。

張載所謂「非聖人之蘊」，大概是指韓康伯對《序卦》所謂「非《易》之緼也」的評價。孔穎達《周易正義》載：

> 韓康伯云：「《序卦》之所明，非《易》之緼也。蓋因卦之次，託象以明義。」不取深緼之義，故云「非《易》之緼」，故以取其義理也。今驗六十四卦，二二相耦，非覆即變。覆者，表裏視之，遂成兩卦。屯蒙、需訟、師比之類是也。變者，反覆唯成一卦，則變以對之。乾坤、坎離、大過頤、中孚小過之類是也。且聖人本定先後，若元用孔子《序卦》之意，則不應非覆即變，然則康伯所云「因卦之次，託象以明義」，蓋不虛矣。〔註68〕

《周易》古經六十四卦之間內容相互獨立，將六十四卦次序打亂並不影響《周易》的作為卜筮參考資料的功能。馬王堆帛書《易經》的卦序就和傳本《周易》的卦序不同。西漢易學家京房將六十四卦按金木水火土五行屬性分為八宮卦，每一宮又按八純卦、一世卦、二世卦、三世卦、四世卦、五世卦、遊魂卦、歸魂卦的順序排列。京房重新組合六十四卦卦序是出於占驗吉凶的需要。而傳本《周易》六十四卦卦序符示了儒家天地合氣化生萬物的世界圖式，符示了始於男女之別終於君臣上下的社會秩序。甚者，六十四卦每卦六爻之間也是相對獨立的。將一卦之六爻的次序打亂也不影響《周易》的作為卜筮參考資料的功能。而《周易》古經一卦六爻是按照天地人三才的上下、內外、終始等依次排列，反映了周初時代人們的世界觀和人生觀。周人的這些哲學觀點，就存在於《易傳》解釋古經的三才說和三才之道說中。這也許就是《漢書‧藝文志》所謂文王「重《易》六爻」的內涵。韓康伯所謂《序卦》之所明，非《易》之緼也」，是認為《序卦》所明六十四卦相次之義理不是聖人作《易》的深層意義，也許只是為了方便記憶而已。孔穎達認同韓康伯的觀點，並補充道：「今驗六十四卦，二二相耦，非覆即變。」顯然，孔穎達認為「二二相耦，非覆即變」才是序卦的本質特徵。又說：「若元用孔子《序卦》之意，則不應非覆即變。」「二二相耦，非覆即變」是《周易》卦序的象數特徵，與卦序所蘊含的儒家義理相比較，是更為根本的特徵。而張載不認同韓、孔二人的觀點也是有道理的。只不過，張載是從信仰的態度出發駁斥韓、孔的觀點。事實上，孔穎達所謂「二二相耦，非覆即變」，只是三十二對卦每對兩卦

〔註68〕參見劉玉建撰：《〈周易正義〉導讀》，濟南：齊魯書社，2005年：第441頁。

之間符合「二二相耦，非覆即變」。三十二對卦對對之間並沒有顯著的象數特徵。《序卦傳》明確三十二對卦對對之間的相次之義依然有存在的價值。也就是說《序卦》所明的六十四卦之間的相次之義依然是有意義的，它的意義就是把儒家的價值觀建立在三才說的世界觀之上。

至於《繫辭傳》，張載曾說：「《繫辭》所舉易義，是聖人議論到此，因舉易義以成之，亦是人道之大且要者也。」〔註69〕釋《繫辭傳》「知幽明之故」曰：「聖人仰觀俯察，但云『知幽明之故』，不云『知有無之故』」。〔註70〕張載從經驗主義的角度出發，認為世界萬物是真是存在的，因幽明而或可見或不可見，因而道家有無之辯是個假命題。張載又說《繫辭傳》是「聖人與人撰出一法律之書」〔註71〕，並曾明確指出《繫辭傳》為「夫子所造」。其解釋《繫辭上》「《易》與天地準，故能彌綸天地之道」時，明言「此語必夫子所造」〔註72〕。張載釋《繫辭傳》有謂：「易說制作之意蓋取諸某卦，止是取其義與象契，非必見卦而後始有為也，然則是言夫子之言爾。」〔註73〕張載認為《繫辭傳》所謂「觀象制器」之文，為夫子之言。張載曾經質疑《繫辭傳》所謂「天一，地二；天三，地四；天五，地六；天七，地八；天九，地十」一句的位置，認為「此語恐在『天數五，地數五』處」。又說：「然聖人之於書，亦有不欲並一說盡，慮易知後則不復研究，故有易有難，或在此說，或在彼說，然要終必見，但稗學者潛心。」〔註74〕張載認為，也可能是《繫辭傳》原文即如此。因為聖人之言也存在不在一處說盡的情況，目的是希望學者不斷深入、潛心研究。顯然，張載此論有維護《繫辭傳》地位的用意。事實上，易學史上許多學者都有類似的觀點。如程頤也認為此處「簡編失其次也」〔註75〕。據此，朱熹在《周易本義》中改訂文本。李光地《周易折衷》也採用這一說法。又，班固《漢書·律曆志》曾引《繫辭傳》之文，這段話

〔註69〕參見《張載集·橫渠易說·繫辭上》，第176頁。
〔註70〕參見《張載集·橫渠易說·繫辭上》，第182頁。
〔註71〕參見《張載集·橫渠易說·繫辭上》，第182頁。
〔註72〕參見《張載集·橫渠易說》，第181頁。
〔註73〕參見《張載集·橫渠易說》，第214頁。
〔註74〕參見《張載集·橫渠易說》，第198～199頁。
〔註75〕程頤認為：「自『天一』至『地十』，合在『天數五，地數五』上，簡編失其次也。天一生數，地六成數。才有上五者，便有下五者。二五合而成陰陽之功，萬物變化，鬼神之用也。」參見《二程集·程氏經說》（卷一《易說·繫辭》），第1030～1031頁。

就與下文「天數五，地數五，五位相得而各有合」相連。〔註76〕可見張載、程頤所謂錯簡之說還是可信的。

總之，張載於《周易》經傳作者多稱聖人，認同易學史上「聖人作易」的說法。

二、《易》為君子謀

《易傳・繫辭》認為《周易》是一部講聖人神道設教的典籍，它有四種聖人之道：第一，言者可據其文辭；第二，有所行動者可據其陰陽消息；第三，觀象制器；第四，卜筮者可據以占斷吉凶。然而，《易傳》更強調《周易》是憂患之書，是道德訓誡之書，讀《易》要於憂患惕懼中提高道德境界，以此作為化凶為吉的手段。因此。張載認為：「《易》為君子謀」。又說：「占非卜筮之謂」、「《易》非止於數」等。

《橫渠易說》釋：「《易》有聖人之道四焉：以言者尚其辭，以動者尚其變，以製器者尚其象，以卜筮者尚其占」，曰：

> 辭、變、象、占，皆聖人之所務也，故易道具焉（一本無「易道具焉」四字，有「故曰神而明之，存乎其人」十字）。
>
> 尚辭則言無所苟，尚變則動必精義，尚象則法必致用，尚占則謀必知來，四者非知神之所為，孰能與於此！
>
> 知德之難言，知之至也。孟子謂「我於辭命則不能」，又謂「浩然之氣難言」，《易》謂「不言而信存乎德行」，又以尚辭為聖人之道，非知德，達乎是哉？〔註77〕

可見，關於《周易》一書性質，張載認同《易傳》的觀點：「辭、變、象、占」四道不廢。與《易傳》一樣，張載更看重《易》之言「性與天道」。《繫辭傳》所謂「聖人之道四焉」，這是說，言說者可以依據《周易》中的文辭引經據典；有所行動者，可以依據《周易》變化之道而與時偕行；製造器物者可以模擬《周易》中所述天地萬物之形象；卜筮者可以參考《周易》的卦爻辭用來占斷吉凶。其中，立言、製器都是聖人之造作。對於一般的士人來說，可以通過觀象玩辭，體會古之遺言中的聖人之意，用來涵養心性；有所

〔註76〕參見〔漢〕班固：《漢書・律曆志》卷二十一，北京：中華書局，1962 年：第983 頁。
〔註77〕《張載集・橫渠易說》，第 198～199 頁。

行動，可以法象天地之道，卜筮決疑指導人生實踐。總之，就是認為《周易》是用以成就君子人格的經典。《周易》之所以是成就君子人格的書，《說卦傳》載：「昔者聖人之作易也，將以順性命之理。」「尚占」是《周易》中的四道之一，《易傳》並不否認《周易》可以用於卜筮者參考以占斷吉凶的功能。但是，卜筮不僅僅可以參考《周易》，還有其他筮書可供參考。而且，占斷吉凶也並非必須通過卜筮。《張載集・橫渠易說》釋《繫辭傳》「觀其象玩辭」「觀變而玩占」，曰：

> 占非卜筮之謂，但事在外可以占驗也，觀乎事變，斯可以占矣。
> 〔註78〕

這裡，張載認為「觀乎事變」也可以占斷吉凶。而且隨著人們知識、經驗的日漸豐富，需要通過卜筮來決疑的事情越來越少，卜筮的地位和作用自然而然地逐漸降低了。

張載所謂「占非卜筮之謂」，是對先秦儒家經典的準確把握。《周禮・春官・宗伯》有：「凡卜筮，君占體，大夫占色，史占墨，卜人占坼」〔註79〕。《白虎通義・蓍龜篇》引作：「凡卜筮，君視體，大夫視色，士視墨。」〔註80〕《說文解字》曰：「占，視問兆也，從卜從口。」〔註81〕可見，卜筮中的占，本義為觀察兆、卦，判斷並說出吉凶。在先秦文獻中，「占」已經不專用於龜卜。其他推測吉凶之術也稱「占某」或「某占」，如，占星、星占。《禮記・月令》說：「是月也，命太史釁龜筴，占兆審卦吉凶。」〔註82〕這裡的「占」「審」互訓，指觀察兆象，判斷吉凶。可見，「占」只是整個卜筮過程中的一個步驟，並不等同於卜或筮。又，《尚書・洪範》載：

> 七、稽疑：擇建立卜筮人，乃命卜筮。曰雨，曰霽，曰蒙，曰驛，曰克，曰貞，曰悔，凡七。卜五，佔用二，衍忒。立時人作卜

〔註78〕 參見《張載集・橫渠易說》，第 180 頁。

〔註79〕 參見〔清〕阮元校刻：《十三經注疏・周禮注疏》，北京：中華書局，1980 年：第 805 頁。

〔註80〕 參見〔清〕陳立著：《白虎通疏證》（新編諸子集成），北京：中華書局，1994 年：第 334 頁。

〔註81〕 參見〔漢〕許慎著：《說文解字注》，段玉裁注，許惟賢整理，南京：鳳凰出版社，2007 年：第 227 頁。

〔註82〕 參見〔清〕阮元校刻：《十三經注疏・禮記正義》，北京：中華書局，1980 年：第 1381 頁。

　　　筮，三人占，則從二人之言。〔註83〕

所謂卜五即雨、霽、蒙、驛、克五種命事之辭，所謂佔用二即貞（靜、固守
等）、悔（改變現狀、行動等）兩種建議。所謂「三人占則從二人之言」，就是
在兆、卦形成後，由三人審視兆、卦，結合以往卜筮記錄判斷吉凶。最後結果
要依據少數服從多數的原則得出。後世學者誤解了「占」的含義，把「占」等
同於「卜」或「筮」，並把「三人占」與《周禮》所謂的「三兆之法」、「三易
之法」結合起來，於是就有了每卜則「三兆之法」兼用，每筮則「三易之法」
也兼用的錯誤說法。

　　筮占屬於數字占。三個數字的奇偶組合有八種，根據天數奇而地數偶畫
出八卦，六個數字的奇偶組合有六十四種，同理，可以畫出六十四卦。筮占
是將數字的奇偶組合轉化為八卦之象，這樣數字占轉化為象占。我們推測筮
佔有一個由簡單到複雜的發展過程。一個數字或奇或偶，對應天地之象。天
奇地偶，天外地內，天動地靜；人法象天地，或「用靜」或「用作」，或「作
內」或「作外」。〔註84〕兩個數字的奇偶組合有四種，對應春夏秋冬四時之元
亨利貞；人事法象四時之德，而有仁義禮智。三個數字的奇偶組合成八卦，
八卦各有其德，各有其象。六個數字的奇偶組合成六十四卦，諸卦亦各有其
象，各有其德。筮占以人們的天文曆法知識為前提，以人事本於天道的為旨
歸。通過參考《周易》卦德、卦象、卦爻辭，不僅可以進行筮占，也可以進行
象占、德占、辭占，乃至張載所謂理占。略述如下：

　　第一，象占。象占的思維方式屬於比類推理，從現有文獻看，在春秋時
期最為流行。如乾的取象有天、君、父、金、玉等，坤的取象有土地、馬、
母、眾、帛等。貞卦、悔卦各有兩個八純卦卦象，再根據這四個卦的卦象之
間的關係，推斷吉凶。如《左傳》閔公二年：「……筮之，遇大有之乾，曰：
『同復於父，敬如君所』」。所謂「大有之乾」就是指大有卦六五爻，爻辭是
「厥孚交如，威如，吉」。但是，筮人判斷吉凶並沒有直接用這一爻辭，而
是取本卦和之卦的卦象作為占斷吉凶的依據。大有卦變乾卦，是別卦大有上
卦離變乾。離卦有臣子象而乾卦有君父象。據此，筮者以為成季將來能回覆

〔註83〕參見〔清〕阮元校刻：《十三經注疏・尚書正義》，北京：中華書局，1980年：
　　　　　第191頁。
〔註84〕「用靜」「用作」「作內」「作外」見《尚書・周書・洪範》。參見〔清〕阮元
　　　　　校刻：《十三經注疏・尚書正義》，北京：中華書局，1980年：第313頁。

到與他父同樣的官爵。故杜預注為:「乾為君父,離變為乾,故曰同復於父,見敬與君同。」〔註85〕

　　第二、德占。春秋時期人們已經不再完全依靠卜筮進行決策,而是考慮更多其他的因素,其中重要的一個方面就是德。《周易》反映了周人的重德重民的思想。卦爻辭以「元亨利貞」德辭為基,用《周易》占卦自然講德。德占就是考慮到卜筮者本身的德行和所要卜筮之事的善惡問題。例如《左傳·襄公九年》載穆姜筮遇《艮》之八,史曰:「是謂艮之隨」。按照隨卦之義,她應該出奔。穆姜卻認為卦辭雖吉,但只有具備「元亨利貞」四德的人當此。而她自己做了許多惡事,沒有此四德,即使筮得此吉卦,難免無咎。〔註86〕

　　第三,辭占,即根據《周易》的卦爻辭推斷吉凶。按《易傳·繫辭》所載筮法,用「大衍之數」四營十八變而後依次得到或七或八或九或六的六個數字,這六個數字由下而上依次排列成一個「數字卦」或稱「筮數組合」,這樣的數字組合共有四千零九十六個。其中九、七是奇,數用陽爻「—」表示;六、八是偶數,用陰爻「− −」表示,這樣四千零九十六個筮數組合就可以轉化為六十四卦。九和六分別是老陽、老陰,是變爻。七和八分別是少陽、少陰,是不變爻。賈公彥《周禮疏》云:「夏、殷以不變為占,《周易》以變為占。」〔註87〕也就是說,如果一個筮數組合中含有一個變爻九或六,就可以在《周易》古經中查到相應的卦爻辭,以推斷吉凶悔吝。如果一個筮數組合由六個九或六個六,就是可以用乾卦「用九」、坤卦「用六」推斷吉凶悔吝。《周易》共有六十四條卦辭和三百八十六條爻辭可供參考。如果一個筮數組合中含有二、三、四、五個變爻九或六,在《周易》古經中就沒有相應的卦爻辭。也就是說,在絕大多數情況下(概率約為0.89)筮占得到筮數組合在《周易》中找不到相應的卦爻辭用以推斷吉凶。這種情況下就要參考其他筮書或用象占等方法推斷吉凶。從《左傳》《國語》所載筮例看,《周易》卦爻辭是筮史們斷定吉凶的主要根據。實際上,象占、德占、辭占三法常常配合使用。

〔註85〕 參見楊伯峻:《春秋左傳注》,北京:中華書局,1993年第2版:第263～264頁。

〔註86〕 參見楊伯峻:《春秋左傳注》,北京:中華書局,1993年第2版:第964～965頁。

〔註87〕 參見〔清〕阮元校刻:《十三經注疏·周禮注疏》,北京:中華書局,1980年:第802頁。

　　從《繫辭傳》關於占的文字，也可知「占非卜筮之謂」。因為《周易》以爻變為占，故卜筮者有所行動則觀其爻變而推斷吉凶。《繫辭下》所謂「象事知器，占往知來」，就是根據以往經驗推斷未來吉凶。張載認為占和卜筮不是一回事，故《張載集‧正蒙‧大易篇》說：「尚辭則言無所苟，尚變則動必精義，尚象則法必致用，尚占則謀必知來，四者非知神之所為，孰能與於此？」〔註88〕張載認為，卜筮觀兆象可占吉凶，明瞭易之道「觀乎事變」也可以占吉凶。在史巫之卜筮活動中，占的依據主要是觀察兆象之象占，和綜合從前的卜筮記錄推斷吉凶之辭占。張載認為儒者明白善惡之義、進退之道，不必卜筮也可占斷吉凶。這裡已經蘊含著依據道義推斷吉凶的德占、理占之法。張載認為，君子可以依據《周易》「動則觀其變而玩其占」，從而獲得天祐。即便是「百姓之愚」，只要能「畏信於《易》」，也可以獲助得天祐。然而，聖人則不僅可以通過卜筮獲得幾微之兆，還可於陰陽不測處、於夢寐、於人事之變等識得幾微之兆，從而獲得先機。又，《張載集‧橫渠易說‧繫辭上》釋「《易》有聖人之道四焉」，曰：

　　　　人於龜策無情之物，不知其將如何，惟是自然莫或使之然者，
　　　陰陽不測之類也。己方虛心以鄉之，卦成於爻以占之，其辭如何，
　　　取以為占。聖人則又於陰陽不測處以為占，或於夢寐，或於人事卜
　　　之。然聖人於卜筮亦鮮，蓋其為疑少故也。〔註89〕

這是因為，聖人窮理盡性，與時偕行，至誠而與天地陰陽感通為一，時行時止，無不合於天地之道。行止更無疑惑，不必卜筮以決疑。如《正蒙‧乾稱篇》載：

　　　　天包載萬物於內，所感所性，乾坤、陰陽二端而已，無內外之
　　　合，無耳目之引取，與人物蕞然異矣。人能盡性知天，不為蕞然起
　　　見，則幾矣。〔註90〕

這是說，聖人盡性知天則能不為耳目之見、物理私欲所蒙蔽，從而明瞭屈伸二端之理，隨時可以於人事之變化處，識得幾微之兆而不用卜筮。況且，君子追求仁義道德，吉凶有所不避。正如《正蒙‧大易篇》所謂：「又有義命當吉當凶、當否當亨者，聖人不使避凶趨吉，一以貞勝而不顧。」〔註91〕這

〔註88〕參見《張載集‧正蒙》，第49頁。又見《張載集‧橫渠易說》，第198頁。
〔註89〕參見《張載集‧橫渠易說》，第198～199頁。
〔註90〕參見《張載集‧正蒙》，第63頁。
〔註91〕參見《張載集‧正蒙》，第54頁。

種理解，是將人的決策行為從舊的卜筮決疑上升到對人事善惡的理性追求。將懲惡揚善置於趨吉避凶之上，將道義置於利益之上，正是儒家的道德追求。

　　張載認為龜甲、蓍草只是決疑的工具，本身沒有決疑的功能。占卜時，人們以誠心求問，獲得卦象之後，再視象觀辭，才可以得到占問的結果。聖人則不同，或於陰陽消息之道，或於夢境〔註92〕，或於人事之善惡、時勢之輕重都可以推知未來之吉凶。另一方面，聖人既通曉天地盈虛之理，又精於屈伸進退之義，疑問少故不必繁於卜筮。《正蒙·大易篇》載：

　　　　「變化進退之象」云者，進退之動也微，必驗之於變化之著，

　　故察進退之理為難，察變化之象為易。〔註93〕

這是說，通過卜筮掌握變化之象容易，要進一步明瞭進退屈伸之理難。而聖人不必通過卜筮也能明瞭屈伸進退之道，或基於盈虛消長之理，或基於人事變化之形勢。正是在這個意義上，邵雍、張載、程頤等理學家都等曾盛讚孟子知《易》善《易》。這樣的論述在張載著作中隨處可見。《橫渠易說·咸·九四》曰：

　　　　大抵咸卦六爻皆以有應不盡咸道，故君子欲得虛受人，能容以

　　虛，受人之道也。茍曉屈伸，心盡安泰寬裕，蓋為不與物校，待彼

　　伸則己屈，然而屈時少，伸時多，假使亂亡橫逆，亦猶屈少伸多，

　　我尚何傷！〔註94〕

在張載看來，學易識造化而能依於盈虛消長之理，明瞭屈伸進退之道。不假求神問卜，也可以識得事情的先機，從而趨吉避凶。又，《正蒙·至當篇》載：「『君子無所爭』，彼伸則我屈，知也；彼屈則吾不伸而伸矣，又何爭！」〔註95〕張載所謂「占」，強調的是對陰陽盈虛、屈伸進退之道的把握。《周易》雖可用於卜筮，占亦聖人四道之一，然聖人作《易》非專為卜筮。張載認為，聖人之占亦非如世人簡單的趨利避凶，而是為探求天道人事所蘊含的進退屈伸之理。

　　張載曾說：「《易》非止數」〔註96〕。雖未見到過帛書，張載和帛書《易傳》《要》篇孔子的觀點卻不謀而合。帛書《要》載：「子曰：《易》，我後其祝

〔註92〕《周禮·春官》載三兆、三易之外，尚有三夢之占。
〔註93〕參見《張載集·正蒙》，第 54 頁。
〔註94〕參見《張載集·橫渠易說》，第 126 頁。
〔註95〕參見《張載集·正蒙》，第 36 頁。
〔註96〕參見《張載集·佚文》，第 246 頁。

卜矣，我觀其德義耳也」〔註97〕。關於「占」，張載繼承了《易傳》以德釋易思想，並有所發展。孔子認為治易可以減少過失。正是在這個意義上，張載說《周易》是聖人所作「法律之書」。張載把《周易》當作君子用以窮理盡性的經典，並據此批評佛教學者言性不識易：「釋氏之言性，不識易，識易然後盡性。」〔註98〕

總之，《易經》也是一部闡述三才之道的書，其卦序象徵著天道的流行，其卦畫象徵著陰陽消息盈虛，其卦辭爻辭在於推天道明人事。《易經》之八經卦三畫象徵三才，重六爻之別卦象徵上下內外、遠近終始。張載認為古經「因爻有吉凶動靜，故繫之以辭，存乎教誡，使人動則觀其變而玩其占」〔註99〕。人們觀察卦爻之象，研讀卦爻之辭，無有師保而知所畏懼憂患，則教導勸誡已在其中。因此，張載認為《易經》以天地之道為準則，是聖人給天下人所撰寫的一部「法律之書」。

三、易，造化之謂也

張載以造化釋易，是對易之變化義的深化。這與張載受《易緯》日月為易說的影響有關。首先，張載在詮釋經典過程中，強調應區分《易傳》文字中，作為書名之易和作為易道之易。《周禮》中所謂「三易」是一類卜筮參考資料的名字。其中易字本無深義，「三易」也許就是三種簡易的卜筮方法或卜筮參考資料。《易傳》將《周易》古經中的各種深刻的義理，逐漸賦予給易，使得易逐漸成為這些義理的代名詞。這樣，原本作為書名的易，在《易傳》中成為乾德之名。《易傳》同時也給予坤以「簡」為德名。從而，「簡易」就成為易之第一義。而《易傳》最為重視易之易簡之義，所謂「易簡而天下之理得矣」。《繫辭傳》首章即明乾坤簡易之德：

> 日月運行，一寒一暑。乾道成男，坤道成女。乾知大始，坤作
> 成物。乾以易知，坤以簡能。易則易知，簡則易從。

這段話被先秦文獻廣泛引用，無論是儒家還是道家、法家，而文字或有差異。其中象／形、剛／柔、變／化、簡／易、知／作、始／成、功／業、大／久，乃至道／理等，隨著儒者不斷地詮釋，不斷地將更多、更抽象的含義賦予這

〔註97〕參引自廖名春：《帛書〈要〉篇「夫子老而好《易》」章新釋》，載《周易研究》
　　　　2008年第4期：第24頁。
〔註98〕參見《張載集・橫渠易說》，第206頁。
〔註99〕參見《張載集・橫渠易說》，第181頁。

些詞彙，從而使他們逐漸成為與天地乾坤相對應的範疇。例如，漢儒所謂「易之三義」。這樣使得作為書名之易與作為義理之名的易混淆不清。比如，易之「簡易立節」之義、易之「生生」之義、易之變易之義、易之代換之義、易之變化之義等。在《易傳》中的一些文字中，易之含義已經很難區分是指易之書，抑或指易之義。在解讀儒家經典的過程中，為了追尋易之本義，張載首先區分「《易》之為書」，與「易之道」「易之義」。如釋《橫渠易說·繫辭》載：「『《易》與天地準』，此言《易》之為書也。易行乎其中，造化之謂也。」〔註100〕

至於易之為道，張載認為易即造化，其字日月為易。實際上，甲骨文中有「易」，與日月無關。但是漢唐至宋，學者無緣見到甲骨文，以日月為易，實是望文生義。張載以日月為易，以造化為易的觀點可能受《易傳》，特別是《易緯》的影響。《易傳》常常將天地和日月並言。《易傳·繫辭》載：

　　廣大配天地，變通配四時，陰陽之義配日月，易簡之善配至德。
　　是故法象莫大乎天地，變通莫大乎四時，懸象著明莫大乎日月。天
　　地之道，貞觀者也。日月之道，貞明者也。

《易緯》特別重視乾坤坎離四卦，重視天地日月在萬物形成中的作用。《易緯》解釋古經上下篇分篇之義，強調了乾坤二卦和坎離二卦的特殊作用。至於乾坤，《易緯》說：「乾坤者，陰陽之根本」；至於坎離，《易緯》說：「日月之道，陰陽之經。」〔註101〕魏伯陽《周易參同契》「天地設位」章，特別推崇日離月坎在陰陽化生萬物中的作用，有所謂「《易》謂坎離者，乾坤二用」〔註102〕。此後在道家內丹修煉過程中，坎離匡廓是一個非常重要的環節。而在周敦頤的太極圖中，從無極到萬物化生的過程中，坎離匡廓相當於陰陽合和。張載認為坎離匡廓、陰陽合和之義蘊含在「易」中。在釋「大衍之數五十」章時，張載說：

　　乾坤正合為坎離，坎離之數當六七，精為日月，粗為水火，坎
　　離合而後萬物生。〔註103〕

張載所謂「坎離合而後萬物生」的觀點與《易傳》天地生萬物不同。而與《易

〔註100〕參見《張載集·橫渠易說》，第 181 頁。
〔註101〕林忠軍：《〈易緯〉導讀》，濟南：齊魯書社，2002 年：第 124 頁。
〔註102〕孟乃昌，孟慶宣輯編：《周易參同契三十四家集萃》，北京：華夏出版社，1993年：第 26～27 頁。
〔註103〕《張載集·橫渠易說》，第 195 頁。

緯》《周易參同契》和周敦頤《太極圖說》的觀點接近。這也與張載以日月為易的觀點相一致。

易之易簡之義是《繫辭傳》所謂乾坤之德，張載也常常提起。而且張載認為所謂「易簡」，無非說天地之道、天地之德自然而然。這與《易傳》所謂乾坤之德乃一陰一陽、一剛一柔顯著不同。《易傳》言乾易坤簡，致使乾坤之德混同。張載並不嚴格區分乾德之易和坤德之簡，也許是看到《易傳》對乾坤易簡之德的解釋存在不和諧之處。至於《易傳》所謂乾坤易簡之說的理論淵源，無可資稽考的文獻資料。如《正蒙・至當篇》論易簡之德曰：「易簡故能悅諸心，知險阻故能研諸慮，知幾為能以屈為伸。」〔註104〕

張載以易為造化，是對《繫辭傳》所謂「生生之謂易」的進一步深化。《橫渠易說・繫辭》釋「故神無方而易無體」，曰：「神與易雖是一事，方與體雖是一義，以其不測，故言無方；以其生生，故言無體。然則易近於化。」〔註105〕又，張載釋「乾坤毀則無以見易」曰：「易不可見，則是無乾坤。乾坤，天地也；易，造化也。……不見易則何以知天道？不知天道則何以語性？」〔註106〕張載既以易為造化，又以氣化言道，那麼，道和易都與氣化相關聯。可謂道言氣化之過程，易言氣化之生生。

四、象示氣之聚散，數示氣化之序

至於象與數的關係，《左傳・僖公十五年》記載了韓簡一段話：「龜，象也；筮，數也。物生而後有象，象而後有滋，滋而後有數。」〔註107〕杜預注曰：「言龜以象示，筮以數告，象數相因而生，然後有占。」孔穎達疏曰：「謂象生而後有數，是數因象而生也。若《易》之卦象則因數而生，故先揲蓍而後得卦。是象從數生也。」韓簡所論和杜預、孔穎達的注疏都認為「象從數生」，數先於象。所以，「就易本身而言，先有筮數、筮占，然後有卦象，象從數生。」〔註108〕漢代官方易學則片面發揮《易傳》中的象數體例，偏重於鈎稽卦象、

〔註104〕《張載集・正蒙》，第36頁。
〔註105〕《張載集・橫渠易說》，第186～187頁。
〔註106〕《張載集・橫渠易說》，第206頁。
〔註107〕參見〔清〕阮元校刻：《十三經注疏・春秋左傳正義》，北京：中華書局，1980年：第1807頁。
〔註108〕林忠軍：《試論易學象數起源與〈周易〉文本形成》，《哲學研究》2012年第10期。

神化筮數，熱衷於推說陰陽災異、占驗吉凶，聖人作易之意反而晦暗不彰。以王弼為代表的玄學易反其道而用之，主張忘言、忘象以存聖人之意。而玄學易所謂聖人之意是貴無尚自然、以寡統眾、主靜用柔等，又偏離了《易傳》儒門的聖人之意。與漢代易學重點關注「象」不同，宋代象數易學更為留意易學中「數」。易學家們熱衷於用位圖演示易學中概念和數字，因此宋代象數易也稱圖書易。與《易緯》神化筮數的釋經宗旨不同，宋代圖書易傾向於將筮數「義理化」。宋代義理易學的歷史使命就是以儒理取代玄言。張載易學常常從氣的角度出發論象論數，程頤易學常常從理的角度出發論象論數。

　　氣成為哲學範疇的時間比較晚，卻是中國古代哲學思想體系中是一個至關重要的範疇。古人認為氣是構成天地萬物最基本的、不可再分的元素。而氣也成為學者改造以往哲學範疇、深化哲學思想的中介。天地萬物、陰陽剛柔、太極、混沌等範疇都曾被學者以氣論加以改造過。例如，被漢儒認為混沌、太極就是元氣。但是，氣僅僅作為天地萬物的基質存在，並未有成為一個獨立實體。張載哲學也一樣，他用氣來改造太虛、道等哲學範疇。也從氣論出發解釋象、數等易學範疇。張載認為氣是天地萬物的基質，其他所有實體的存在都以氣的存在為前提。《正蒙‧乾稱篇》載：「凡可狀，皆有也；凡有，皆象也；凡象，皆氣也。」〔註109〕張載哲學可謂「有」的哲學，認為世界上並不存在「無」。世界有無形之氣及其作為氣之全體的太虛，而絕對虛無從來沒有存在過。而易學中神、性等概念都是用來形容氣和作為氣之全體——太虛的，是太虛實體之屬性。〔註110〕由氣構成的萬物都是實體，小到塵芥，大到天地概莫能外。氣作為整體即是太虛。張載曾說地乃純陰之氣凝聚而成，地在天之中。天乃浮陽之氣，在地之外運動旋轉。〔註111〕可見，天地也是太虛之氣的浮聚而已。也就是說太虛是最大、最終的實體。在張載看來，儒家思想體系中的範疇都與太虛相關。《正蒙‧太和篇》載：

　　　　由太虛，有天之名；由氣化，有道之名；合虛與氣，有性之名；

　　合性與知覺，有心之名。〔註112〕

〔註109〕 《張載集‧正蒙》，第63頁。
〔註110〕 《正蒙》云：「氣之性本虛而神，則神與性乃氣所固有，此鬼神所以體物而不可遺也。」參見《張載集‧正蒙》，第63頁。
〔註111〕 《張載集‧正蒙》，第63頁。
〔註112〕 《張載集‧正蒙》，第9頁。

這是說天的實質是太虛，道的實質就是陰陽氣化，性的實質是合虛與氣，心的實質是合性與知覺。而象、數都與太虛之氣有關。首先，張載認為氣之聚散不得不顯現為象。看來，象的外延要小於氣。因為氣聚之前、氣散之後都無形無象。在《正蒙·太和篇》中，張載在氣的層面上論述了人和天地萬物的成毀。張載認為天地萬物都以太虛為體，氣聚為物只是氣的客形客態，是暫時的存在。氣之散於太虛才是常態。而氣聚為物、物散為氣就是氣化，氣化有常即所謂道。〔註113〕也就是說像是氣之聚散的顯現而已。張載所謂象，已經超越了《易傳》中與形相對的，「見乃為之象」的天象之含義。即凡可名狀的存在都是氣，不可狀只是無法為人感知而已，是氣處在「幽」之狀態而已。張載還認為運動惟是氣之運動，四時氣象也是氣之運動之象。〔註114〕

張載以無形釋「形而上」，因此「形而上」也可以說是「不形」。這既與後世以形而上為抽象概念不同，更與程頤以形而上為超越本體不同。象可以被感知，被名狀，是有。在張載看來，象顯然也是無形的，故也屬於形而上的存在。〔註115〕張載釋《繫辭傳》有所謂「在天成象，在地成形，變化見矣」，曰：「有形有象，然後知變化之驗。」〔註116〕儘管形和象都可以驗證氣的存在，但形與地相關，象與天相關。即氣之聚散雖然顯現為象，然而氣聚為有形之物不可謂之象。《橫渠易說》載：「有氣方有象，雖未形，不害象在其中。」〔註117〕與傳統觀點認為天象為無形可見不同，張載認為氣之未形而可見可以謂之象，氣之不可見而可以名狀也可謂之象。如，《正蒙·神化篇》載：「所謂氣也者，非待其蒸鬱凝聚，接於目而後知之；苟健順動止、浩然、湛然之得言，皆可名之象爾。」〔註118〕可見，張載所謂象的外延和內涵要大於傳統易學所謂象。像是氣聚散之顯現，而推動氣變化的力量是氣之神。《張載集·橫

〔註113〕《正蒙》云：「氣之為物，散入無形，適得吾體；聚為有象，不失吾常。」參見《張載集·正蒙》，第7頁。

〔註114〕《正蒙·神化篇》云：「所謂氣也者，非待其蒸鬱凝聚，接於目而後知之；苟健、順、動、止、浩然、湛然之得言，皆可名之象爾。然則象若非氣，指何為象？時若非象，指何為時？」參見《張載集·正蒙》，第16頁。

〔註115〕《正蒙·天道篇》云：「形而上者，得意斯得名，得名斯得象；不得名，非得象者也。故語道至於不能象，則名言亡矣。」參見《張載集·正蒙》，第15頁。

〔註116〕《張載集·橫渠易說》，第177頁。

〔註117〕《張載集·橫渠易說》，第231頁。

〔註118〕《張載集·正蒙》，第16頁。

渠易說》載:「顯,其聚也;隱,其散也。顯且隱,幽明所以存乎象;聚且散,推盪所以妙乎神。」〔註119〕這是說,氣聚而為物的過程與物散而為氣的過程都是可以名狀的,都是象。而推動這兩種運動的動力是神。張載的表述很容易讓人誤以為象和神是實體概念,這也是張載論述之侷限所在。又,其釋「象者,言乎象者也」一語,認為此語所謂「象」指「一卦之質」。〔註120〕而才與質含義相近,張載所謂卦質,和程頤所謂卦才含義相近。

至於數,張載認為,不存在作為實體的數。數只是標示氣化萬物的次序而已。這和今天所謂數是表示物質之量的說法不盡相同。張載強調的是物之氣化的次序,流行的觀點認為數是指物氣化的量度。《橫渠易說》釋《繫辭傳》「大衍之數」章,曰:

> ……天混然一物,無有終始首尾,其中何數之有?然此言特示有漸爾,理須先數天,又必須先言一,次乃至於十也。且天下之數止於十,窮則自十而反一。又數當止於九,其言十者,九之耦也。……蓋地數無過天數之理,孰有地大於天乎?故知數止於九,九是陽極也,十也者姑為五之耦焉爾。〔註121〕

張載認為天大地小,故而認為地數無過天數之理。孔穎達《周易正義》疏《繫辭傳》所謂「參天兩地而倚數」,曰:

> 蓋古之奇耦,亦以三兩言之。且以兩是耦數之始,三是奇數之初故也。不以一目奇者,張氏云:「以三中含兩,有一以包兩之義,明天有包地之德,陽有包陰之道,故天舉其多,地言其少也。」〔註122〕

可見,張載的天大地小、天包地等觀點與孔穎達《周易正義》所引張氏的觀點有著繼承關係。張載又認為天地萬物都與一定的數字相關,數顯示了天地萬物氣化流行的次序。〔註123〕太極是一,是天地萬物之源。一太極兩儀為天

〔註119〕 《張載集·橫渠易說》,第 190 頁。

〔註120〕 《張載集·橫渠易說》,第 180 頁。

〔註121〕 《張載集·橫渠易說》,第 194~195 頁。

〔註122〕 劉玉建撰:《〈周易正義〉導讀》,濟南:齊魯書社,2005 年:第 431~432 頁。

〔註123〕 李覯著《刪定易圖序論·論一》載:「夫天一至地十,乃天地之氣降出之次第耳。謂之五者,非有五物;謂之十者,非有十枚;而曰五十有五者,蓋聖人假其積數以起算法,非實數也。」參見〔宋〕李覯:《李覯集》卷四,王國軒點校,北京:中華書局,2011 年:第 56 頁。據此,王鐵認為:「就以數表示氣化的次序而言,張載的觀點與李覯相近。」參見王鐵:《宋代易學》,上海:上海古籍出版社,2005 年:第 129 頁。辛亞民認為:「張載當是繼承

三。地比天小，故為二。張載認為，這就是《易傳》所謂「參天兩地」之說。張載認為，通三天兩地為五。太極化生天地，為小成。故小成之數為五。張載曾說：「乾坤正合為坎離，坎離之數當六七。精為日月，粗為水火，坎離合而後萬物生。得天地之最靈為人，故人亦參為性，兩為體，推其次序，數當八九。」這是說乾坤合生坎離，故坎離為六、七，坎離合生男女，故人之數為八、九。〔註124〕而六、七、八、九正是揲蓍成卦所得到的筮數。顯然，人是乾坤坎離之所生，以天之三（參）為性，以地之兩為體。人之生成在氣化過程之最後，故數當為八九。

　　張載對於「天地之數」的闡發也不同於《繫辭傳》。傳本《繫辭傳》第十章「天一地二」章有「天一，地二，天三，地四，天五，地六，天七，地八，天九，地十」〔註125〕一節，這就是韓康伯所謂「天地之數」。韓氏所謂「天地之數」即「奇偶之數」。奇數象天，偶數象地。即以奇數為天數，以偶數為地數。依據天奇地偶可以把一組筮數組合轉化為卦畫。這樣筮數組合和八種卦象對應起來，卜筮者就可通過象占推測吉凶。傳本《繫辭傳》第八章「大衍之數」章有「天數五，地數五，五位相得而各有合。天數二十有五，地數三十。凡天地之數五十有五，此所以成變化而行鬼神也」〔註126〕一節。《繫辭傳》所謂「凡天地之數五十有五」是指五個偶數和五個奇數的和為「五十五」，並沒有「天地之數」是五十五的意思。據孔穎達《周易正義》所載，鄭玄之前的學者，例如京房、馬融、荀爽等爭論的話題是「大衍之數」何以五十，何以其用四十九，何為不用之一等。鄭玄則將以「凡天地之數五十有五」為「天地之數五十有五」，並認為「大衍之數五十」源於「天地之數五十有五」。《周易正義》孔穎達疏認為王弼等觀點符合《繫辭傳》原文之義，即「凡天地之數五十有五」和的「大衍之數五十」本來沒有關係。但依然保留了鄭玄的觀點，即：

　　　　了李覯的這一說法。」參見辛亞民：《張載易學數論發微》，《中國哲學史》，
　　　　2011 年：第 3 期。李覯與張載雖然同時代而略早，卻無文獻可證兩人有來
　　　　往。《繫辭傳》所謂「是故易有太極，是生兩儀，兩儀生四象，四象生八卦」，
　　　　已經將天地萬物的生成次序和數的大小次序相聯繫。李、張兩人的觀點當是
　　　　皆來自《繫辭傳》這一說法的進一步引申。
〔註124〕參見《張載集・橫渠易說》，第 195 頁。
〔註125〕劉玉建撰：《《周易正義》導讀》，濟南：齊魯書社，2005 年：第 392 頁。
〔註126〕劉玉建撰：《《周易正義》導讀》，濟南：齊魯書社，2005 年：第 386 頁。

鄭康成云：「天地之數五十有五，以五行氣通。凡五行減五，大

衍又減一，故四十九也。」〔註127〕

顯然，鄭玄的觀點存在著過度詮釋《繫辭傳》原文的嫌疑。鄭玄之後，許多學者加入到討論「五十有五」的「天地之數」如何過渡到「五十」的「大衍之數」的話題。張載也認為「大衍之數」來自「天地之數」。只不過，張載依據《易傳·說卦傳》所謂「參天兩地而倚數」，以五（參兩之和）為「天地之數」。又依據《易傳·繫辭》所謂「參伍以變，錯綜其數」，用一、三、五分別乘天三、地二得其和為四十五，再加張載所謂「天地之數」五，得到「大衍之數五十」〔註128〕。

五、觀《易》必由《繫辭》

無論是象數易學還是義理易學，《繫辭傳》之於學《易》的重要性都是不言而喻的。對於這一點，張載有著深刻的認識。張載認為聖人在《繫辭傳》中所揭示的《易》之義，都是「人道之大且要者」〔註129〕。例如，《易傳》所謂「崇德廣業」「窮理盡性」「繼善成性」之類。因此，他反覆強調學《易》當先觀《繫辭傳》。因此，對《繫辭傳》的注解非常詳盡。《繫辭傳》所謂「繼善成性」說，《說卦》所謂「窮理盡性以至於命」說，是張載論證「《易》乃是性與天道」的重要理論依據。正是在這個意義上，張載認為《繫辭傳》所論都是「人道之大且要者」。《橫渠易說》又載：「《繫辭》反覆惟在明《易》所以為《易》，撮聚眾意以為解，欲曉後人也。」〔註130〕張載認為《繫辭傳》保留大量解說古經的資料，非一人之意。離開這些資料，有很多易學概念和命題就很難理解。

張載認同《繫辭傳》所謂「觀象玩辭」的說法。「觀象玩辭」是《繫辭傳》

〔註127〕劉玉建撰：《〈周易正義〉導讀》，濟南：齊魯書社，2005年：第385頁。

〔註128〕《橫渠易說·繫辭》載：「參天兩地，五也。（一地兩，二也。三地兩，六也，坤用。五地兩，十也。一天三，三也。三天三，九也，乾用。五天三，十五也。凡三五乘天地之數，總四十有五，並參天兩地自然之數五，共五十。虛太極之一，故為四十有九。）」張載所謂「乾用」「坤用」，分別用來解釋乾卦何以有用九、坤卦何以有用六。按：括號內原文為小字。參見《張載集·橫渠易說》，第195～196頁。

〔註129〕張載認為：「《繫辭》所舉《易》義，是聖人議論到此，因舉《易》義以成之，亦是人道之大且要者也。」參見《張載集·橫渠易說》，第176頁。

〔註130〕《張載集·橫渠易說》，第176頁。

反覆強調的學《易》之法，所謂「玩」即反覆揣摩之義。又說：「《易》道灼然義理分明，自存乎卦，惟要人玩之乃得。」〔註131〕張載釋《繫辭傳》所謂「所樂而玩者，爻之辭也」，曰：

> 言君子未嘗須臾學不在《易》。玩，玩習也，每讀則每有益，所以可樂。〔註132〕

《周易》並非直接講道理的書，既涉及天道性命又涉及卜筮占驗。且易道深奧，非長時間玩習、揣摩則難以登堂入室，這是古人的經驗之談。在《經學理窟》中，張載所言治經的體會，對於學《易》也是適用的。《經學理窟·義理》載：「大率玩心未熟，可求之平易，勿迂也。若始求太深，恐自茲愈遠。」又說：「學不能推究事理，只是心粗。至如顏子未至於聖人處，猶是心粗。」〔註133〕顯然，不求義理而治《易》，很容易流入卜筮末技。而《繫辭傳》之於《周易》，如同《詩經》大序之於《詩經》。《繫辭傳》交代了文王設卦、繫辭的歷史背景、目的和意義等。特別是有大量篇幅講解與筮法有關的術語、概念，這又如同《禮》經至於《春秋》。非借助《繫辭傳》難以理解《周易》是一部什麼樣的經典。〔註134〕張載認為《繫辭傳》中許多內容是講「《易》之所以為《易》」，並強調學《易》識造化從而「窮理盡性至命」。這與程頤認為古經之義理在《論》《孟》《語》《庸》不同。程頤所謂古經義理強調時中之義、中庸之道等。

張載曾說：「觀書必總其言而求作者之意。」〔註135〕只有從總體上把握了「作者之意」，才能正確理解經文的細節。《周易》古經既有表現易象的卦爻符號，又有記述卦爻象的卦爻辭。張載認為，如果專注於卦爻象而忽視聖人作易之意，那麼就很難正確地理解聖人設卦、繫辭的深意。正是在這一意義上，張載認為理解了《繫辭傳》所論易之道，自然可以明瞭易之象。《橫渠易說》載：

> 《繫辭》所以論易之道，既知易之道，則易象在其中，故觀《易》

〔註131〕　《張載集·橫渠易說》，第127頁。
〔註132〕　《張載集·橫渠易說》，第180頁。
〔註133〕　《張載集·經學理窟》，第274頁。
〔註134〕　張載說：「不先盡《繫辭》，則其觀於《易》也，或遠或近，或太艱難。不知《繫辭》而求《易》，正猶不知禮而考《春秋》也。」參見《張載集·橫渠易說》，第176頁。
〔註135〕　《張載集·經學理窟》，第275頁。

必由《繫辭》。〔註136〕

張載所謂易之道,即氣化也,造化也。氣化、造化之跡就是張載所謂象。正是在這一意義上,張載才反覆強調,觀《繫辭》、明易道的重要意義。在《正蒙·太和篇》中,張載詳細闡述了所謂易之道。並且不無感慨地說:「語道者知此,謂之知道;學《易》者見此,謂之見易。不如是,雖周公才美,其智不足稱也已。」〔註137〕張載的這一說法,是其以氣化言道、以氣化之跡言象觀點的引申。

《繫辭傳》認為聖人通過立象、設卦、繫辭而盡言、盡意,緊接著強調乾坤二卦是理解全經的關鍵。至於《繫辭傳》所謂「乾坤其《易》之蘊耶?乾坤成列而易立乎其中矣!乾坤毀則無以見易」,張載釋曰:

> 陰陽、剛柔、仁義之本立,而後知趨時應變,故「乾坤毀則無以見易」。

> 感而後有通,不有兩則無一,故聖人以剛柔立本,「乾坤毀則無以見易」。

> 乾坤既列,則其間六十四卦爻位錯綜以為變易。苟乾坤不列,則何以見易?易不可見,則是無乾坤。乾坤,天地也;易,造化也。聖人之意莫先乎要識造化,既識造化,然後其理可窮。彼惟不識造化,以為幻妄也。不見易則何以知天道?不知天道則何以語性?〔註138〕

張載認為天地萬物來自太虛之氣,萬物之滅又復歸於太虛之氣,天地萬物都有太虛之氣的「一物兩體」之性。所謂「一物」指太虛,所謂「兩體」指乾坤。乾健坤順表象為天道之陰陽、地道之剛柔、人道之仁義。乾坤之本立,則人就可以在乾健坤順之間「趨時應變」。易之造化,就是天地之氣的和合氤氳,就是健順之性的感通神化。表現為易象就是「(乾坤)其間六十四卦爻位錯綜以為變易」。張載所謂「彼惟不識造化,以為幻妄也」,正是對佛教以世界萬物為虛幻觀點的批判。佛教認為萬物生成變化是因緣和合的結果,緣盡而物毀,不是永恆的、真實的存在。張載則認為萬物的生成變化是陰陽之氣的屈伸聚散,雖然萬物有成毀而氣是永恆的、真實的存在。又張載釋《繫辭傳》所謂「乾坤,其《易》之門耶!乾,陽物也;坤,陰物也;陰陽合德而剛柔有

〔註136〕 《張載集·橫渠易說》,第 176 頁。
〔註137〕 《張載集·正蒙》,第 7 頁。
〔註138〕 《張載集·橫渠易說》,第 206 頁。

「體」，曰：

> 推而行之存乎通，所謂合德；確然隤然，所謂有體。乾於天為
> 陽，於地為剛，於人為仁；坤於天則陰，於地則柔，於人則義。先
> 立乾坤以為《易》之門戶，既定剛柔之體，極其變動以盡其時，至
> 於六十四，此《易》之所以教人也。〔註139〕

這裡張載對於乾坤的解釋顯然不合於《易傳》。在《周易》經傳中，乾坤是卦名，乾卦純陽坤卦純陰，乾卦性健而坤卦性順。張載則以乾坤為性，而非僅指卦名。例如，張載所謂「乾於天為陽，於地為剛，於人為仁；坤於天則陰，於地則柔，於人則義」與《易傳・說卦傳》所謂「是以立天之道曰陰與陽，立地之道曰柔與剛，立人之道曰仁與義」相關而又不同。張載認為萬物都有「一物兩體之性」，一物指太虛，而兩體就是乾坤陰陽。張載認為乾之陽、剛、仁，坤之陰、柔、義，是不變之體，就像出入之門戶。其間有陰陽消息、剛柔推蕩、仁義交替之變化。六十四卦卦爻象、卦爻辭就是通過「極其變動以盡其時」，從而指導人們進退屈伸的。

六、《易》乃是性與天道

《論語》公冶長篇有孔子弟子子貢的一段話：「夫子之文章，可得而聞也；夫子之言性與天道，不可得而聞也。」這句話常常被玄學家解讀為「道不可言」。在玄學家看來，既然孔子認為性與天道不可言，那麼孔子自然不曾言性與天道，儒家自然沒有性與天道之學。魏晉以降，儒學深受玄學影響。甚至有些淺薄的儒者也認為，儒家學說只能用來治國理政，至於修身養性的治心之學術只能依於佛道二教了。清除玄學影響，復明儒家性與天道之學，正是理學家的歷史使命。而儒家先秦文獻中，《易傳》《中庸》等常常論及性與天道。基於此，理學家常常通過《易》《庸》互詮來實現這一歷史使命。張載易學正是以闡發先秦儒家天道性命學說、弘揚孔孟君子之道為宗旨，並據此以排拒佛老之學。

（一）闡發天道性命

兩漢時期儒學過分地意識形態化，使得儒者或錮於現實政治操作，或墜於詞章訓詁。而延至隋唐時期，佛老二教已經發展出精緻的心性論，覺悟成

〔註139〕《張載集・橫渠易說》，第 225 頁。

佛、得道成仙之修行工夫吸引了大批文化精英。相比之下，由於儒家漢唐經
學被囚禁在政治意識形態的牢籠之中，理論形態沒有實現與時俱進。而理學
家不同於講師章句之儒、文章詩賦之儒，他們響應時代精神的召喚，力主超
拔漢唐，回歸先秦，以弘揚孔子天道性命學說為己任。張載認為漢唐儒者沒
有能夠繼承孔孟之道，使得儒家義理淹沒於詞章訓詁之中，既無益於修齊治
平，又不能夠貫通天道性命。因此，自出義理，是張載解《易》過程中時時強
調的釋經心法。《經學理窟》記其言曰：

> 此道自孟子後千有餘歲，今日復有知者。若此道天不欲明，則
> 不使今日人有知者，既使人知之，似有復明之理。「志於道」者，能
> 自出義理，則是「成器」。〔註140〕

> 當自立說以明性，不可以遺言附會解之。若孟子言「不成章不
> 達」及「所性」「四體不言而喻」，此非孔子曾言而孟子言之，此是
> 心解也。〔註141〕

張載以「心解」的方式創造性地詮釋儒家經典，以天道性命相貫通的理論體
系與大談道德性命的佛道二教學者進行辯論。而「心解」絕對不是想當然的
編排捏造。而是「復明」被秦漢以降章句訓詁之儒所遮蔽的、先聖經典文字
中原本蘊含的「聖人之意」。「志於道」出自《論語‧里仁》，而在「據於德」
「依於仁」「游於藝」之前。可見，孔子雖很少論及道，但是道在孔子思想體
系中是處在首位的範疇。所謂「朝聞道，夕死可矣」。「成器」出自《易傳‧繫
辭下》第五章。所謂「語成器而動者」之「器」。又見《易傳‧繫辭上》第十
一章，「備物致用、立成器以為天下利，莫大乎聖人。」這裡器非指有形可用
的器物，而成器是指成義理之言。

　　佛道二教大談道德性命，超凡入聖，深深刺激了以淳儒自居的理學家。
〔註142〕「《易》乃是性與天道」是張載研究易學之心得。張載以易學、易道

〔註140〕《張載集‧經學理窟》，第274頁。
〔註141〕《張載集‧經學理窟》，第275頁。
〔註142〕范育《正蒙序》云：「若浮屠老子之書，天下共傳，與《六經》並行。而其
徒侈其說，以為大道精微之理，儒家之所不能談，必取吾書為正。世之儒者
亦自許曰：『吾之《六經》未嘗語也，孔孟未嘗及也』，從而信其書，宗其道，
天下靡然同風。」參見《張載集》，第4～5頁。又《程氏遺書》云：「昨日
之會，大率談禪，使人情思不樂，歸而悵恨者久之。此說天下已成風，其何
能救！古亦有釋氏，盛時尚只是崇設像教，其害至小。今日之風，便先言性
命道德，先驅了知者，才愈高明，則陷溺愈深。在某，則才卑德薄，無可奈

作為對治佛道二教的理論武器，正是基於對於《周易》的深刻認識。往聖絕學不傳，正是因為漢唐儒者對於大道耳聞而不能心解，「知人而不知天，求為賢人而不求為聖人」。故而張載以太虛釋天，彰顯天之超越義、主宰義。與先前時代人們（比如孔子）以天命、符瑞、尊位等論聖人之境界不同，張載以德行高低論聖人境界，使得普通儒家學者可以通過德性修行達到聖人境界。

　　張載認為漢唐儒者不能把天道性命相貫通，是聞道不能心解。而佛老則妄談天道性命，亦是不能心解。對於佛道二教學者語天道性命恍惚夢幻，張載認為是不能「見易」、「識易」的結果。在《正蒙・乾稱篇》中，張載批評到：「易且不見，又烏能更語真際！捨真際而談鬼神，妄也。」〔註143〕從而，張載認為佛道二教學者盡性而未能窮理，不能真正實現窮理盡性。其所謂覺悟、得道不過是自欺欺人而已。在《正蒙・大心篇》中，張載批評佛教學者說：「妄意天性而不知範圍天用，……其過於大也，塵芥六合；其蔽於小也，夢幻人世。謂之窮理可乎？」〔註144〕在張載看來，只有儒家易學才是真正天道性命相貫通，才能實現「窮理盡性以至於命」。通過重新詮釋天道性心等範疇，使得儒家窮理盡性的成聖之學復明。在《經學理窟・學大原上》中，張載自信地說：「雖仲尼復生，亦只如此。」〔註145〕弟子范育對於其闡明儒家天道性命之學給與高度評價：「浮屠以心為法，以空為真，故《正蒙》闢之以天理之大，又曰：『知虛空即氣，則有無、隱顯、神化、性命通一無二』。老子以無為為道，故《正蒙》闢之曰：『不有兩則無一』。」對張載在《正蒙》中，闢佛老、立命、立言予以高度的讚揚：「推而放諸有形而準，推而放諸無形而準，推而放諸至動而準，推而放諸至靜而準，無不包矣，無不盡矣，無大可過矣，無細可遺矣，言若是乎其極矣，道若是乎其至矣，聖人復起，無有間乎斯文矣。」〔註146〕張載關學聞名關中，對二程洛學影響深刻，也是朱子理學的重要理論來源之一。為儒家心性之學重新煥發生機，做出了創造性貢獻。

　　　　何佗。然據今日次第，便有數孟子，亦無如之何。」參見《二程集・程氏遺
　　　　書》，第23〜24頁。
〔註143〕《張載集・正蒙》，第65頁。
〔註144〕《張載集・正蒙》，第26頁。
〔註145〕《張載集・經學理窟》，第281頁。
〔註146〕《張載集・正蒙范育序》，第5頁。

（二）排拒佛老空無

宗派林立，理論精深，是中國佛道二教在隋唐時期興盛的主要標誌。本土化、世俗化之後的佛教，不僅理論高深嚴謹，思辨性強，而且宗教制度日益完善，宗教組織日益規範。特別是二教各自發展出一套覺悟成佛、得道成仙的心靈超越哲學。這對於匍匐在封建等級制度之下的精英階層具有巨大的吸引力。在《與呂微仲書》中，張載不無感慨地說：「男女藏獲，人人著信。」〔註147〕又，《程氏遺書》載有二程之語：「此說天下已成風，其何能救？」又感歎：「今日之風，便先言性命道德，先驅了知者，才愈高明，則陷溺愈深。」〔註148〕理學的時代任務之一就是為了回應佛道二教的挑戰，復興儒家天道性命學說。為了闡發儒家「性與天道」之學，張載歸宗孔孟，通過重新詮釋易學相關範疇和命題，重構儒家心性學說，實現了從理論上破除佛道二教的「詖淫邪遁」之說。面對佛老二教興盛的局面，張載感歎儒學不振，人才流失。認為儒者非「獨立不懼，精一自信」且「有大過人之才」，不能與佛老「較是非，記得失」〔註149〕。

張載對佛道學說的批評，並非簡單地指斥其社會危害和對儒家人倫綱常的破壞。而是對佛道學說的自然哲學有所肯定，主要對其人生哲學展開批判。例如，對於老子言道體自然、《莊子》氣論，張載是認同的。張載釋「鼓萬物而不與聖人同憂」時，批評老子所謂「聖人不仁，以百姓為芻狗」曰：

> 聖人豈有不仁？所患者不仁也。天地則何意於仁？鼓萬物而已。

> 人不可以混天，「鼓萬物而不與聖人同憂」，此言天德之至也。與天同憂樂，垂法於後世，雖是聖人之事，亦猶聖人之末流爾。〔註150〕

這裡，張載肯定了老子言道體之自然。對於老子所謂聖人不仁則不予認同。張載所謂道體指太虛，是一種真實的存在。在《正蒙·天道篇》總結道：「世人知道之自然，未始識自然之為體爾。」〔註151〕「太虛」一詞，始見於《莊子·知北遊》：「是以不過乎崑崙，不遊於太虛。」〔註152〕又載：「通天下一氣

〔註147〕《張載集·文集·佚存》，第 351 頁。

〔註148〕《二程集·程氏遺書》，第 23 頁。

〔註149〕《張載集·文集佚存》，第 351 頁。

〔註150〕《張載集·橫渠易說》，第 188～189 頁。

〔註151〕《張載集·橫渠易說》，第 182 頁。

〔註152〕〔清〕郭慶藩撰，王孝魚點校：《莊子集釋》（新編諸子集成），北京：中華書局，1961 年：第 758 頁。

耳，聖人故貴一。」〔註153〕又載：「人之生，氣之聚也。聚則為生，散則為死。」〔註154〕而張載也以氣的聚散論生死。在《正蒙・太和篇》中，張載摒棄門戶之見，對莊子氣說有過正面肯定。張載批判的主要是道教所謂「有生於無」和「殉生執有者，物而不化」的成仙說。

對於佛教學說，張載曾肯定佛教學者言道體之虛無。所謂「誠而惡明」也指佛教學者「略知體虛空為性，不知本天道為用」。所謂天道之用就是儒家聖人神道設教，參天地之化育，從而崇德廣業，窮理盡性的「至命」之說。基於理論和現實兩個層面上的反思，張載的儒學「造道」以復興先秦儒家「性與天道」之學為鵠的。《宋史・張載傳》評價張載之學曰：「以《易》為宗，以《中庸》為體，以孔孟為法，黜怪異，辨鬼神」。這是對其一生學術和理論特色的恰當描述。張載深刻地認識到，只有在理論上知己知彼，才能從根本上扭轉儒學式微的現狀，故有「出入佛老」的經歷。對治佛老是張載復興儒家天道性命學說的一個重要目的。張載深知「三教」理論之得失〔註155〕。針對二教學者嚮往西方極樂世界、追求羽化飛昇的人生哲學，張載批評佛老學說「言乎失道則均」。如《正蒙》載：

> 彼語寂滅者，往而不反；殉生執有者，物而不化。〔註156〕

從氣化之道的角度看，二教追求成佛、成仙，顯然違背了道之自然運化，所謂西方極樂世界、長生不老只是宗教幻想。萬物雖有成滅，構成萬物的太虛之氣則只有聚散，不可能「往而不反」。生老病死是氣化之自然，何來「物而不化」！對世界實在性，張載站在經驗主義的立場上，批評佛教邏輯思辨的虛妄。太虛無形而不可見，但是，人的感官經驗可以感知太虛之氣聚散之象。說明太虛並不是空無一切。相反太虛之氣無時無處不在，豈可謂之無。張載認為，儘管佛教體會到了太虛的虛空之性，卻不明白本天道以為用。而儒家聖人本天道為用，效法天地，化育萬物，使萬物「各正性命」。所謂「正由憒

〔註153〕〔清〕郭慶藩撰，王孝魚點校：《莊子集釋》（新編諸子集成），北京：中華書局，1961 年：第 733 頁。

〔註154〕〔清〕郭慶藩撰，王孝魚點校：《莊子集釋》（新編諸子集成），北京：中華書局，1961 年：第 733 頁。

〔註155〕張載對佛道的批評有所差別，對老莊思想有所吸收，參見林樂昌：《張載天道論對道家思想資源的吸收與融貫》、丁為祥：《張載對道家思想的吸收、消化及其影響──簡論宋明理學中的儒道因緣》，均載陳鼓應主編：《道家文化研究》第 26 輯《「道家思想與北宋哲學」專號》，北京：三聯書店，2012 年。

〔註156〕《張載集・正蒙》，第 7 頁。

者略知體虛空為性，不知本天道為用」，正是對二教體用殊絕學說的至為恰當之總結。佛教發展至北宋時期，已經流傳一千五百多年，從古印度南傳至整個南亞、東南亞，北傳至西亞，東傳至中國、朝鮮、日本。早已學派林立，而經典繁雜真偽難辨。從張載闢佛的言辭看，他對佛教的瞭解限於已經本土化了的佛教理論，基本上把握了佛教理論的大旨。張載曾批評佛教學說曰：「釋氏妄意天性而不知範圍天用。」〔註157〕實際上，先秦儒家學說以天最高主宰，有所謂天命、天道、天德、天性之說，而佛教中並無「天性」之說。張載所謂「誣天地日月為幻妄」「心法起滅天地」大概與大乘佛教，特別是與唯識宗有關。緣起性空是佛教理論基礎，主張萬物各因因緣合和而有成、住、壞、空，故空而無有自性。又因對因緣、心識、佛性等範疇的不同認識而分為有宗類和無宗類等。又有調和有無的中道說或假有真空說等。大乘佛教執空有中道、有無雙遣，唯識宗有所謂「萬法唯識」，都是片面強調人心在認識世界過程中的作用，傾向於以個人心識體驗代替人類共有經驗知識。佛教認為宇宙萬物皆無自性故說虛空。張載則認為「太虛即氣故無無」，即不空。張載的太虛觀認為，太虛既有清虛之性，又有實在之用。張載從《易傳》「窮理盡性」的人生哲學角度對治佛教消極頹廢的人生哲學，要比從前儒家學者僅從儒家人倫之道的角度批判佛教顯得高明許多。張載的闢佛說有破有立，既可以引導儒者拋棄頹廢的人生哲學，又可以引導儒者認識世界，實踐人生，崇德廣業。

張載對釋老二教學說的批判是前所未有的。其主要理路就是從「太虛即氣」的角度，對天道性心諸範疇進行創造性詮釋。《正蒙·太和篇》載：

> 太虛無形，氣之本體，其聚其散，變化之客形爾；至靜無感，性之淵源，有識有知，物交之客感爾。客感客形與無感無形，惟盡性者一之。〔註158〕

可見，如果將太虛與氣理解為「本原」與「派生」的關係，最後就必然會陷於道家的「有生於無」，從而「不識有無混一之常」。佛教將萬象理解為「無自性」的因緣聚散，在張載看來不過是「略知體虛空為性，而不知本天道為用」，則不能不陷於「形性、天人不相待而有」之體用殊絕。從而錯誤地將客觀世界中的山河大地僅僅歸結為人之「見病」，以至於淪為「誣世界乾坤為幻化」的虛無主義之哲學。張載以「體用殊絕」批評釋老二教學說，較二程批評釋

〔註157〕《張載集·正蒙》，第26頁。
〔註158〕《張載集·正蒙》，第7頁。

老二教「心跡」之私，理論批判的意味更濃厚。張載指出道教以無為本的理論失誤，在於混淆了事物「有無」和「幽明」的關係，把事物的「客感客形」與「無感無形」當成事物的存在與不存在。張載認為，無只是無形而已，「有生於無」的邏輯推論並不能抹殺「有生於有」的經驗實在性。玄學思潮中的「貴無」說、「崇有」說以及「獨化」說之間爭論也說明了這一點。張載認為太虛雖無形而有象，並非絕對虛無。如釋《繫辭上》所謂「仰以觀於天文，俯以察於地理，是故知幽明之故；原始反終，故知死生之說」，曰：

> 見者由明而不見者非無物也，乃是天之至處。〔註159〕

這是認為有形之物是氣之聚，即《易傳》所謂「明」而目可見；無形之物是氣之散，即《易傳》所謂「幽」而目不可見。氣聚為有形的狀態是暫時的，所以稱為客；但當物散入太虛，成為目不見的無形之氣時，並不是不存在了，不能說就是絕對地消失了，即「安得遽謂之無」。

張載的思想體系具有經驗主義色彩，沒有諸如道家之道、玄學之無乃至程頤理學之理等抽象的精神本體或精神實體，張載關學的諸多思想範疇抽象性、思辨性不夠，對佛道二教道德性命學說的把握未必完全準確，對道家所謂無、佛教所謂空的理解不夠準確和全面等，但是張載闡發先秦儒家天道性命學說，對於儒學復興具有重要意義，對於釋老二教頹廢的人生哲學誠而未明、不能「本天道以為用」批評，則是擊中了二教理論體系的要害。

（三）弘揚君子之道

《周易》古經中的大部分卦爻辭省略了主語。有主語的卦爻辭多是君子，也有小人、大人、大君或王作主語的。其中君子出現 20 次，小人出現 25 次。而且常見君子和小人對言，君子小人德行不一，吉凶悔吝便不同。這裡君子應該指貴族，小人應該指平民等。君子與小人主要是尊卑貴賤不同，而非唯道德高下之分。古經乾卦純陽居首，坤卦純陰居次。乾之卦爻辭言「元亨利貞」，而坤則言「元亨，利牝馬之貞。君子有攸往，先迷後得主」，此間已經有了貴陽賤陰含義。在《周易》古經中，常常有君子或大人與小人對言且吉凶相反的卦爻辭，但與君子小人德行無關。又如：

> 《乾·九三》：「君子終日乾乾，夕惕若厲，无咎。」
> 《坤》：「君子有攸往，先迷後得主。」

《屯・六三》:「即鹿無虞,惟入於林中,君子幾不如舍。」

《小蓄・上九》:「月幾望,君子征凶。」

《否》:「不利君子貞,大往小來。」

《同人》:「利君子貞。」

《謙・九三》:「勞謙。君子有終。」

《觀・初六》:「小人无咎,君子吝。」

《剝・上九》:「君子得輿,小人剝廬。」

《遯・九四》:「君子吉,小人否。」

《大壯・九三》:「小人用壯,君子用罔。」

《解・六五》:「君子維有解,吉。有孚於小人。」

《革・上六》:「君子豹變,小人革面。」

《周易》古經陽大陰小的觀念,在泰否二卦之卦爻辭中有明確的體現。《泰》䷊:「小往大來,吉,亨。」泰卦外卦坤三陰,而卦辭曰「小往」;內卦乾三陽,而卦辭曰「大來」。否卦內卦坤三陰,卦辭曰小來;外卦乾三陽,卦辭曰大往。據此,《易傳》充分闡發孔子觀其德義的易學觀,明辨君子之道與小人之道的差異。《易傳》則以大為君子之道,以小為小人之道。如,《泰・彖》曰:「小往大來,……君子道長,小人道消也。」《否・彖》曰:「大往小來,……小人道長,君子道消也。」大人一詞也見於《論語》,孔子所謂「君子有三畏」,其中之一就是「畏大人」。孔子所謂大人,推測當以尊卑而言,和《周易》古經中所謂大人意義相近。《論語》中常常君子小人對舉,非必以尊卑而言,主要是以德行而言。而孔子所謂聖人,乃是德行極高的王,又與後世不同。理學家所謂聖人,主要指德行比於天地,又非必以尊貴而言。與古經相比,《易傳》君子之道、小人之道尊卑意味減弱,道德判斷意味增強。例如,《易傳・繫辭》對於六子卦「陽卦多陰,陰卦多陽」所喻示的德行差異表述為:陽卦「一君而二民」是君子之道也;陰卦「二君而一民」是小人之道。

《周易》古經貴陽賤陰的觀念,已經蘊含著德行方面貴君子之道而賤小人之道的觀念,《易傳》則著重闡發這一觀念。至宋代,在理學家看來小人已經與惡人區別不大了,而與貴賤無關。從而君子小人之辨尊卑貴賤的意味逐漸減弱,道德品行良莠高下的意味逐漸增強。張載則明確提出《易》為君子謀,在釋經的過程中,把君子修養德性放在首位,以闡發君子窮理盡性、誠明合一的成性躋聖工夫為目標。「《易》為君子謀」見於《正蒙・大易篇》:「故

撰德於卦，雖爻有小大，及繫辭其爻，必論之以君子之義。」〔註160〕可以說，張載提出「易為君子謀，不為小人謀」，於經傳文獻有著充分的依據。

《易傳》作者認為，《周易》首先是君子趨吉避凶之書，是賢人立德成業的依據和指導。至於君子立德的依據，可見於《繫辭傳》論乾坤易簡之德：「乾以易知，坤以簡能。易則易知，簡則易從。……可久則賢人之德，可大則賢人之業。」傳本《周易》的《大象傳》附在《彖傳》之下，傳統觀點認為，是君子對乾坤等六十四卦象、卦德的效法，彰顯了《周易》對君子修身的直接指導意義。例如：

　　　　（《乾・大象》）天行健；君子以自強不息。

　　　　（《坤・大象》）地勢坤；君子以厚德載物。

　　　　（《屯・大象》）雲雷屯；君子以經綸。

只有少數卦的《大象傳》直言先王、後、大人如何，其他絕大多數則用「君子以」的句式。同樣，《小象傳》揭示了在更具體情境中爻辭對君子修身的指導意義。《文言傳》則反覆申論乾坤兩卦爻辭對君子修身的指導意義。《乾・文言》釋「終日乾乾，夕惕若厲」曰：「君子進德修業。忠信所以進德也。修辭立其誠，所以居業也。」張載認為《易經》卦爻辭所示吉凶悔吝只是陰陽變化在人事上的顯現，皆是陰陽兩端往來屈伸。作為「法律之書」的《易經》，其所示吉凶悔吝，在於使人「出入以度，內外使知懼，又明於憂患與故」。《易傳・繫辭上》載：「《易》之興也，其於中古乎？作《易》者，其有憂患乎？是故履，德之基也；謙，德之柄也；復，德之本也；恒，德之固也；損，德之修也；益，德之裕也；困，德之辨也；井，德之地也；巽，德之制也。」《周易》古經寓訓誡於卜筮之中，這在卦爻辭中不勝枚舉。《易傳》則推測《周易》乃文王於危難時作，故充滿著憂患意識。張載「易為君子謀」觀點，正是這一憂患惕懼精神的深化。張載強調《周易》是道德訓誡之書，學《易》要於憂患中提高道德境界，以此作為化凶為吉的門徑。這是張載多從德行修養的角度釋《易》的文獻依據。又如釋《大壯・象》曰：

　　　　　克己反禮，壯莫甚焉，故《易》於大壯見之。〔註161〕

「克己反禮」即「克己復禮」，張載以《論語》「克己復禮」釋「君子以非禮弗履」，準確把握了孔子《大象傳》的精神旨歸，認為有剛強壯健之德方能戰勝

〔註160〕《張載集・正蒙》，第 48 頁。

〔註161〕《張載集・橫渠易說》，第 130 頁。

私欲。張載「易為君子謀」的觀點，以及主要從道德修養角度釋《易》的特點，與張載關於《周易》一書性質的認識相一致。也與理學家追求道德形而上學的治學宗旨相一致。張載把人性分為氣質之性和天地之性，而人的認知能力也從而分為聞見之知和德行之知。張載認為學者學以窮理，便能夠變化氣質，除卻氣性之惡，返歸天性純善。而德性之知的獲得必須要通過大心體天地之德，並說：「不尊德性，則學問從而不道。」〔註162〕「尊德性而道問學」見《禮記・中庸》。而張載特別重道德修養，且以德行聞於朝野。正如呂大臨《橫渠先生行狀》所謂「德盛貌嚴」〔註163〕。如王安石讓張載去明州審理苗振案，《行狀》載：

　　　　　或有為之言曰：「張載以道德進，不能使之治獄。」〔註164〕

「或有為之言」指程顥所上《乞留張載狀》，乞狀認為張載是以「道德」名世，治獄之事非儒者擅長。其文載：「竊謂載經術德義，久為士人師法，近侍之臣以其學行論薦，故得召對，蒙陛下親加延問，屢形天獎，中外翕然知陛下崇尚儒學，優禮賢俊，為善之人，孰不知勸？今朝廷必欲究觀其學業，詳試其器能，則事固有係教化之本原於政治之大體者；倘使之講求議論，則足以盡其所至。」程顥所論乃是從道的高度出發，非為私情而發。所謂「夫推案詔獄，非謂儒者之不當為，臣今所論者，朝廷待士之道爾。」〔註165〕總覽《橫渠先生行狀》可知，張載不僅以德行修養釋經，並將從經典中體會出來道德精義用在日常的待人接物、講學交遊、治世安民之上，從而以德行聞於朝野。

第三節　程頤的易學觀

一、聖人作《易》，後學亂經

　　程頤屢屢稱聖人作《易》。《程氏遺書》載：「聖人之道，如河圖、洛書，其始止於畫上便出義。後之人既重卦，又繫辭求之，未必得其理。」〔註166〕

〔註162〕《張載集・正蒙・中正篇》，第28頁。
〔註163〕〔宋〕呂大臨：《橫渠先生行狀》，《張載集・附錄》，第383頁。
〔註164〕《張載集・附錄》，第383頁。
〔註165〕《二程集・程氏文集》，第456頁。
〔註166〕《二程集・程氏遺書》卷十五，第157頁。

又,《周易程氏傳》釋《乾》曰:「上古聖人始畫八卦,三才之道備矣。」〔註167〕《繫辭傳》記載了伏羲「作八卦」的傳說,《史記》也採用了這一說法。然而,二者都沒有詳述伏羲如何作八卦,也沒有詳述八卦具體為何物。《繫辭傳》又有「河出圖,洛出書,聖人則之」之語。一些漢儒將《繫辭傳》這兩處記載結合起來,認為伏羲是依據河圖、洛書「作八卦」。如《禮緯・含文嘉》曰:「伏羲德合上下,天應以鳥獸文章,地應以河圖、洛書。伏羲則而象之,乃作八卦。」〔註168〕又,《漢書・五行志》載:「劉歆以為虙羲氏繼天而王,受河圖,則而畫之,八卦是也;禹治洪水,賜洛書,法而陳之,《洪範》是也。」〔註169〕可見,劉歆認為伏羲僅僅依據河圖「作八卦」。而所謂伏羲「作八卦」就是「畫八卦」。這是將《繫辭傳》所謂伏羲「作八卦」的傳說具體化了。而程頤的觀點又是《禮緯》和劉歆觀點的綜合。《史記》載:「西伯蓋即位五十年。其囚羑里,蓋益《易》之八卦為六十四卦。」〔註170〕《漢書・藝文志》有謂文王「重《易》六爻,作上下篇」〔註171〕。這裡所謂「演三百八十四爻」「益《易》之八卦為六十四卦」「重《易》六爻」的含義與「重卦」含義是否一致,難以確定。最早涉及「重卦之人」的爭論,可追溯至漢魏時期。唐孔穎達《周易正義》卷首第二「論重卦之人」對畫卦、重卦之人有所考辨。〔註172〕程頤所謂「重卦」「繫辭」的「後之人」,顯然指周文王。程頤所謂文王《周易》「未必得其理」,與邵雍推崇所謂伏羲先天易學而不推崇所謂文王後天易學的易學史觀類似。朱熹繼承了這一易學史觀,曾說:「文王之心,已自不如伏羲寬闊,急要說出來。孔子之心,不如文王之心寬大,又急要說出道理來。所以本意

〔註167〕　《二程集・周易程氏傳》,第 695 頁。

〔註168〕　劉玉建撰:《〈周易正義〉導讀》,濟南:齊魯書社,2005 年:第 90 頁。

〔註169〕　〔漢〕班固:《漢書・藝文志》,北京:中華書局,1962 年:第 1315 頁。

〔註170〕　〔漢〕司馬遷撰,〔宋〕裴駰集解,〔唐〕司馬貞索引,〔唐〕張守節正義:《史記》(卷一百二十七《日者列傳》第六十七),中華書局,1999 年:第 2437 頁。

〔註171〕　〔漢〕班固:《漢書・藝文志》,北京:中華書局 1962 年:第 1704 頁。

〔註172〕　《周易正義》卷首第二「論重卦之人」云:「然重卦之人,諸儒不同,凡有四說。王輔嗣等以為伏羲畫卦,鄭玄之徒以為神農重卦,孫盛以為夏禹重卦,史遷等以為文王重卦。故今依王輔嗣以伏羲既畫八卦既自重為六十四卦為得其實,其重卦之意,備在《說卦》,此不具敘。伏羲之時,道尚質素,畫卦重爻,足以垂法,後代澆訛,德不如古,爻象不足以為教,故作繫辭以明之。」參見〔唐〕孔穎達疏:《周易正義》卷首第二「論重卦之人」。參見〔清〕阮元校刻:《十三經注疏・周易正義》,北京:中華書局,1980 年:第 8 頁。

浸失，都不顧元初聖人畫卦之意，只認各人自說一副當道理。及至伊川，又自說他一樣，微似孔子之易，而又甚焉。」〔註173〕

又《周易程氏傳·易傳序》載：「聖人之憂患後世，可謂至矣。去古雖遠，遺經尚存。」〔註174〕依據《繫辭傳》所謂「《易》之興也，其當殷之末世，周之盛德邪？當文王與紂之事邪？」和《繫辭傳》所謂「《易》之興也，其於中古乎？作《易》者，其有憂患乎？」之語，可見，程頤所謂的「聖人」當是指周文王，所謂「遺經」當是指《周易》古經。又，《周易程氏傳》釋《解·六三·象》曰：「聖人又於《繫辭》明其致寇之道」〔註175〕。又，《周易程氏傳》釋《乾·彖》曰：「卦下之辭為《彖》。夫子從而釋之，通謂之《彖》。《彖》者，言一卦之義。」〔註176〕這是明確《彖傳》為夫子所作。又，《周易程氏傳》釋《坤·六三·象》曰：「夫子懼人之守文而不達義也，又從而明之，言為臣處下之道，不當有其功善，必含晦其美，乃正而可常。」〔註177〕這是明確《象傳》為夫子所作。在《周易程氏傳》釋《豫·六二》引《繫辭傳》文：「如二，可謂見幾而作者也。夫子因二之見幾，而極言知幾之道，曰：『知幾其神乎，君子上交不諂，下交不瀆，其知幾乎！』」〔註178〕這是明確《繫辭傳》為夫子所作。又曾說：「《詩·大序》，孔子所為，其文似《繫辭》，其義非子夏所能言也。」〔註179〕甚至於很多人質疑的聖人「觀象制器」，程頤也曲為迴護。《周易程氏傳》釋《鼎》曰：

> 聖人製器，不待見卦而後知象，以眾人之不能知象也，故設卦以示之。卦器之先後，不害於義也。或疑鼎非自然之象，乃人為也。曰：固人為也，然烹飪可以成物，形制如是則可用，此非人為，自然也。在井亦然，器雖在卦先，而所取者乃卦之象，卦復用器以為義也。〔註180〕

《繫辭傳》所謂聖人尚象制器的傳說，細究起來矛盾重重。這些內容無非是

〔註173〕〔宋〕朱熹：《朱子語類》卷六十六，黎靖德編，王星賢點校，北京：中華書局，1986年：第1630頁。
〔註174〕《二程集·周易程氏傳》，第689頁。
〔註175〕《二程集·周易程氏傳》，第904頁。
〔註176〕《二程集·周易程氏傳》，第697頁。
〔註177〕《二程集·周易程氏傳》，第709頁。
〔註178〕《二程集·周易程氏傳》，第780頁。
〔註179〕《二程集·程氏遺書》卷二十四，第312頁。
〔註180〕《二程集·周易程氏傳》，第957頁。

儒者神化設卦觀象對於社會進步的重要意義而已。程頤所謂「卦器之先後，不害於義也」，無非是為了維護孔子《繫辭傳》的神聖地位。

於《易傳》，程頤最重《序卦》，將《序卦》分拆之後，置於卦名之下，不僅引《序卦》解卦名，同時也解釋《序卦》。在《周易程氏傳》釋卦爻辭之時，屢屢言「聖人之深戒也」。對於韓康伯懷疑《序卦》不合古經之蘊，程頤予以明確否定。《程氏遺書》云：「《序卦》非《易》之蘊（韓康伯注），此不合道。」〔註181〕

孔穎達《周易正義》「《周易》《序卦》第十」，詳細講解了卦序之緣由。認為文王「繇六十四卦，分為上下二篇」，但卦序之理不明。故孔子《序卦》「則各序其相次之義」。孔穎達認同韓康伯「非《易》之蘊」之說。又考證說：「今驗六十四卦，二二相耦，非覆即變」，結論是「且聖人本定先後，若元用孔子《序卦》之意，則不應非覆即變。」〔註182〕當然，韓康伯、孔穎達認為《序卦》不合古經之義的論證也存在著漏洞。因為「二二相耦，非覆即變」只是限於三十二對卦每對兩卦之間。將這三十二對卦，對對之間完全打亂，仍然符合孔穎達所謂「二二相耦，非覆即變」的規律。《序卦》不僅明六十四卦之間的「相次之義」，也是對三十二對卦對於對之間「相次之義」的說明。這也許是程頤深信《序卦》深義之所在。

然而對於《說卦傳》《雜卦傳》，程頤從未直接提及。並且對《說卦傳》中那些與其理本論有衝突的內容有過批駁，認為是後儒亂經之語。《程氏遺書》曾載：

> 天地人只一道也。縱通其一，則餘皆通。如後人解《易》，言乾天道也，坤地道也，便是亂說。論其體，則天尊地卑；如論其道，豈有異哉？〔註183〕

顯然，程頤站在道本論的立場上，批評《說卦傳》所謂三才各有其道的說法。程頤對於《說卦》所謂八卦各居八方也有過批評。《程氏遺書》曾載：

> 先儒以為乾位西北，坤位西南。言乾、坤任六子，而自處於無為之地，此大故無義理。〔註184〕

〔註181〕參見《二程集・程氏遺書》，第89頁。
〔註182〕劉玉建撰：《〈周易正義〉導讀》，濟南：齊魯書社，2005年：第441頁。
〔註183〕《二程集・程氏遺書》，第182頁。
〔註184〕《二程集・程氏遺書》，第223頁。

所謂「乾位西北」見《說卦傳》「帝出乎震」章。《說卦傳》是象數易、圖書易的主要理論來源。程頤易學特重義理，對於象數持批評態度。看來，程頤並不認為《易傳》十篇都是孔子所作。而是認為其中雜有後學之言，即程頤《周易程氏傳·易傳序》所謂「前儒失意以傳言，後學誦言而忘味」。

總之，程頤對於《漢書·藝文志》「人更三聖，世歷三古」的易學史觀基本上是認可的。不同的是，《易傳》和漢唐學者最推崇文王《周易》，而視伏羲作八卦為易學史的發端，以文王繫辭為易學史的高潮，以《易傳》為孔子對《周易》古經的解釋和補充。玄學「聖人體無」和「性與天道深微不可言」等觀念對北宋時期的先天易學、圖書易等具有一定的影響。受邵雍易學史觀影響，程頤推崇伏羲畫卦之先天易，而認為文王繫辭之《周易》「未必得其理」，並對《易傳》「混入」象數易的內容持批評態度。

二、隨時變易以從道

程頤並不否認《周易》卦爻辭作為卜筮占驗參考資料的功能，看重的是《周易》經傳神道設教的功能。如釋《乾·九三》「君子終日乾乾，夕惕若，厲，无咎」，曰：「三雖人位，已在下體之上，未離於下而尊顯者也。舜之玄德升聞時也。日夕不懈而兢惕，則雖處危地而无咎。在下之人而君德已著，天下將歸之，其危懼可知。雖言聖人事，苟不設戒，則何以為教？作《易》之義也。」〔註185〕這是認為神道設教是聖人作易得根本宗旨。程頤認為「盡天理，便是易」，同樣把《周易》作為「窮理盡性」之書。〔註186〕可見，程頤是認同張載《易》是窮理盡性之書的觀點。但是，程頤又認為性即理，這樣一來，窮理盡性至命就是一回事了。程頤不否認《周易》可用於卜筮參考，而且認為卜筮之所以能應，乃是因為天下只是一個理。認為卜筮合於天理則驗，不合天理則不驗。只不過在程頤看來，卜筮、推數、推命之類都是無關緊要的雜術而已，不能與儒者窮理盡性之術相提並論。《程氏遺書》載：

卜筮之能應，祭祀之能享，亦只是一個理。蓍龜雖無情，然所以為卦，而卦有吉凶，莫非有此理。以其有是理也，故以是問（一

〔註185〕《二程集·周易程氏傳》，第696頁。

〔註186〕《程氏遺書》云：「天地設位，而易行乎其中矣」；「乾坤毀，則無以見易」。「易不可見，則乾坤或幾乎息矣」。易是個甚？易又不只是這一部書，是易之道也。不要將易又是一個事，即事（一作唯，一作只是）盡天理，便是易也。參見《二程集·程氏遺書》，第31頁。

作心向）焉，其應也如響。若以私心及錯卦象而問之，便不應，蓋
沒此理。今日之理與前日已定之理，只是一個理，故應也。至如祭
祀之享亦同。鬼神之理在彼，我以此理向之，故享也。不容有二三，
只是一理也。如處藥治病，亦只是一個理。此藥治個如何氣，有此
病服之即應，若理不契，則藥不應。〔註187〕

既然卜筮能應、祭祀能享都是一個理，那麼識得此理便不需卜筮、祭祀，也
可以斷吉凶、享鬼神。程頤認為「窮象」「盡數」的易占只是「知巧術數」，
非有德者所當為。《程氏外書》載，程頤曾與邵雍談論易數與易理何者更重
要，即所謂「知易數為知天」，抑或「知易理為知天」。邵雍也不得不承認「知
易理為知天」。〔註188〕又說：「有德者，得天理而用之，既有諸己，所用莫
非中理。……若平心用之，亦莫不中理，但不有諸己，須用知巧，亦有反失
之，如蘇、張之類。」〔註189〕程頤認為「窮象之隱微，盡數之毫忽」無非是
「知巧之士」，絕非「入德之途」。窺見天理一二，自謂「泄天機」，則是尋
流逐末如管輅、郭璞之徒而已。〔註190〕程頤、邵雍二人的談論反映了程頤
理論言辭具有高超的思辨性，其理本論可以和道家道本論相比肩，直接啟發
了朱熹理本論哲學思想。

程頤認為「窮象」「盡數」以占吉凶，非儒者所務，儒者所務是崇德廣業。
這和《易傳》的觀點、張載的觀點都是一致的。程頤曾說《周易》是「示開物
成務之道」之書，即《易》之為書始於「順性命之理」，終於「開物成務之道」。
〔註191〕而且，程頤對於漢唐儒者卜筮以決吉凶、推陰陽災異的做法深為不滿。
批評到，「聖人之憂患後世，可謂至矣。去古雖遠，遺經尚存。然而前儒失意以
傳言，後學誦言而忘味。自秦而下，蓋無傳矣。」而程頤作《周易程氏傳》的
目的就是要復明孔孟之絕學，即所謂「予生千載之後，悼斯文之湮晦，將俾後
人沿流而求源，此傳所以作也。」在義理派易學家看來，把握了義理，即可把
握《易》之聖人之道。至於《易傳·繫辭》所謂《易》有聖人之道四焉」，程

〔註187〕《二程集·程氏遺書》，第51頁。
〔註188〕《二程集·程氏外書》卷第二十，第428頁。
〔註189〕《二程集·程氏遺書》，第14頁。
〔註190〕程頤在《答周閟中書》中說，「必欲窮象之隱微，盡數之毫忽，乃尋流逐末術家之所尚，非儒者之所務也，管輅、郭璞之徒是也。」參見《二程集·程氏文集》卷第九，第615頁。
〔註191〕《二程集·周易程氏傳·易傳序》，第698頁。

頤在《周易程氏傳‧易傳序》中總結道:「推辭考卦,可以知變,象與占在其中矣。」〔註192〕可見,程頤認為僅僅把《周易》當作卜筮之書,是一種淺薄的觀點。在秦漢時代,尚有中古時代的大量的卜筮之書。隨著人們對自然界和人類社會認識的深入,卜筮決疑逐漸為以知識和德性指導人生所替代。從而,大量卜筮類書籍喪失了用武之地,逐漸消失在歷史的長河中。而《周易》正是因為蘊含著深刻的義理而不斷地被重新創造性詮釋,並且不斷地煥發出新的生機。

程頤視「窮象」「盡數」為「知巧」之術,認為非儒者所務,而以孔子《易傳》儒門易為正宗。程頤認為,孔子之前易之大道不顯,而《易傳》就是孔子正《易》之書。《論語》《史記‧孔子世家》都有孔子老而學《易》的記錄。漢唐儒者都認為,這段記錄是孔子感歎學《易》之於寡過的重要意義。程頤則認為,《論語》《孔子世家》所言,正是孔子正《易》使其從卜筮末技之書成為窮理盡性、希聖希賢的君子修身養性之書。正如程頤所謂「乾是聖人道理,坤是賢人道理」。又說,「《易》之有象,猶人之守禮法」。〔註193〕張載也曾說過《周易》乃「聖人與人撰出一法律之書」。程頤解釋這段話的前提,是聖人一言一行俱依天理,不可能有「大過」。從這一前提出發,程頤不可能正確解釋這段話。但是,這樣理解的意義在於肯定《周易》作為儒家經典的價值在於道而非術,在於道而非器。即《易傳》所謂,治《易》「形(成)而上者為之道,形(成)而下者為之器。」在《程氏遺書》《程氏粹言》之中,各有兩處談到孔子五十學《易》。程頤大意是孔子「五十以學《易》」,贊《易》、作《易傳》,使得此後學者學《易》可以無大過。所謂「無大過」,就是不再把《周易》當作「八索」〔註194〕之類的卜筮之末技。這樣《論語》所謂「五十以學《易》」就成為程頤所謂「五十以正《易》」。《程氏遺書》載:

> 當孔子時,傳《易》者支離,故言「五十以學《易》」。言「學」者謙辭。學《易》可以無大過差。《易》之書惟孔子能正之,使無過差。〔註195〕

程頤對《論語》孔子所謂「加我數年,五十以學《易》,可以無大過矣」的解釋,顯然不確切。但說明了程頤對於術數方技一貫的立場。即程頤所謂「前

〔註192〕《二程集‧周易程氏傳》,第 689 頁。
〔註193〕《二程集‧程氏遺書》,第 79 頁。
〔註194〕古人認為「八索」是八卦起源假說之一。
〔註195〕《二程集‧程氏遺書》,第 94 頁。

此學《易》者甚眾，其說多過。聖人使弟子俟其贊而後學之，其過鮮也。」
〔註196〕類似的記載又見《程氏粹言》：「曰：夫子學《易》，而後無大過者，何
謂也？子曰：非是之謂也。」〔註197〕

　　孟子未有一言言及卜筮，甚至未有一言言及《周易》。但是，邵雍、張載、
程頤都認為善《易》、知《易》莫若孟子。因為，只有孟子把孔子之所以為聖
人、之所以是聖之集大成者，準確地概括為「聖之時者」。程頤認為，孔孟之
後儒門易學失傳，大道晦暗，而《周易程氏傳》正是由此而發。總之，程頤認
為《周易》的本質是義理之學，是儒家講「時義」的集大成之作。

三、易，變易也

　　宋儒論易之義時，對於漢儒所謂「易一名含三義」提出尖銳的批評，而
專取易之變易一義。而《易》之命名的本義被淹沒。胡瑗不明了《易傳》所謂
易，有謂易之為書與有謂易之為道的區別。《易》之為書，既講變易之道，又
講不易之道。在《周易口義》中，胡瑗對漢儒所謂易之三義的批駁最為典型，
影響也最大。胡瑗《周易口義‧發題》的宗旨就是論證「大《易》之作，專取
變易之義」。胡瑗首先批評漢儒不易、簡易之說，「於聖人之經繆妄殆甚」。孔
子曾言「名不正，則言不順」，而《易》「為萬世之大法」，怎麼可能有二三之
義，又自相矛盾。接著，胡瑗分別從天道、人事兩方面論證了變易之道的深
刻內涵。就天道而言，胡瑗認為陰陽、寒暑、日月之變易才使得四時順布晝
夜交替，人和萬物得以生成。就人事而言，胡瑗認為吉凶、利害乃至人間治
亂都是人事之得失、情偽以及君子小人之道變易的結果。〔註198〕胡瑗是北宋
初期著名教育家，《周易口義》對宋儒治易影響深遠。程頤多次提到並稱許胡瑗
易學。程頤認為治易之書太多，「《易》有百餘家，難為遍觀」，初學者應當從義
理易學入手，比如，王弼《易注》、胡瑗《周易口義》、荊公《易說》等。至於
象數末技，程頤認為無關儒家旨歸，「餘人《易說》無取，枉費功」。〔註199〕程

〔註196〕《二程集‧程氏遺書》，第 209 頁。

〔註197〕《二程集‧程氏粹言》，第 1228 頁。

〔註198〕胡瑗《周易口義‧發題》云：「以天道言之：則陰陽變易而成萬物，寒暑變
　　　　易而成四時，日月變易而成晝夜。以人事言之：則得失變易而成吉凶，情偽
　　　　變易而成利害，君子小人變易而成治亂。」

〔註199〕《二程集‧程氏文集》「與金堂謝君書」，第 613 頁。這裡需要指出的是，有
　　　　一些學者據此語認為程頤不認同張載的《橫渠易說》，顯然這是誤解。張載

頤這句話並不是否定《橫渠易說》，程頤在世時《橫渠易說》尚未正式刊行。

程頤接受了胡瑗所謂「大《易》之作，專取變易之義」，可以說，《周易程氏傳·易傳序》就是《周易口義·發題》經過提煉而成。而且，《周易程氏傳》中對許多卦爻辭的解釋都有參考胡瑗《周易口義》的地方。程頤在與弟子談論易學時，常常強調易之變易之義。如《程氏粹言》載其言曰：「物窮而不變，則無不易之理。易者，變而不窮也。」〔註200〕對於引用《易傳·繫辭》言變文字，可謂不厭其煩。如《程氏外書》載：「闔闢便是易，一闔一闢謂之變。」〔註201〕而且程頤在釋經過程中，將「隨時取義」說貫穿始終。

程頤也曾談到「生生之為易」，而以道或理釋易之義。因此，程頤所謂道（理）也就具有了具體的內涵，即生生、元善等等。《遺書》載其言曰：「『生生之謂易』，是天之所以為道也」。程頤對於漢儒以「蒼蒼之天」「日月星辰繫處」為天的內涵，甚為不滿。在程頤看來，天實質上只是一個生生之理。善就是繼此生生之理，善就是天道之元，就是「春意」。〔註202〕顯然，程頤認同老子所謂「道生萬物」，只不過是將「道生萬物」改為「理生萬物」。並以老子所謂「三生萬物」解釋「生生之謂易」。〔註203〕程頤稱許道家老莊的某些觀點不足為奇，其理本論正是借用道家具有高度思辨性的思維方式來詮釋儒家易學的結果。程頤以理釋易，易也是形而上的，是非自得不能了知的「密」。《易傳》所謂「聖人以此洗心退藏於密」之「密」本指「密室」之義，程頤卻從「心之自得」處理解。〔註204〕這是以《易傳》所謂密，對治道家道之無和佛教性之空了。

治經講學雖然一有心得體會即付諸筆端，但直至去世也只有《正蒙》初稿傳視弟子，《正蒙》隨後由弟子整理刊行。《橫渠易說》成書很晚，張載弟子、程頤弟子都不曾言及。程頤經常談及張載的易學觀點，有很多相同或相似觀點，足見張載易學對程頤的影響。

〔註200〕《二程集·程氏粹言》，第1266頁。
〔註201〕《二程集·程氏外書》，第337頁。
〔註202〕程頤曾說：「天只是以生為道，繼此生理者，即是善也。善便有一個元底意思。『元者善之長』，萬物皆有春意，便是『繼之者善也，成之者性也』，成卻待佗萬物自成其（一作甚）性須得。」參見《二程集·程氏遺書》，第29頁。
〔註203〕程頤曾說：「有陰便有陽，有陽便有陰。有一便有二，縱有一二，便有一二之間，便是三，已往更無窮。老子亦曰：『三生萬物』，此是生生之謂易，理自然如此。」參見《二程集·程氏遺書》，第226頁。
〔註204〕程頤曾說：「易畢竟是甚？又指而言曰：『聖人以此洗心退藏於密』，聖人示人之意至此深且明矣，終無人理會。易也，此也，密也，是甚物？人能至此深思，當自得之。」參見《二程集·程氏遺書》，第136頁。

　　至於乾坤易簡之德，程頤釋之為平易簡直。《程氏經說‧繫辭》載：

　　　乾坤之道，易簡而已。……平易，故人易知；簡直，故人易從。
　易知則可親，就而奉順。易從則可取，法而成功。親合則可以常久，
　成事則可以廣大。聖賢德業久大，得易簡之道也。天下之理，易簡
　而已。〔註205〕

程頤認為道為一，無所謂天道、地道、人道，故曰：「乾坤之道，易簡而已」。
程頤所謂道字，也可以換成理字。這是程頤通過道理互文、連用，最終以理
代道，避免形式上與道家之道雷同的一個詮釋策略。然而對於老子哲學顛覆
常識的智慧，程頤用起來得心應手，凡常人平常說法，程頤總是反其道而行
之。從程頤和弟子講對之語錄來看，可謂比比皆是。這是宋代經學大膽懷疑
經典，自立義理心路歷程的真實寫照。對於許多學者不解《易傳》為何以乾
坤二卦為「《易》之門」，而乾坤之外六十二卦「易知」等看法，程頤反其道而
解之。程頤《程氏經說‧繫辭》又載：

　　　或曰：乾坤「《易》之門」其義難知，餘卦則易知也。曰：乾坤，
　天地也。……而在卦，觀之乾坤之道簡易，故其辭平直。餘卦隨時
　應變，取捨無常，尤為難知也。〔註206〕

二程以道（理）釋易之義，以道（理）釋天地之道、天地之理。從而，理也相
應地就有了簡易之德。而且程頤用道理之簡易批評王安石新法不能「行以順
道」，導致推行新法上下分心、困難重重。〔註207〕從道理有簡易之德出發，
程頤所謂窮理、盡理的工夫也至為簡易。即主敬以致誠：敬是敬此簡易之道，
誠是誠此簡易之理。而簡易的內涵就是自然而然，就是不造作。〔註208〕就人
事之道理而言，就是公而非私。至為簡易，能誠心行之者即是聖人。程頤從
這一角度批評佛道二教學者，拋棄人倫而求解脫飛昇是逃避人倫責任，是「為
一己之私」。〔註209〕

〔註205〕　《二程集‧程氏經說》，第1027頁。
〔註206〕　《二程集‧程氏經說》，第1031頁。
〔註207〕　《程氏粹言》記其言曰：「新法將行，明道言於上曰：天下之理，本諸簡易，
　　　　　而行以順道，則事無不成者。」參見《二程集‧程氏粹言》，第1222頁。
〔註208〕　《程氏遺書》載其言曰：「『敬以直內』，有主於內則虛，自然無非僻之心。
　　　　　如是，則安得不虛？『必有事焉』，須把敬來做件事著。此道最是簡，最是
　　　　　易，又省工夫。為此語，雖近似常人所論，然持之（一本有久字）必別。」
　　　　　參見《二程集‧程氏遺書》，第149頁。
〔註209〕　程氏曾說：「聖人致公，心盡天地萬物之理，各當其分。佛氏總為一己之私，

　　至於易之不易之義，張載、程頤很少提及。然而對於漢儒所謂「不易」之綱常倫理，二人同樣是推重的，可謂有過之而無不及。「濮儀」是北宋英宗朝一件大事，程頤在《代彭中丞論濮王稱親疏》一文中，視人倫之道為「天地大義」，如《易傳》所謂「乾坤定位」不可變易之理。〔註210〕所謂「乾坤定位不可得而變易者也」，正是沿用了漢儒易之不易之義的說法。可見，程頤認同天下有不易之理。又如程頤釋中庸之庸為常，為經，為定理，為天下不易之理。〔註211〕

　　既然易即理，那麼，在一定的視角下，天、易、道、理、性、神都是「一而已矣」。與道（理）外延相同的概念，程頤都認為是「一而已矣」。如《程氏粹言》載：「子曰：上天之載，無聲無臭之可聞，其體則謂之易，其理則謂之道，其命在人則謂之性，其用無窮，則謂之神，一而已矣。」〔註212〕漢儒所謂易之三義：易簡者德，變易者氣，不變者位。無疑是對《周易》義理的恰當總結，後世將此三義賦予給「易」，而不是賦予給《易》之書，便難免邏輯上的混亂。程頤以理釋易，將易之三義賦予給理，既說易之變易之義，又說理之不可易，難免有矛盾之處。最後，還要回到儒家所謂經權辯證法。例如，從字面意思上看，立與隨含義不同，如同經與權之不同。對程頤隨時取義之說，門生難免有疑問。《程氏粹言》載其回答門生立與隨之間的關係時說：

　　　　子曰：隨者，順理之謂也。人君以之聽善，臣下以之奉命，學者以之徙義，處事以之從長，豈不立哉？言各有當也。若夫隨時而

　　　　　　是安得同乎？聖人循理，故平直而易行。異端造作，大小大費力，非自然也，故失之遠。」參見《二程集・程氏遺書》，第142頁。

〔註210〕　該文稱：「竊以濮王之生陛下，而仁宗皇帝以陛下為嗣，承祖宗大統，則仁廟陛下之皇考，陛下仁廟之適子。濮王陛下所生之父，於屬為伯。陛下濮王出繼之子，於屬為任。此天地大義、生人大倫，如乾坤定位不可得而變易者也。固非人意所能推移。苟亂大倫，人理滅矣。陛下仁廟之子則曰父，曰考，曰親，乃仁廟也。若更稱濮王為親，是有二親，則是非之理，昭然自明，不待辯論而後見也。」參見《二程集・程氏文集》，第515～516頁。

〔註211〕　《程氏遺書》云：「中者，只是不偏，偏則不是中。庸只是常。猶言中者是大中也，庸者是定理也。定理者，天下不易之理也，是經也。參見《二程集・程氏遺書》，第160頁。又，《程氏粹言》云：「子曰：不偏之謂中。一物之不該，一事之不成，一息之不存，非中也。以中無偏故也。此道也，常而不可易，故既曰中，又曰庸也。」參見《二程集・程氏粹言》，第1176頁。

〔註212〕　《二程集・程氏粹言》，第1170頁。

動，合宜適變，不可以為典要，非造道之深，知幾可與權者，不能

與也。〔註213〕

可見，程頤以隨為立，正如學者以變為唯一不變的道理或原則。

四、有理則有氣，有氣則有數

　　在程頤看來，理的特徵是形而上的「密」，其他諸如氣、象、形、質等存在都是形而下的。理則非感官之對象，是心「推」的對象。象和形都是氣化的產物，是感官之對象。而數是氣之用，也是形而下之物。而理是天地萬物之所以然，當然是形而上的。在《程氏遺書》中，程頤曾說：「有理而後有象，有象而後有數」。在《程氏粹言》中又說：「有理則有氣，有氣則有數」。可見，程頤認為氣和象的地位比較相似，常常氣、象連用，表示人物的氣質、形象等外在特徵。如所謂「聖賢氣象」「貴人氣象」「春底氣象」「木底氣象」「儒臣氣象」等。再具體一些，就是常常形象連用。諸如「古人形象」等。總之，程頤所謂「氣象」「形象」都是與理、道相對的形而下的現象。如，程頤曾說：「中有甚形體？然既謂之中，也須有個形象」〔註214〕。又曾說：「聖人之道，不可形象」〔註215〕。程頤所謂數，除指一般的數目、數字、計算之義外，還有三種用法。第一種與禮制有關，如所謂「禮數」「度數」「名數」「分數」等。第二種與程頤所謂「智巧末技」有關，如「術數」「象數」「易數」「算數」「曆數」等。第三種與天命、道（理）的先天必然性有關，如「命數」「常數」「定數」「天數」「氣數」。即程頤曾說：「有理則有氣，有氣則有數，行鬼神者數也。數，氣之用也。……天地之數五十有五，成變化而行鬼神者也。變化言功，鬼神言用。」〔註216〕

　　二程站在義理易學的立場之上，以象數易學為「智巧末技」。程頤的批評完全是出於理性的自覺，並無私情在其中。就私人交情而言，二程與邵雍私交甚厚。但程頤並不同意邵雍重數的先天易學。曾說：「某與堯夫同里巷居三十餘年，世間事無所不論，惟未嘗一字及數耳。」〔註217〕而且，程頤曾批評邵雍「侮玩天地」。認為邵雍之「推數」是術數末技，「要之，亦難以治天下國

〔註213〕《二程集・程氏粹言》，第 1204 頁。
〔註214〕《二程集・程氏遺書》，第 201 頁。
〔註215〕《二程集・程氏遺書》，第 193 頁。
〔註216〕《二程集・程氏經說》，第 1230 頁。
〔註217〕《二程集・程氏外書》，第 444 頁。

家」〔註218〕。顯然，這與程頤治國以道非以術的一貫立場有關。程頤認為邵雍建立的先天易學的象數體系雖囊括了天下萬物之理，實際上反而流於方術之末，侮玩天地而不得大道。曾說：「卜筮之能應，祭祀之能享，亦只是一個理。蓍龜雖無情，然所以為卦，而卦有吉凶，莫非有此理。以其有是理也，故以是問（一作心向）焉，其應也如響。若以私心及錯卦象而問之，便不應，蓋沒此理。」〔註219〕顯然，識得此理，更不需卜筮。這和張載占非卜筮之謂的立場類似。《程氏經說‧易說》載：「天下之理，易簡而已，有理而後有象」。〔註220〕這是說，有形象的存在都是變化之跡，而理則是變化之所以然。即「道非陰陽也」，道也不是「一陰一陽」，而是「一陰一陽」之所以然。〔註221〕顯然，理是是第一位的，是存在之所以然。程頤認為陰陽氣化形成萬物，萬物各有氣象，理則是萬物生成和氣象各異之所以然。《程氏遺書》中多次對「《易》之義本起於數」進行了批駁，相反，程頤認為數之義本起於理。《程氏遺書》云：「張閎中以書問《易傳》不傳，及曰『《易》之義本起於數』。程子答曰：『……來書云「《易》之義本起於數」，謂義起於數則非也。有理而後有象，有象而後有數。易因象以明理，由象以知數，得其義則象數在其中矣。必欲窮象之隱微，盡數之毫忽，乃尋流逐末，術家之所尚，非儒者之所務也，管輅、郭璞之學是也。』又曰：『理無形也，故因象以明理。理見乎辭矣，則可由辭以觀。故曰：『得其義則象數在其中矣。』」〔註222〕從存在論的角度，有理而後有象，有象而後有數。這與漢儒從揲蓍成卦的卜筮流程言數先於象不同。漢儒從揲蓍成卦的流程而言，則是演數而後成卦、成象，觀卦象則知義理。這是從經驗主義的角度看，自然得出「《易》之義本起於數」的觀點。程頤則從本體論的角度審視，自然理是本體，象數是理派生的。

王弼的言象意之辨，是易學史上繞不過的話題。在程頤易學中，所謂「言象意之辨」轉化成了「理象（氣）數之辨」。王弼的「言象意之辨」目的是回歸聖人之意，程頤的「理象（氣）數之辨」目的是彰顯天地萬物之所以然的理。《程氏粹言》載其言曰：「有理則有氣，有氣則有數。鬼神者數也，數者氣

〔註218〕《二程集‧程氏遺書》，第45頁。
〔註219〕《二程集‧程氏遺書》，第51～52頁。
〔註220〕《二程集‧程氏經說》，第1027頁。
〔註221〕《二程集‧程氏遺書》，第67頁。
〔註222〕參見《二程集‧程氏遺書》，第271頁。

之用也。」〔註223〕這裡的程頤所謂數，是定數、運數的含義，不是今天所謂數字之數。程頤主張理生萬物，而萬物都是氣化的產物。因此，有理則有氣。顯然，程頤並沒有把氣當作天地萬物的基質，不是永恆的存在，而是忽然而生，忽然而滅的。在談到氣和其他哲學範疇關係的時候，程頤的觀點難免含糊其辭。與張載言氣與萬物以及其他哲學範疇的關係邏輯之嚴密差距很大。又，《程氏遺書》載：「問：『《太玄》之作如何？』曰：『是亦難矣。必欲撰《玄》，不如明《易》。邵堯夫之數，似《玄》而不同。數只是一般（一作數無窮）。但看人如何用之。雖作十《玄》亦可，況一《玄》乎？』」〔註224〕可見，程頤對待數的態度。「知巧末技」尚且輕視，數更是「知巧末技」之所用而已。「至微者理也，至著者象也」，是程頤在《周易程氏傳·易傳序》中，對理和象根本區別的總結。「體用一源，顯微無間」，是說作為所以然的理並不是天地萬物之外的另一個存在，而是天地萬物之本體，顯現在天地化生萬物的生生不息大化流行的過程中。

程頤對《繫辭傳》所謂「天地之數」「大衍之數」很少言及，僅在《程氏經說》中一見。《程氏經說·易說·繫辭》載：「大衍之數五十數，始於一，備於五。小衍之而成十，大衍之則為五十。五十數之成也。成則不動，故損一以為用。」〔註225〕程頤所謂「小衍之而成十，大衍之則為五十」，似與邵雍言數有關而又不盡相同。邵雍曾言：「五者著之小衍，故五十為大衍也。」〔註226〕從字面意思看，有大衍之數理當有小衍之數與之相對應。張載曾言數需「先言一」，又說過「天下之數止於十」，與程頤所謂「小衍之而成十」含義相近。而太極生天地是宇宙演化的一個階段，天地生萬物是宇宙演化的又一個階段。表現數字上，有太極之一，到天參地兩之數五是一個階段。與程頤所謂「始於一，備於五」之義吻合。看來邵雍、張載、程頤三人曾經討論過這一話題，而程頤與張載的觀點比較接近。

程頤對理象數的看法為朱熹繼承，成為後世的主流觀點。從朱熹對理、象數、辭關係的論述中，可以看出周敦頤、邵雍、張載、程頤易學觀對其易

〔註223〕《二程集·程氏粹言》，第 1227 頁。
〔註224〕《二程集·程氏遺書》，第 231 頁。
〔註225〕《二程集·程氏經說》，第 1230 頁。
〔註226〕參見〔宋〕邵雍著，郭彧整理：《邵雍集·觀物外篇》，中華書局，2010 年：第 91 頁。

學的影響。朱熹說：「嘗謂伏羲畫八卦，只此數畫，該畫天下萬物之理。」〔註227〕這是邵雍先天易學的觀點，程頤也曾說過類似的話。朱熹所謂：「氣便是數。有是理，便有是氣；有是氣，便有是數，物物皆然。」〔註228〕也是綜合張載、程頤的觀點。而朱熹所謂「一每生二，自然之理也。易者，陰陽之變。太極者，其理也。」〔註229〕則是周敦頤和邵雍觀點的綜合。

五、不明義理，不可治經

程頤認為今人治經需先明義理。在與學者講論的過程中，反覆強調，不明義理，不可以治經。至於何以今人治經要先明義理，程頤認為是因為古人的教育體系完備，有禮儀、舞蹈、弦樂、詩歌等等。〔註230〕當然，這無非是前儒不斷美化三代歷史之造作，後儒信之不疑之幻想而已。在此幻想的前提下，程頤認為「今之學者」唯有義理養心一途。而如何把握義理，程頤以學《春秋》為例，認為讀《春秋》就是要明白歷史事件的是非曲直。所謂是非曲直就是《春秋》之義理。而義理就在孔孟言辭之中，故曰「且先讀《論語》《孟子》」，然後才可以治《春秋》。而《中庸》之經權、時中之義理更是理解諸經之關鍵。〔註231〕不合義理之術，不是入於「知巧之末技」，就是入於欺詐之權術。程頤所謂的義理，就在《論語》《孟子》《中庸》《大學》之中，就是

〔註227〕〔宋〕朱熹：《朱子語類》卷六十六，黎靖德編，王星賢點校，北京：中華書局，1986年：第1640頁。

〔註228〕〔宋〕朱熹：《朱子語類》卷六十五，黎靖德編，王星賢點校，北京：中華書局，1986年：第1609頁。

〔註229〕蕭漢明著：《〈周易本義〉導讀》，濟南：齊魯書社，2003年：第242頁。

〔註230〕《程氏遺書》云：「古人為學易。自八歲入小學，十五入大學，舞勺舞象，有絃歌以養其耳，舞干羽以養其氣血，有禮義以養其心，又且急則佩韋，緩則佩弦，出入閭巷，耳目視聽及政事之施，如是，則非僻之心無自而入。今之學者，只有義理以養其心。」參見《二程集·程氏遺書》，第162～163頁。

〔註231〕程頤曾說：「學《春秋》亦善，一句是一事，是非便見於此，此亦窮理之要。然他經豈不可以窮？但他經論其義，《春秋》因其行事，是非較著，故窮理為要。嘗語學者，且先讀《論語》《孟子》，更讀一經，然後看《春秋》。先識得個義理，方可看《春秋》。《春秋》以何為準？無如《中庸》。欲知《中庸》，無如權，須是時而為中。若以手足胼胝，閉戶不出，二者之間取中，便不是中。若當手足胼胝，則於此為中；當閉戶不出，則於此為中。權之為言，秤錘之義也。何物為權？義也。然也只是說得到義，義以上更難說，在人自看如何。」參見《二程集·程氏遺書》，第164頁。

諸如儒家的人倫道德以及中庸之道、經權、時中等。自然，學《易》也是如此。在程頤的言辭中，「繫辭」有二義。一指「文王繫辭」之「繫辭」，亦即卦爻辭，一指孔子《繫辭傳》的簡稱。程頤所謂「今人須看了《易》，方始看得《繫辭》」。這句話裏的「繫辭」指《繫辭傳》。顯然，程頤的這一觀點與張載治《易》需先觀《繫辭》以明道的觀點恰恰相反。而張載的觀點與《易傳》觀點是一致的，即以傳解經。程頤之所以強調先看古經再看《繫辭》。理由是「古之人得其師傳，故因經以明道」。而程頤的時代，漢唐注疏遮蔽了古經義理，使得學者「失其師傳」。〔註232〕而後世學者只能先讀《論語》《孟子》《中庸》《大學》以明義理，明得義理之後始可以治經。程頤這一易學觀為朱熹所繼承。朱熹曾說：「看《繫辭》，須先看《易》。」〔註233〕又曾說：「人自有合讀底書，如《大學》《語》《孟》《中庸》等書，豈可不讀！讀此四書，便知人之所以不可不學底道理與其為學之次序，然後更看《詩》《書》《禮》《樂》。某縱見人說看《易》，便知他錯了，未嘗識那為學之序。」〔註234〕而《周易》之卦爻辭之義理，程頤以為是「卦義」。所謂卦義就是成卦之義，六十四卦成卦之義不盡相同，程頤認為，卦義主要是來自《序卦》。因此，程頤釋經先列《序卦》於首。明白了卦義，才可以讀卦爻辭。就如同讀《詩經》，先明白《詩序》之義理才能讀得《詩》之文。程頤所謂「聖人用意深處，全在繫辭」，其中「繫辭」即「文王繫辭」，也就是《周易》卦爻辭。程頤所謂「若不先求卦義，則看繫辭不得」，其中卦義即《周易程氏傳》常常提到的「成卦之義」「成卦之由」等，其中所謂「繫辭」即文王繫於卦畫之下的卦爻辭。至於何為卦義，《周易程氏傳》認為就是卦名、卦序、卦才中蘊含的義理，而卦爻辭就是對卦義的闡發。為了讓學者把握卦義，程頤釋卦爻辭前，先以「小序」的形式彰顯卦義。例如，先列《序卦》所以明該卦在六十四卦中的序次之義，然後從二體成卦、一爻為主、卦才等方面彰顯成卦之義。程頤於《易傳》諸篇最重《序卦》，正是因為《序卦》明卦之大

〔註232〕　《程氏遺書》云：「如《易》，《繫辭》所以解《易》，今人須看了《易》，方始看得《繫辭》（一本云：古之人得其師傳，故因經以明道。後世失其師傳，故非明道，不能以知經）。」參見《二程集·程氏遺書》，第 164 頁。

〔註233〕　〔宋〕朱熹：《朱子語類》卷六十六，黎靖德編，王星賢點校，北京：中華書局，1986 年：第 1627 頁。

〔註234〕　〔宋〕朱熹：《朱子語類》卷六十七，黎靖德編，王星賢點校，北京：中華書局，1986 年：第 1658 頁。

義。〔註235〕《程氏遺書》載:「問:『《詩》如何學?』曰:『只在《大序》中求。《詩》之《大序》,分明是聖人作此以教學者,後人往往不知是聖人作。自仲尼後（一作漢以來）更無人理會得《詩》。』」〔註236〕因為《詩·大序》先明該篇之義理,所以要先求之《大序》。

其次,程頤認為「觀《易》需看時」〔註237〕。所謂「看時」與程頤重視《序卦》實質上一樣,因為《序卦》所彰顯的正是該卦在天地化生萬物過程中的順序。所謂「看時」,也就是要重視《易傳》所謂「時義」。時義最重要的內涵就是時中。時中一詞見於《中庸》和《易傳》。《中庸》載:「仲尼曰:『君子中庸,小人反中庸。君子之中庸也,君子而時中;小人之（反）中庸也,小人而無忌憚也。』」〔註238〕可見,時中是中庸的主要內涵。《易傳》最重位中、德中以及時中。蒙卦《彖》曰:「蒙亨,以亨行時中也。」程頤又以隨時之義釋時中。如《程氏遺書》載:「季明問:『「君子時中」,莫是隨時否?』曰:『是也。中字最難識,須是默識心通。且試言:一廳則中央為中,一家則廳中非中而堂為中,言一國則堂非中而國之中為中,推此類可見矣。且如初寒時,則薄裘為中,如在盛寒而用初寒之裘,則非中也。更如三過其門不入,在禹、稷之世為中,若居陋巷,則不中矣。居陋巷,在顏子之時為中,若三過其門不入,則非中也。』或曰:『男女不授受之類皆然』曰:『是也。男女不授受中也,在喪祭則不如此矣。』」〔註239〕如,《周易程氏傳》釋《大壯·九二》「貞吉」,曰:

> 二雖以陽剛當大壯之時,然居柔而處中,是剛柔得中不過於壯,
> 得貞正而吉也。……在四則有不正之戒,人能識時義之輕重,則可
> 以學《易》矣。〔註240〕

〔註235〕《程氏遺書》云:「聖人用意深處,全在繫辭,《詩》《書》乃格言。明古之學者,皆有傳授。如聖人作經,本欲明道。今人若不先明義理,不可治經,蓋不得傳授之意云爾。如繫辭本欲明《易》,若不先求卦義,則看繫辭不得。」參見《二程集·程氏遺書》,第13頁。

〔註236〕《二程集·程氏遺書》,第312頁。

〔註237〕《程氏遺書》云:「觀《易》須看時,然後觀逐爻之才。一爻之間,常包涵數意,聖人常取其重者為之辭。亦有《易》中言之已多,取其未嘗言者,亦不必重事。又有且言其時,不及其爻之才,皆臨時參考。須先看卦,乃看得繫辭。」參見《二程集·程氏遺書》,第13頁。

〔註238〕參見〔清〕阮元校刻:《十三經注疏·禮記正義》,北京:中華書局,1980年:第1625頁。

〔註239〕《二程集·程氏遺書》,第214頁。

〔註240〕《二程集·周易程氏傳》,第871頁。

程頤認為大壯的時義就是陽剛大壯之時，而九二之中可以讓陽之大壯變得適中而不過剛。二之中使得九之陽獲得中道而得正。程頤所謂「知時識勢，學《易》之大方也」之感歎，正是為此而發。又釋《夬・象》「有戎勿恤，得中道也」，曰：

> 莫夜有兵戎，可懼之甚也，然可勿恤者，以自處之善也。既得中道又知惕懼，且有戒備，何事之足恤也。九居二雖得中，然非正，其為至善何也？〔註241〕

程頤「看時」而後隨時變易，與王弼所謂適時而變並無實質不同。王弼以卦為時，以爻為適時之變。而王弼《周易略例・明卦適變通爻》所謂「卦有小大，故辭有險易。一時之制，可反而用也。一時之吉，可反而凶也」〔註242〕，與程頤隨時取義可謂異曲同工。

　　至於《繫辭傳》所謂「玩辭」說，程頤也多次提到。《程氏遺書》載：「若天，則誰與佗安排？佗如是，須有道理。故如八卦之義，須要玩索」。〔註243〕不僅學《易》如此，程頤還將玩索之法推至窮理。《程氏遺書》載：「陰陽之際，亦不可截然不相接，廝侵過便是道理。天地之間，如是者極多。艮之為義，終萬物，始萬物，此理最妙，須玩索這個理。」〔註244〕止觀定慧是禪宗修行的重要方法，而禪宗的流行，促使儒家學者重視儒家文獻中類似「止觀定慧」的文字概念。而在理學家看來，《周易》艮卦也是講止的學問，《大學》中更有「知止而後有定，定而後能靜，靜而後能安，安而後能慮，慮而後能得」之語。加上《中庸》所闡述的誠明之道，理學家終於可以說「吾道自足，何事旁求！」〔註245〕「求之六經足矣！」〔註246〕

六、易，盡天理而已

　　程頤的治易宗旨可以概括為「盡天理」。下面從「直承孔孟，闡發時義之大義」「窮理盡性以至於命」「推陰陽消長之理，明君臣進退之道」以及「排拒

〔註241〕　《二程集・周易程氏傳》，第 920 頁。
〔註242〕　〔魏〕王弼著，樓宇烈校釋：《王弼集校釋》，北京：中華書局，1980 年：第604 頁。
〔註243〕　《二程集・程氏遺書》，第 164 頁。
〔註244〕　《二程集・程氏遺書》，第 39 頁。
〔註245〕　張載語，見呂大臨《橫渠先生行狀》，《張載集・附錄》，第 382 頁。
〔註246〕　程頤語，《二程集・程氏遺書》，第 69 頁。

佛老」等四個方面論述程頤的治易宗旨。

（一）直承孔孟，闡發時義之大義

程頤在《周易程氏傳・易傳序》中，闡明了對《周易》總體認識、釋經的目的、方法等。《易傳序》所謂「易，變易也，隨時變易以從道也」，正是程頤易學的綱領。所謂「去古雖遠，遺經尚存。然而前儒失意以傳言，後學誦言而忘味。自秦而下，蓋無傳矣。予生千載之後，悼斯文之湮晦，將俾後人沿流而求源，此傳所以作也」，正是程頤釋經直接目的之所在。程頤所謂「前儒失意」之意、「後學忘味」之味，就是孔子贊《易》之「時義」，就是孟子讚歎夫子「聖之時者」。《彖傳》釋經常常有讚歎卦之時義之語，諸如「時義大矣哉」或卦之「時用大矣哉」之類，如：

> 《大過・象傳》：……大過之時大矣哉！
>
> 《豫・象傳》：……豫之時義大矣哉！
>
> 《隨・象傳》：……隨時之義大矣哉！
>
> 《遯・象傳》：……遯之時義大矣哉！
>
> 《頤・象傳》：……頤之時大矣哉！
>
> 《坎・象傳》：……險之時用大矣哉！
>
> 《睽・象傳》：……睽之時用大矣哉！
>
> 《蹇・象傳》：……蹇之時用大矣哉！
>
> 《革・象傳》：……革之時大矣哉！
>
> 《解・象傳》：……解之時大矣哉！
>
> 《姤・象傳》：……姤之時義大矣哉！
>
> 《旅・象傳》：……旅之時義大矣哉！

程頤認為，不僅以上十二卦有其值得感歎的「時義」、「時用」，他卦亦然。程頤非常重視《序卦》，認為六十四卦皆秩然整齊有序，符示了「天地萬物之情」，符示了天地化生萬物之時序。因此，程頤每解一卦，首先引用《序卦》釋卦名之義，以明其在天地化生萬物時序中的意義。例如，釋屯卦曰：「《序卦》曰：『……屯者，盈也。屯者，萬物之始生也。』……天地生萬物，屯，物之始生，故繼乾坤之後。」〔註247〕同理，程頤所謂「蒙所以次屯也」「所以次蒙也」「所以次需也」，如此之類正是對每卦時義的揭示。《易傳》特別拈出這十

〔註247〕《二程集・周易程氏傳》卷第一，第713～714頁。

二卦，讚歎時義之大，不過是為了提示人們觸類旁通而已。《繫辭傳》亦載：

> 君子藏器於身，待時而動，何不利之有？
>
> 《易》之為書也，原始要終以為質也。六爻相雜，唯其時物也。

卜筮作為決疑工具，可以幫助人們選擇行動的時機。所謂「待時而動」，正是對趨吉避凶而言。易卦下卦象徵事情之始，上卦象徵事情之終。因此，《周易》可以幫助人們「原始要終」。所謂「時物」就是時與事，卦爻辭可以幫助人們分析具體的時勢和事態，從而有所行動，達到趨吉避凶的目的。在先秦儒家典籍之中，諸如《論語》《孟子》《荀子》等都有關於「與時偕行」的思想。而《易傳》可謂闡發關於時義思想代表之作之一。《論語・鄉黨》載，孔子見到「色斯舉矣，翔而後集」而感歎「山梁雌雉，時哉時哉！」又《論語・鄉黨》載孔子所謂「君子有三戒」，都與時義相關。孔子認為，天有其時，人當與時偕行。這一觀念被後世儒者繼承，成為儒家君子之道的重要內涵之一。在後儒的心目中，孔子也是與時偕行的楷模。如，《荀子・仲尼》載：「故君子時詘則詘，時伸則伸也。」〔註248〕可見，荀子所謂的君子當與時偕行。荀子心目中的理想人格，即大儒之道，也具有時行、時中的特徵。如《荀子・非相》所謂「大儒之稽」，即是「與時遷徙，與世偃仰，千舉萬變，其道一也。」〔註249〕荀子認為天有其時，效法天道就是要順應天時，是為「能參」。如《荀子・天論》載：「天有其時，地有其財，人有其治，夫是之謂能參。」〔註250〕有關孔子為行時義之楷模的說法，孟子的話最為經典。關於孔子為「聖之時者」、孔子為行時義的「集大成者」的說法，出於《孟子・公孫丑上》。其文曰：

> 伯夷，聖之清者也；伊尹，聖之任者也；柳下惠，聖之和者也；孔子，聖之時者也。孔子之謂集大成。集大成也者，金聲而玉振之也。金聲也者，始條理也；玉振之也者，終條理也。始條理者，智之事也；終條理者，聖之事也。〔註251〕

至於孟子得出這一結論的證據，就是孟子對於孔子一生的精準概括：

〔註248〕參見〔清〕王先謙撰，沈嘯寰、王星賢點校：《荀子集解》，北京：中華書局，1988年：第113頁。

〔註249〕參見〔清〕王先謙撰，沈嘯寰、王星賢點校：《荀子集解》，北京：中華書局，1988年：第85頁。

〔註250〕參見〔清〕王先謙撰，沈嘯寰、王星賢點校：《荀子集解》，北京：中華書局，1988年：第308頁。

〔註251〕〔清〕焦循：《孟子正義》，北京：中華書局，1987年：第672頁。

　　　　可以仕則仕，可以止則止，可以久則久，可以速則速，孔子也。

　　　　皆古聖人也，吾未能有行焉。乃所願，則學孔子也。」〔註252〕

久速以時、時止時行的與時進退之道，也是孔子中庸之道的重要內涵，也正是孟子所願學之所在。孔子所謂「不占而已」，荀子所謂「善為易者不占」，大概意為能知時識勢而不必占。宋儒對於先秦儒家時義思想，對於孔孟知時義之大義，是有共識的。如，北宋著名易學家邵堯夫論孟子知《易》、識《易》的經典之言：

　　　　知《易》不必引用講解，是為知《易》。孟子之言未嘗及《易》，

　　　　其間易道存焉，但人見之者鮮耳。人能用《易》，是為知《易》。如

　　　　孟子，可謂善用《易》者也。〔註253〕

在先秦儒家學者中，二程最為稱道孔孟。而在二程心目中孔孟正是《易傳》所謂「與時偕行」的楷模。《程氏遺書》載其言曰：「孟子曰：『孔子，聖之時者也。』故知《易》者，莫若孟子。」〔註254〕王弼《周易略例》把《易傳》孔子贊時義之大義的思想，具體化為對卦辭、爻辭之義理的經典概括，即所謂「夫卦者，時也；爻者，適時之變者也」〔註255〕；「卦以存時，爻以示變」。〔註256〕程頤之所以讚揚王弼易學，這也是其中主要的原因之一。程頤曾說：「看《易》，且要知時。凡六爻，人人有用。聖人自有聖人用，賢人自有賢人用。」〔註257〕所謂「人人有用」，指的是每一個社會角色都能從《周易》經傳中找到有章可循的指導路徑，為師為學，為君為臣，為父為子等等無不依《周易》經傳所揭示的天地之道而行。《程氏粹言》有一段程子關於能立之義與隨時之義，回答弟子質疑的話：

　　　　子曰：隨者，順理之謂也。人君以之聽善，臣下以之奉命，學

　　　　者以之徙義，處事以之從長，豈不立哉？言各有當也。若夫隨時而

　　　　動，合宜適變，不可以為典要，非造道之深，知幾可與權者，不能

〔註252〕〔清〕焦循：《孟子正義》，北京：中華書局，1987年：第215～216頁。

〔註253〕〔宋〕邵雍著，郭彧整理：《皇極經世・觀物外篇》下之中，北京：中華書局，2010年：第159頁。

〔註254〕《二程集・程氏遺書》，第327頁。

〔註255〕〔魏〕王弼著，樓宇烈校釋：《王弼集校釋》，北京：中華書局，1980年：第604頁。

〔註256〕〔魏〕王弼著，樓宇烈校釋：《王弼集校釋》，北京：中華書局，1980年：第598頁。

〔註257〕《二程集・程氏遺書》，第249頁。

與也。〔註258〕

可見，識時對於程氏易學的意義。程氏在語錄中反覆強調這一點，可謂得到孔門易學之精髓。正所謂「學者全要識時。若不識時，不足以言學」〔註259〕。正因如此，程頤解《易》最重「時」。所謂「隨時取義說」，成為程頤打破傳統釋易體例的藉口。他反覆強調「知時識勢」方可言《易》。如釋《離·象傳》曰：

> 二五以柔順麗於中正，所以能亨。……或曰：二則中正矣，五以
> 陰居陽，得為正乎？曰：離主於所麗。五，中正之位；六，麗於正位，
> 乃為正也。學者知時義而不失輕重，則可以言《易》矣。〔註260〕

離卦之六二，以陰爻而居下體之中位，中而且正。六五居上卦之中，本來居中而不正，為何「得為正乎？」程氏以為「離主於所麗」。如釋《離·六五》曰：「唯其明也，故能畏懼之深，至於出涕；憂慮之深，至於戚嗟，所以能保其吉也。……時當然也。」〔註261〕《離》卦的性質是「文明」，而「文明」之性體現於六二、六五二爻。從離卦爻畫之排列組合總體看來，「六五」位上體之中，可謂得中。而程頤常常以得中亦是得正。體現了程頤「中重於正，中即正矣」的觀念。再如釋《大壯·九二》曰：

> 二雖以陽剛當大壯之時，然居柔而處中，是剛柔得中，不過於
> 壯，得貞正而吉也。〔註262〕

陽爻居陰位是不得正，這是《易傳》王弼《周易注》爻位說的通例。按此通例，大壯卦九二爻當然是不得正。程頤卻說，大壯之時，以剛居柔則能剛柔兼濟。以剛居陽如「九三」，按爻位說本來得正，程頤則認為「剛之太過，則無和順之德。」〔註263〕在大壯之時，以剛居柔得中才能「貞正而吉」。這是綜合了卦時說和爻位說而言。如此一來，不正之爻因為或不過剛或不過柔而得吉。當位說就失去了作為體例的意義。程頤推重「知時識勢，學《易》之大方也」與其對「易之義」的認識有關。《周易程氏傳》曰：「易，變易也，隨時變易以從道也。」程頤認為是「隨時變易以從道」，是孔孟易學的宗旨。

〔註258〕　《二程集·程氏粹言》，第 1204 頁。
〔註259〕　《二程集·程氏遺書》，第 15 頁。
〔註260〕　《二程集·周易程氏傳》，第 850 頁。
〔註261〕　《二程集·周易程氏傳》，第 853 頁。
〔註262〕　《二程集·周易程氏傳》，第 871 頁。
〔註263〕　《二程集·周易程氏傳》，第 871 頁。

（二）隨時變易以從道，窮理盡性以至於命

「窮理盡性以至於命」是先秦儒家心性學說之經典命題，也是儒門易學宗旨之所在。《易傳》之後，由孟子繼承並進一步深入闡發，形成孟子的心性學說。宋代之後，程頤易學繼承了孔孟易學的宗旨，對理、性、命的內涵進行了符合時代潮流的創造性詮釋。理、性、命三者的外延一致，而程頤站在理本論的立場上審視三者，得出三者內涵無實質差別的結論。因此，「窮理盡性以至於命」就約化為窮理或盡天理。《程氏遺書》記載程頤與邵伯溫的一段關於「心、性、天只是一理」的對話。邵伯溫對「心、性、天只是一理」的疑惑代表了多數學者的觀點。程頤的說法畢竟與先秦儒家經典之言不盡一致。對此，程頤不得不反覆解釋道：「自理言之謂之天，自稟受言之謂之性，自存諸人言之謂之心。」〔註264〕又曰：「理也，性也，命也，三者未嘗有異」。〔註265〕

宋代學者對於漢唐注疏關於《中庸》所謂「誠者天之道」解釋不認同，又無新的解釋可資參考。因此，不少學者經常提出的疑問。《程氏粹言》記載了程氏關於這句話的理解，便於我們理解程氏理本論立場：

> 或問：何謂誠？何謂道乎？子曰：自性言之為誠，自理言之為道。其實一也。〔註266〕

程頤所謂道理性命「其實一也」，相對而言還好理解。至於天地神鬼與天道性命也是「其實一也」，這就讓那些熟讀先秦儒家經典的學者不能不產生疑惑。為此，程氏在與弟子的交談中有過反覆的答問：

> 或問天、帝之異。子曰：以形體謂之天，以主宰謂之帝，以至妙謂之神，以功用謂之神鬼，以情性謂之乾，其實一而已。所自而名之者異也。夫天，專言之則道也。〔註267〕

> 子曰：上天之載，無聲無臭之可聞，其體則謂之易，其理則謂之道，其命在人則謂之性，其用無窮，則謂之神，一而已矣。〔註268〕

這樣，在程頤看來，天、道、性、心實質上都是一理而已。《中庸》所謂誠，孟子所謂「思誠」，《繫辭傳》所謂「精義入神」「窮神知化」，與《說卦》所謂

〔註264〕 《二程集・程氏遺書》，第296～297頁。
〔註265〕 《二程集・程氏遺書》，第274頁。
〔註266〕 《二程集・程氏粹言》，第1182頁。
〔註267〕 《二程集・程氏粹言》，第1225頁。
〔註268〕 《二程集・程氏粹言》，第1253頁。

「窮理盡性以至於命」都可以說是盡天理、窮理而已。《程氏遺書》記其言曰：
「盡天理，便是易也。」〔註269〕

　　至於如何窮理，《程氏遺書》載：

　　　　或問：「進修之術何先？」曰：「莫先於正心誠意。……窮理亦

　　多端，或讀書講明義理，或論古今人物別其是非，或應接事物而處

　　其當，皆窮理也。」〔註270〕

關於修養工夫，程頤常常講持敬和存誠，敬與誠無非是敬此一理、誠此一理。
用現代語言來說，就是對宇宙大自然之運行規律存此敬畏之心。但是，誠與
敬還是有內涵上的區別。如至於誠與敬的關係，程頤說：「主一者謂之敬。一
者謂之誠。主則有意在。」〔註271〕程頤以「一」為誠，顯然受《周易》所謂
「誠者天之道」和道家以「一」為道的影響。又曰：「誠則無不敬。未至於誠，
則敬然後誠。」〔註272〕從易學的角度講，程頤又把誠、敬與乾道、坤道聯繫
起來。認為誠、乾道是聖人之道，而敬、坤道是賢人之道的。前者的文獻依
據是《乾文言》所謂「閑邪存其誠」，後者的文獻依據是《坤文言》所謂「敬
以直內，義以方外」。故而，程頤曾說：「乾是聖人道理，坤是賢人道理。」
〔註273〕類似的說法又見《程氏遺書》：「『忠信所以進德，修辭立其誠所以居
業』者，乾道也。」〔註274〕從而，敬而至誠就是由賢而入聖。

（三）推陰陽消長之理，明君臣進退之道

　　《周易》古經常常有大人、君子與小人對言，而很少陰陽、剛柔、君臣
對言的文字。《易傳》則以乾坤、陰陽喻男女、夫婦、父子、君臣、上下、尊
卑等，以剛柔、陰陽喻君子之道、小人之道等。程頤則將這一說法推而廣之，
用來解釋《周易》經傳文字所蘊含的儒家人倫之道，而猶重尊陽抑陰、君明
臣忠。

　　《周易》本身就是王室貴族的占筮之書，經常涉及到君臣、君民關係。
卦畫描摹三才關係，本身也有上下、尊卑等級關係的內涵。至於易卦六爻和
爵位的對應關係，至漢代之時，《易緯·乾鑿度》才有明確說法。如：「初為元

〔註269〕　《二程集·程氏遺書》，第31頁。
〔註270〕　《二程集·程氏遺書》，第188頁。
〔註271〕　《二程集·程氏遺書》，第315頁。
〔註272〕　《二程集·程氏粹言》，第1170頁。
〔註273〕　《二程集·程氏遺書》，第79頁。
〔註274〕　《二程集·程氏遺書》，第133頁。

士，二為大夫，三為三公，四為諸侯，五為天子，上為宗廟。」〔註275〕《乾鑿度》主要以爻位喻上下、尊卑的等級關係，然而並沒有將此用以解釋卦爻辭何以吉何以凶。程頤則結合卦爻之陰陽屬性，將陰陽爻進一步人格化，將卦爻辭蘊含的義理公式化為君臣共治天下的進退屈伸之道。

程頤認為一卦六爻的初爻之位有無位下民之象，這與《乾鑿度》以初爻之位為元士之象不同。在程頤看來，初六常常有下民之象，又有陰之或柔順安靜或暗弱遲疑等象；初九常常有賢者在下之象，又有陽之或剛明果決或躁動冒進等象。如釋《噬嗑·初九》曰：

> 九居初，最下無位者也。下民之象，為受刑之人。〔註276〕

又，程頤認為一卦六爻的上爻處尊位之上，亦無位。在頤卦上九，程頤將其人格化為諸如伊尹、太公望、孔明等不臣之臣，或曾子、子思等不事王侯之人，或為有剛明之德的君師。又如釋《蠱·上九》「不事王侯，高尚其事」，《程氏易傳》曰：「上九居蠱之終，无繫應於下，處事之外，無所事之地也。以剛明之才，無應援而處無事之地，是賢人君子不偶於時而高潔自守，不累於世務者也，故云『不事王侯，高尚其事』。古之人有行之者，伊尹、太公望之始，曾子、子思之徒是也。不屈道以徇時，既不得施設於天下，則自善其身，尊高敦尚其事，守其志節而已。」〔註277〕程頤嘗以孔明自許，又曾為皇帝侍奉講經書。故而上九也是程頤人生的定位。又釋《蠱·上九·象》「不事王侯，志可則也」，曰：「如上九之處事外，不累於世務，不臣事於王侯，蓋進退以道，用捨隨時，非賢者能之乎。」

至於二、三、四爻位，程頤基本上吸收《易緯》的觀點，視為其地位各異的臣子。如釋《大有·九三》「公用亨於天子，小人弗克」，曰：「故三當大有之時，居諸侯之位，有其富盛，必有亨通乎天子，謂以其有為天子之有也，乃人臣之常義也。」〔註278〕

稍有不同的是，程頤以四爻為近君之大臣。認為九四之大臣以剛居柔，而有剛而不過、誠明果決、剛柔兼濟等德性。如釋革卦九四爻，程頤認為九四以陽剛居柔則剛不過。而「四非中正，而至善」的原因，一則是「陽剛，革

〔註275〕 林忠軍：《〈易緯〉導讀》，濟南：齊魯書社，2002 年：第 87 頁。
〔註276〕 《二程集·周易程氏傳》，第 804 頁。
〔註277〕 《二程集·周易程氏傳》，第 792～793 頁。
〔註278〕 《二程集·周易程氏傳》，第 770 頁。

之才也」，二則是「得近君之位，革之任也」，三則是「剛而不過，近而不逼」，四則是「居水火之際，革之勢也」。〔註279〕程頤一生正值北宋改革之時。改革不僅事關國家存亡、家族興衰，也事關程頤的學術生涯。這就是程頤為什麼特別看重革卦九四爻的原因了。革卦九四爻的位為近君而不迫，德為剛明而處柔，能進能退。在程頤看來，以其兄程顥當之恰如其分。

　　大多數情況下，程頤以五爻言君，其他爻位則籠統言臣。這樣，在《易傳》主要以陰陽喻君子、小人之道，而《周易程氏傳》則主要以爻位之間的關係論君臣之道，以陰陽喻剛柔、明暗之性。九五得道則為剛明有為之君，失道則為躁動冒進之君；六五得道則為賢明順從之君，失道則為柔暗無為之君；九二、九三、九四得道則為剛明有為之臣，失道則為剛躁無禮之臣；六二、六三、六四得道則為柔順賢明之臣，失道則為陰暗姦佞之臣。再以「隨時取義說」統籌各種釋經體例，諸如卦才說、卦變說、卦主說、爻位說、乘承必應說等。在《周易程氏傳》中，很少有卦爻不言君臣之道。而且程頤常常徵引歷史上君臣進退之故事，輔助論證自己所闡發的君臣進退之道。流風所至，楊萬里《誠齋易傳》每一爻俱引歷史上君臣進退之史事為證。李光地《周易折衷》則視六十四卦每卦之五爻俱是一卦之主，宛如天下俱以天子為主。《周易》古經寓君子、大人之義於吉凶悔吝的卜辭之中，《易傳》則寓君子進德修身之道於剛柔往來之中，《周易程氏傳》則寓君臣進退之道於陰陽盈虛之道中，把《周易》完全解說成為一部君臣治國安邦的教科書。

（四）排拒佛老

　　對於道家學說，程頤曾肯定其言道體之善，而批評其人生哲學。程頤對於道家老莊學說並沒有一概否定，甚至，對道家老莊言道體有所稱許和借鑒。程頤曾說：「莊生形容道體之語，盡有好處。老氏『谷神不死』一章最佳。」〔註280〕對於老子之言時有稱引，認同老子關於道體自然之說。程頤從理（道）本論的立場出發，強調道理的超越性。而道理的超越性主要體現在它是自然而非人為安排。「自然」「無為」成為程頤的口頭禪。例如，程頤曾以老子所謂「三生萬物」比附《易傳》所謂「生生之謂易」。《程氏遺書》載：「有陰便有陽，有陽便有陰。有一便有二，縱有一二，便有一二之間，便是三，已往更無

〔註279〕《二程集·周易程氏傳》，第 954 頁。
〔註280〕《二程集·程氏遺書》，第 64 頁。

－157－

窮。老子亦曰：『三生萬物。』此是生生之謂易，理自然如此。『維天之命，於穆不已』，自是理自相續不已，非是人為之。如使可為，雖使百萬般安排，也須有息時。只為無為，故不息。」〔註281〕但是，程頤對老莊的人生哲學則非常不滿。在《程氏外書》中程頤曾反駁老子「聖人不仁」的觀點。如曰：「聖人豈有不仁？所患者不仁也」，又曰：「聖人則仁，此其為能弘道也。」〔註282〕顯然，程頤對於老子不願行仁是不認同的。另外，對其「虛而生氣」說和「語道德而雜權詐」提出批評。張載也有類似的觀點，這大概就是張程之間經常探討易學問題所取得的共識。至於莊子形容道體，程頤有讚譽，也稱引過莊子的一些言論。如，稱許「其嗜欲深者，其天機淺」之語。〔註283〕又如引用過：「本以利心得之，故學者亦以利心失之也」之語。〔註284〕但是，程頤從理本論出發批評莊子的齊物論。如說：「莊子齊物。夫物本齊，安俟汝齊？」〔註285〕程頤對莊子「齊物論」的批評實際上未得要領。莊子所謂「齊物」，乃是從道一的角度觀物。事實上，莊子的觀點是辯證的。因為，莊子還有從「物萬」的角度觀物的觀點。即以類似於「物觀物，物不齊」。而程頤所謂「齊物」是從理一的角度觀物，而且缺乏辯證的觀點。

程頤對佛教學說的批評可以歸結為「不知其道」而「攻其跡」。程頤從儒家立場出發，認為佛老二教學說危害甚大，原因是「其言近理」。〔註286〕其中，又以排拒佛教學說為主。一則，「道家蕭索」，其危害小。道家言道體有值得稱道之處。再則，佛教風行天下，對於文化精英誘惑力更大。佛教學者大談性命道德，誘惑才高之人聞風向學，而程頤排拒佛教學說的方法就是闡發儒家的性命道德之說，所謂「惟當自明吾理」。〔註287〕

程頤對佛教學說的看法與對道家學說看法類似，大體肯定其言道體之說，批評其人生哲學和修養工夫。曾說：「佛、莊之說，大抵略見道體，乍見不似聖人慣見，故其說走作。」〔註288〕又《程氏粹言》載：「夫百氏諸子未有不善

〔註281〕 《二程集・程氏遺書》，第 225～226 頁。
〔註282〕 《二程集・程氏外書》，第 410 頁。
〔註283〕 《二程集・程氏遺書》，第 42 頁。
〔註284〕 《二程集・程氏粹言》，第 1171 頁。
〔註285〕 《二程集・程氏遺書》，第 264 頁。
〔註286〕 《二程集・程氏遺書》，第 138 頁。
〔註287〕 《二程集・程氏遺書》，第 38 頁。
〔註288〕 《二程集・程氏遺書》，第 156 頁。

道德仁義者，考其歸宿則異乎聖人也。」〔註289〕這是說，在道德仁義方面諸家學說差別不大，然而旨歸則異。《程氏遺書》載其言曰：

> 先生不好佛語。或曰：「佛之道是也，其跡非也。」曰：「所謂跡者，果不出於道乎？然吾所攻，其跡耳；其道，則吾不知也。使其道不合於先王，固不願學也。如其合於先王，則求之六經足矣，奚必佛？」〔註290〕

對於佛教徒虔誠修行，程頤認為只是相當於《周易》中所謂「敬以直內」，而缺乏《周易》所謂「義以方外」。〔註291〕程頤認為所謂佛教疏於「義以方外」，就是無道體之發用，「一務上達而無下學」，見之於心之跡，惟是自私怖死而已。這和張載所謂佛教學說「無本天道為用」觀點類似。這大概也是二人探討學問所取得的共識。又說：「佛氏之道，一務上達而無下學，本末間斷，非道也」。〔註292〕也就是說，「佛者平居高談，自謂見性得盡，至其應物處事，則有惘然不知者，是實未盡所得也。」〔註293〕程頤認為，儘管佛教言道德性命高深玄妙、略近道體，但是不能無過。因為，程頤認同孟子所謂人之性與牛馬之性有異。故而批評佛教所謂「蠢動含靈，皆有佛性」〔註294〕的觀點。程頤還認為佛教關於生死輪迴的說法有道理，但對於生死態度是錯誤的。曾說：「佛氏於陰陽、生死、古今未之識也，而謂得夫形而上者，與吾聖人無二致，可乎？」〔註295〕至於儒、佛之根本差異，程氏說：「聖人本天，釋氏本心」〔註296〕。這與張載「孔孟所謂天，彼所謂道者」區分儒家與二教的差異不盡相同。

主靜是佛教修養工夫的主要特點，而程頤則主敬。有學者問敬是否就是靜，程頤回答說，言靜是入於佛氏之說。並用孟子所謂「心勿忘，勿助長」予以反駁。〔註297〕程頤認為二教主靜，與儒家工夫不同。至於儒家言止與佛教言止或禪定之異同，程頤認為儒家所謂止，是止其所當止，與佛教以無

〔註289〕《二程集・程氏粹言》，第1180頁。
〔註290〕《二程集・程氏遺書》，第69頁。
〔註291〕《二程集・程氏遺書》，第74頁。
〔註292〕《二程集・程氏粹言》，第1179頁。
〔註293〕《二程集・程氏粹言》，第1158頁。
〔註294〕《二程集・程氏遺書》，第29頁。
〔註295〕《二程集・程氏粹言》，第1162頁。
〔註296〕《二程集・程氏遺書》，第274頁。
〔註297〕《二程集・程氏遺書》，第189頁。

心言止不同。〔註 298〕

第四節 張載與程頤易學觀比較

易學觀是易學家對易學史上帶有普遍性問題的基本觀點。時代不同，易學家們所關注的易學問題不盡相同。他們之間的爭論話題也不盡相同。後世學者繼續對這些問題發表意見，逐步形成各具時代特色的易學觀。在今天看來，這些問題無外乎以下幾個問題：諸如作易之人、聖人作易之意、易之三義、聖人言意與象數的關係、如何治易、治易的宗旨等等。例如，帛書《易傳》《要》篇記載了子貢和孔子之間關於史巫易與儒門易的異同。辨別了二者對待數與德、祝卜與德義的不同態度。《繫辭》言「《易》有聖人之道四焉」，則是辭、變、象、占四道不廢。這一問題演化為後世易學家的「言象意」之辨，以及象數易與義理易之學派之爭。又如關於作易之人，《繫辭》《史記》言「伏羲作八卦」，強調伏羲始創設八卦。至於八卦的具體內涵，不得而知。而《漢書》言「伏羲畫八卦」，則強調伏羲畫出由陰陽爻疊成的八卦卦畫。《史記》有所謂「周文王演三百八十四爻」、周文王「蓋益易之八卦為六十四卦」，《漢書・藝文志》有所謂「人更三聖，世歷三古」、周文王「重易六爻，作上下篇」〔註 299〕，《易緯・乾鑿度》有所謂「易之三義」等記載。這些記載都是後世學者爭論的話題。《周易正義》卷首記載了孔穎達關於魏晉以降學者對「易之三名」「重卦之人」「卦辭爻辭誰作」「夫子十翼」等爭論的總結。北宋時期，學者從疑經蔓延至疑傳。對於《春秋》三傳、《禮記》等提出質疑。許多易學家懷疑孔子曾作「十翼」。而圖書易與義理易之爭集中到數與理何者在先、何者更為根本之上。現代學者主要爭論《周易》的作者、《周易》一書的性質以及成書時間等問題。

張載和程頤都是儒家聖人及其經典的忠實信仰者。他們所不滿的只是漢唐儒者對儒家經典破碎大道、遮蔽聖人之意的章句訓詁而已。就易學而言，他們主要反對漢代今文經學流於讖緯迷信的陰陽災異說，不滿秦漢儒者過分關注現實政治操作而忽視易學中的天道性命學說。而玄學化易學卻以老莊玄

〔註 298〕程氏曾說：「釋氏言定，異乎聖人之言止。夫於有美惡因而美惡之，美惡在物，我無心焉。苟曰吾之定，不預於物，然物未嘗忘也。聖人曰：止隨其所止而止之，止其所也。」參見《二程集・程氏粹言》，第 1178 頁。
〔註 299〕〔漢〕班固：《漢書・藝文志》，北京：中華書局，1962 年：第 1704 頁。

言推論道德性命，這正是張載易學和程頤易學撥亂反正的對象。

　　張載對伏羲作八卦、文王作上下篇、孔子作《易傳》都深信不疑。程頤則對《繫辭傳》《說卦傳》中言象數的內容表示懷疑，並予以批評，認為是後儒亂經之語摻入。張載和程頤關於《周易》經傳作者理解的這一點差異與二人對卜筮的態度有關。張載認同《繫辭》所謂辭、變、象、占四道不廢的觀點，對於卜筮決疑持肯定態度。《正蒙‧樂器篇》載：「衍忒未分，有悔吝之防，此卜筮之所由作也。」〔註300〕又，《橫渠易說‧繫辭》釋「卜筮者尚其占」曰：「尚占則謀必知來」〔註301〕。顯然，張載認同《尚書‧洪範》關於卜筮有決疑功能的觀點，對於卜筮「謀必知來」的功能是肯定的。況且，古代文獻中不乏聖人卜筮決疑的記載。張載擅於推命術，也說明他重視占卜對於謀劃未來、藻鑒人物的積極意義。既然卜筮可以作為聖人決疑的工具，那麼就沒有必要懷疑《易傳》中與卜筮、象數有關的內容。因此，張載對《易傳》與卜筮關係密切的象數方面的內容同樣重視。有學者質疑孔子作《易傳》，論據就是《易傳》中有許多文字不是孔子的話。事實上，孔子編撰、整理解釋《周易》古經的材料不可能也沒必要都是孔子自己的話、自己的思想。《周易》成書後逐漸流行，至孔子治易之前，肯定已經存在很多解釋、講解《周易》古經的資料。孔子將這些材料整理之後，用於講學並加入自己的理解也合情合理。張載認為，古代文獻所謂「作」有始創之義。顯然，說孔子作《易傳》是合乎情理的。可見，張載認為《周易》經傳都是聖人所作還是比較深刻的。而程頤則認為卜筮推數是「知巧末技」而已，對於推陰陽災異的象數易學不屑一顧。《程氏遺書》曾記其言曰：「必欲窮象之隱微，盡數之毫忽，乃尋流逐末，術家之所尚，非儒者之所務也，管輅、郭璞之學是也。」〔註302〕正因為程頤認為象數是「尋流逐末」，所以程頤否認《繫辭傳》《說卦傳》等關於象數的內容為夫子所作。認定這些「尋流逐末」之辭是後人亂經之語。這與歐陽修懷疑《繫辭》等內容非孔子所作是相似的。顯然，歐陽修、程頤的質疑正是缺乏對《易傳》作歷史的考查，對《易傳》成書過程的曲折性、複雜性認識不夠。歐陽修的質疑源於他對《繫辭傳》中某些文辭的語言文字層面的考辨，程頤的觀點則是出於他對象數易學的門戶之見。

〔註300〕　《張載集‧正蒙》，第 59 頁。
〔註301〕　《張載集‧橫渠易說》，第 198 頁。
〔註302〕　《二程集‧程氏粹言》，第 271 頁。

　　張載雖然認同《易傳》辭、變、象、占四道兼顧的易學觀，但是他強調《易》神道設教的功能。對於易教，《禮記・經解》云：「潔靜精微，《易》教也」，又云：「潔靜精微而不賊，則深於《易》者也」。〔註303〕《周易》推天地尊卑、陽主陰從而明貴賤上下、人倫綱常，寓仁義善惡之義於吉凶悔吝之辭中，故曰「潔靜精微」。而利用卜筮決疑行不善之事則妨仁害義，故曰失之賊。張載也曾說：「《易》之為書，有君子小人之雜。」〔註304〕張載認為學易、治易，目的在於窮理盡性。《正蒙・太和篇》曰：「知虛空即氣，則有無、隱顯、神化、性命通一無二，顧聚散、出入、形不形，能推本所從來，則深於《易》者也。」〔註305〕這是說，《周易》所明易道無非是動靜交感、往來屈伸。知易、識造化則能夠見幾明義，而屈伸順理、行善積義則可以窮理盡性。從這一意義上講，《周易》是君子成就聖賢人格、盛德廣業的書，故曰「《易》為君子謀」。《橫渠易說》釋「《易》與天地準」，曰：

> 《易》之為書與天地準。易即天道，獨入於爻位繫之以辭者，此則歸於人事。蓋卦本天道，三陰三陽一升一降而變成八卦。錯綜為六十四，分而有三百八十四爻也。因爻有吉凶動靜，故繫之以辭，存乎教誡。使人動則觀其變而玩其占，其出入以度，內外使知懼。又明於憂患與故，無有師保，如臨父母。聖人與人撰出一法律之書，使人知所向避，《易》之義也。〔註306〕

張載認為「卦本天道」而爻辭「歸於人事」，依爻辭之教戒可以修省身心。因此，強調《周易》是「聖人與人撰出一法律之書」。既不否認《周易》可以用於卜筮決疑、趨吉避凶，也不否認《周易》寓教戒於吉凶悔吝的勸善懲惡之義。又《橫渠易說》載：

> 辭各指其所之，聖人之情也；指之以趨時盡利，順性命之理，臻三極之道也；能從之則不陷於凶悔矣，所謂「變動以利言」者也。然爻有攻取愛惡，本情素動，因生吉凶悔吝而不可變者，乃所謂「吉凶以情遷」者也。能深存繫辭所命，則二者之動見矣。又有義命當吉當凶、當否當亨者，聖人不使避凶趨吉，一以貞勝而不顧，如「大

〔註303〕〔清〕阮元校刻：《十三經注疏・禮記正義》，北京：中華書局，1980 年：第1609～1610 頁。

〔註304〕《張載集・橫渠易說》，第 193 頁。

〔註305〕《張載集・正蒙》，第 8 頁。

〔註306〕《張載集・橫渠易說》，第 181～182 頁。

人否亨」「有隕自天」「過涉滅頂凶无咎」、損益「龜不克違」及「其
命亂也」之類。三者情異，不可不察。〔註307〕

張載認為卜筮決疑、推辭考卦以「趨時盡利」，就是「順性命之理，臻三極之
道」。依據聖人所繫之辭而行，可以避免陷於凶悔。然而，也有「生吉凶悔吝
而不可變者」，即有「義命」在，則當「一以貞勝而不顧」。顯然，張載認為趨
吉避凶而妨害德行仁義是不可取的。張載曾說「占非卜筮之謂」，認為推陰陽
盈虛也可以明屈伸進退之道。聖人不僅不疑不卜，能知易識造化、明屈伸進
退之道亦不必卜。程頤也有類似的觀點：卜筮靈驗是因為有靈驗之理，鬼神
祭祀能亨是因為有能亨之理。而在程頤的思想中，萬理本一理。若能明理、
盡理，自然不必卜筮。程頤所謂理就在《周易》卦爻辭中，從而推辭明理則
象、變、占在其中矣。

關於易之三義，張載和程頤都強調易之變易之義。而且，二人對變易之
義的詮釋都有創新之處。張載認為易即造化之謂。這是對《繫辭》所謂「生生
之謂易」、《易緯》以日離月坎合生萬物說的深化。從虛氣相即的自然觀出發，
張載認為陰陽之氣氤氳交感聚而化生萬物，散而為氣復歸太虛。這一變化過
程就是造化，就是易。張載並沒有正面論述易之三義，對於易之不易之義更
無提及。張載以為天地之道自然平易，這就是乾坤易簡之德。《橫渠易說》釋
《繫辭》所謂「易則易知，簡則易從」曰：「惟其平易，則易知易從」〔註308〕。
又曰：「乾至健無體，為感速，故易知；坤至順不煩，其施普，故簡能。」
〔註309〕程頤所謂「隨時變易以從道」則是對胡瑗《周易口義》易之變易說的
深化，是程頤對《易》之為書的總體把握。程頤把隨時、變易、從道三者結合
起來，使得變易既有「隨時」的依據，又有「從道」的目的。從而與庸俗的見
風使舵、趨炎附勢變易觀區別開來。程頤從理本論出發，認為易即是理。如
《程氏粹言》載：「子曰：上天之載，無聲無臭之可聞。其體則謂之易，其理
則謂之道，其命在人則謂之性，其用無窮則謂之神。一而已矣。」〔註310〕至
於易之不易之義，就是程頤所謂「隨時變易以從道」之「道」。也就是《繫辭》
所謂天尊地卑之義、《乾鑿度》所謂上下貴賤之位、董仲舒所謂「天不變，道

〔註307〕　《張載集·橫渠易說》，第 208～209 頁。
〔註308〕　《張載集·橫渠易說》，第 178 頁。
〔註309〕　《張載集·橫渠易說》，第 179 頁。
〔註310〕　《二程集·程氏粹言》，第 1170 頁。

亦不變」之道。至於易之簡易之義，程頤認為就是講天地之道、天下之理平易簡直自然而然而已。《程氏經說》載：

> 乾坤之道，易簡而已。乾始物之道易，坤成物之能簡。平易，故人易知；簡直，故人易從。易知則可親，就而奉順。易從則可取，法而成功。親合則可以常久，成事則可以廣大，聖賢德業久大，得易簡之道也。天下之理，易簡而已。有理而後有象，成位乎其中也。〔註311〕

正因為程頤認為天下之理具有簡易之德，程頤盡易、盡天理的修行工夫也至簡至易。他的持敬以致誠的工夫說，也正是來自《坤‧文言》所謂「君子敬以直內，義以方外，敬義立而德不孤」，和《乾‧文言》所謂「閑邪存其誠」「修辭立其誠」。《程氏遺書》載：

> 居敬則自然簡。「居敬而行簡」，則似乎簡矣，然乃所以不簡。
> 蓋先有心於簡，則多卻一簡矣。居敬則心中無物，是乃簡也。〔註312〕

如此或讀書明理乃至盡理，或靜坐持敬乃至心中無物，程頤的修養與佛道二教誦經、打坐的修行工夫形式上沒有太大差別了。張載也主張讀書明理，認為讀書多則明理多，因為一物各有一物之理。因此，張載主張六經之書常常讀，而其他天文地理之書也讀。程頤主張理一，萬理只是一理。因此，輕視知巧末技之書。張載也主張無心、無物，然而張載所謂無心乃是大心體天，所謂「民胞物與」是視天地萬物無一物非我的胸懷。張載又主張盡性，即行善積義，踐履禮儀，通過變化氣質而復返天性，達到與天地同德。這與程頤持敬以致誠的工夫複雜多了。

與玄學家常常辯論象、數、言、意不同，理學家常常辯論理、氣、象、數。由於自然觀的不同，張載和程頤關於理、氣、象、數關係的論述也不盡相同。張載的宇宙模式是：

> 太虛之氣（幽）→象（明）→物（明）→象（明）→太虛之氣（幽）

張載認為太虛之氣聚而為物，物散而復歸太虛之氣。同時，氣之聚散必有象顯現。張載認為物、象都可感、可名狀，而物有形體，象無形體。張載認為太虛之氣是天的實質，而地的實質是物之大者。天無形，為浮動運旋之陽氣；

〔註311〕《二程集‧程氏經說》，第 1027 頁。
〔註312〕《二程集‧程氏經說》，第 294 頁。

地有體，為凝聚靜止之陰氣。萬物則為天地合氣而生，或根於天或根於地。萬物的運動變化源自天之神，天降命成萬物之性。萬物之形體來自地。象屬於天，形屬於地。至於數，張載認為天地間本無數，數僅僅是表示氣化的順序而已。《橫渠易說》釋「天一，地二，天三，地四，天五，地六，天七，地八，天九，地十」云：「天混然一物，無有終始首尾，其中何數之有？然此言特示有漸爾。理須先數天，又必須先言一，次乃至於十也。且天下之數止於十，窮則自十而反一。又數當止於九，其言十者，九之耦也。」〔註313〕至於數與天地萬物的關係，張載認為，「理須先數天，又必須先言一」；地二（兩）天三（參），通其數為五；「乾坤正合為坎離，坎離之數當六七」，「坎離合而後萬物生」；「得天地之最靈為人，故人亦參為性，兩為體，推其次序，數當八九。八九而下，土其終也，故土之為數終於地十」。〔註314〕張載認為有形體之物都有成毀，物毀則散而復歸太虛之氣。表現為數，則是「十終反一」。

道、理在張載思想中經常出現，卻是普通的範疇。張載也常常使用天道、天理，從而道和理也就一些來自天的超越義。道和理在先秦文獻中經常出現，有時連言而有時對言，含義有所關聯而不同。《韓非子·解老》中有一段文字，最能代表先秦文獻中道和理的異同關係，其文曰：

> 道者，萬物之所然也，萬理之所稽也。理者，成物之文也；道者，萬物之所以成也。故曰：道，理之者也。物有理，不可以相薄；物有理不可以相薄，故理之為物之制。萬物各異理，而道盡稽萬物之理，故不得不化；不得不化，故無常操。無常操，是以死生氣稟焉，萬智斟酌焉，萬事廢興焉。〔註315〕

凡理者，方圓、短長、粗靡、堅脆之分也，故理定而後可得道也。〔註316〕由此可見，在先秦文獻中，理是一物區別於他物的屬性，故曰「萬物各異理」。而道則是「萬物之所然」。顯然，萬物異理而同道。張載基本上繼承先秦文獻中理的用法，也沒有探討理與氣、象、數的關係。而程頤則將理提升到先秦文獻中道的高度，理繼承了儒家文獻中天的超越義、主宰義。在程頤的哲學思想體系中，理是萬物之所以然，是形而上的範疇。其他諸如氣、象、形、質

〔註313〕《張載集·橫渠易說》，第 194 頁。
〔註314〕《張載集·橫渠易說》，第 195 頁。
〔註315〕韓非子校注組：《韓非子校注》，江蘇人民出版社，1982 年：第 199～200 頁。
〔註316〕韓非子校注組：《韓非子校注》，江蘇人民出版社，1982 年：第 202 頁。

等都是形而下的範疇。程頤認為，理是心「推」的對象，象和形都是氣化的產物，是感官把握的對象。而數是氣之用，也是形而下之物。《程氏遺書》載：「有理而後有象，有象而後有數」。類似的話又見《程氏粹言》，其文曰：「有理而後有氣，有氣而後有數」。可見，程頤認為氣和象地位相似。因此常常氣、象連用，表示人物的氣質、形象等外在特徵。程頤所謂數，除指一般的數目、數字、計算之義外，還有另外三種用法。第一種與禮制有關，如所謂「禮數」「度數」「名數」「分數」等。第二種與程頤所謂「智巧末技」有關，如「術數」「象數」「易數」「算數」「曆數」「推數」等。第三種與天命、道（理）的先天必然性有關，如「命數」「常數」「定數」「天數」「氣數」等。

張載和程頤治易雖然都注重義理，注重闡發天道性命學說，而二人對於如何學易、治易觀點不盡一致。張載強調《繫辭傳》對於治易的重要意義，認為觀《易》必由《繫辭傳》。程頤則強調《序卦》對治易的重要意義。因為《序卦》彰顯了卦之義理，而程頤認為不先明義理不可治經。《繫辭傳》之所以對於治易具有的重要意義，是由其內容決定的。首先，《繫辭傳》介紹了《周易》產生的歷史背景。例如，追述了作為易學史開端的伏羲作八卦，和後世聖人觀象制器、垂教天下的歷史傳說。特別是伏羲象天、法地、取諸人和萬物而作八卦以象徵天地人三才的傳說，把易學的立論基礎歸之於三才說。又如，介紹了周代殷商時期，文王憂患惕懼、保德安民而繫辭演爻作《周易》的歷史動機。文王、周公將以往歷史上僅僅用於趨吉避凶的卦爻辭提升到盛德廣業的王道政治高度，使得《周易》古經能夠經過孔子《易傳》創造性詮釋，從而成為儒家治學、修身乃至治國平天下的經典。這正是《周易》與普通卜筮之書的本質區別。其次，《繫辭傳》保留了揲蓍、演數、立卦的大衍筮法。使得後世之人可以據此瞭解筮數、卦畫、爻題的來歷和含義。而大衍筮法分、掛、揲、扐蓍草所模擬的正是古人太極分而為天地、天地合氣生人和萬物而成三才的宇宙觀，從而揭示了易卜、易學的哲學基礎。又次，《繫辭傳》介紹了與古經密切相關的概念和術語，便於後人理解易學中特殊的符號和文辭。例如，卦、爻、彖、辭、象、變、占等的含義，陽卦陰卦、諸爻爻辭及其特徵等等，這些都是理解古經必不可少的資料。最重要的是，《繫辭傳》揭示了易學天尊地卑、崇陽抑陰的神道設教的初衷，以及孔子治易「觀其德義」「和順於道德而理於義，窮理盡性以至於命」的治易宗旨。正因為如此，張載特別重視《繫辭傳》，解讀最為詳細。張載易學中創新性的範疇和命題也是在注釋

《繫辭傳》的過程中得以闡發的。

　　與張載不同，程頤易學特重隨時變易、與時偕行之義，特重尚陽剛、抑陰柔的上下貴賤之義。前者可謂程頤哲學的方法論，後者可謂程頤哲學的理論歸宿。而程頤《程氏經說・易說・繫辭》正是對《繫辭傳》中關於別尊卑、分貴賤的「乾坤之義」、剛柔相推的變化之道等內容的解讀。而對於《繫辭傳》中那些與象數易學相關的內容則沒有關注。程頤易學最重時義、中正、剛明等義理。尤其是時義，程頤認為這是成卦之義的最重要內涵。所謂成卦之義，程頤也稱卦義。而《序卦》所揭示的六十四卦「相次之義」又是時義最重要的內涵。因此，程頤釋經首列《序卦》中該卦的「相次之義」。然後再結合二體、二象、卦才等闡發卦義。而在注解卦辭、彖辭、象辭、爻辭之時常常以卦義為基礎。這一做法並非程頤首創，李鼎祚《周易集解》釋經時已經先裂《序卦》置於卦名之下，再引眾人釋經之語。韓康伯認為《序卦》所明六十四卦相次之義非古經本義，只是「蓋因卦之次，託象以明義」。孔穎達認同韓氏觀點，並舉六十四卦卦象「二二相偶，非覆即變」證明韓氏「託象以明義」之說。孔氏、韓氏認為《序卦》是孔子「託象以明義」，並非文王本義，因此「不取深蘊之義」。〔註317〕事實上，孔穎達所謂「二二相偶，非覆即變」是不確切地。諸如坤與屯、蒙與需、訟與師乃至小過與既濟等三十一對卦之間就不存在「二二相偶，非覆即變」的規律。韓康伯所謂「託象以明義」是不全面。張載和程頤都不同意孔氏、韓氏的觀點。張載曾說：「《序卦》不可謂『非聖人之蘊』，今欲安置一物，猶求審處，況聖人之於《易》！其間雖無極至精義，大概皆有意思。觀聖人之書，須布遍細密如是，大匠豈以一斧可知哉！」〔註318〕程頤認為《序卦》所明卦義就是六十四卦本義，忽視了六十四卦三十二對卦對對內部「二二相偶，非覆即變」的卦象關聯，也是片面的。程頤釋經首重《序卦》，也是輕視《周易》古經像數內容的表現。

　　程頤認為「不明義理，不可以治經」，而程頤所謂義理主要指孔孟之道，就是《論語》《孟子》《大學》《中庸》等儒家經典所揭示的方法論和人生觀。例如，與時偕行的方法論，中正、尚陽的立場，三綱五常的人倫大道等。這些內容都被涵括在《周易程氏傳・易傳序》所謂「隨時變易以從道」的命題中。程頤認為「隨時變易」就是《易傳》中孔子所讚歎的「時義」，就是孟子所讚

〔註317〕參見劉玉建：《〈周易正義〉導讀》，齊魯書社，2005 年：第 441 頁。
〔註318〕《張載集・橫渠易說》，第 238 頁。

歎孔子之「聖之時者」，就是《中庸》所謂的「君子之中庸也，君子而時中」。程頤所謂「從道」之道就是董仲舒所謂「天不變，道亦不變」的人倫綱常。因此，程頤主張先讀《論語》《孟子》《大學》《中庸》，待明白了義理之後再治經。而《序卦》集中體現了「時義」「卦義」，這就是程頤強調《序卦》對於治易的重要意義。

　　《易傳》特別重視乾坤兩卦對於理解全經的示範作用。《易傳》有《文言傳》贊乾健坤順之大義。《繫辭》反覆強調乾健坤順之義，乾健坤順集中體現了《周易》尚陽抑陰的君子之道，是理解《周易》全經立意的關鍵。張載和程頤二人繼承了《易傳》的觀點，對於乾坤二卦論述甚詳。張載認為乾卦諸爻是講君子修德進業，從而由學者經大人最終成就聖人境界的，並引孔子、顏子、孟子的修行境界予以說明。《周易》並無聖人一詞，常常有大人、君子與小人對言。《易傳》中於大人、君子之外亦言聖人。孔子教育學生，常常是通過行仁踐禮以成就君子人格。孔子時代所謂聖人是德位兼備、生知且有天命在身，周公是孔子心目中聖人的典範。張載則認為學可以至聖，認為學者在成就聖人境界的過程中還有大人境界這一階段。強調學者通過思勉可至大人境界。而張載所謂聖人境界則是「猶天之不可階而升」，認為成就聖人境界需勉勉不息，修德廣業不止，直至德盛仁熟，自然成性，成性則從心皆天。先秦文獻中常常有聖賢對舉，聖言其德而賢言其能，並不強調有高下之分。而張載言德行境界則無賢人這一層次，大概以賢為能而非言德行。程頤言德行境界則有聖賢之分，所謂乾之誠言聖人之道而坤之敬言賢人之道。如果加上普通的學者，則程頤所謂修行工夫也可分為三個階段，相應有學者、賢人、聖人三種境界。《文言傳》有謂乾九五「聖人作而萬物睹」『『飛龍在天』，乃位乎天德」，張載認為《文言傳》「不言帝王而言『天德』，位不足道也，所性不存焉。」〔註319〕據此，張載認為聖人境界重在德行而非尊位。至於坤卦，張載認為是講地道、妻道、臣道的。程頤認為乾卦是講聖人之道的，而坤卦是講賢人之道的。程頤的依據是《中庸》以誠言天道，《周易》以乾卦言天道，而且《乾文言》言君子修德亦言誠。例如，《乾文言》載：「庸言之信，庸行之謹，閑邪存其誠」。又曰：「忠信所以進德也，修辭立其誠所以居業也」。在《周易》，坤代表眾人。《坤文言》言君子修德則曰：「君子敬以直內，義以方外。敬義立而德不孤」。因此，程頤認為《坤文言》言敬，是言賢人之道。而《乾

〔註319〕《張載集・橫渠易說》，第 78 頁。

文言》言誠，是言聖人之道。從而得出持敬以致誠的由賢入聖的修行工夫說。

　　張載和程頤都認為《周易》經傳是講義理的經典。二人都把易學作為排拒佛老二教學說的理論工具，認為佛老二教學者談天道性命恍惚夢幻，是不能「見易」、「識易」的結果。張載認為《周易》是聖人講「性與天道」之書，學《易》就是識造化，進而窮理盡性以至於命。據此，張載以闡發儒家天道性命學說、弘揚孔孟君子之道、排拒佛老為治易宗旨。與講師章句之儒、文章詩賦之儒不同，張載和程頤都認為漢唐儒者沒有繼承孔孟之道，使得儒家義理淹沒於詞章訓詁之中。因此，兩人都強調治經當心有自得，自出義理。張載認為治學當「心解」，以「復明」被訓詁章句所遮蔽的「聖人之意」。而漢唐儒者不能把天道性命相貫通，是聞道不能心解。張載所謂聖人之意就是修德廣業，弘揚君子之道，繼承了《易傳》闡發孔子「觀其德義」、進君子而退小人的易學觀。張載還明確提出「《易》為君子謀」的命題。在釋經的過程中，常常把君子德性修養放在首位。並以闡發君子窮理盡性、誠明合一的成性躋聖工夫為目標。顯然，這是受《大象傳》的啟發。《大象傳》附在《彖傳》之下，講了君子如何效法卦象以修德廣業。張載認為易道無非是陰陽盈虛消長，而學者學易、治易就是識陰陽盈虛之道而明屈伸進退之理。而卦爻辭之吉凶悔吝，在於使人「出入以度，內外使知懼，又明於憂患與故」。在此意義上，張載認為《周易》乃是「聖人與人撰一法律之書」。《易傳》認為《周易》乃文王於危難時作，故充滿著憂患意識。張載所謂「《易》為君子謀」，正是這一憂患惕懼精神的深化。

　　張載和程頤對佛道二教學說的自然哲學有所肯定，主要對其人生哲學展開批判。張載肯定了老子言道體之自然，對於老子所謂聖人不仁則不予認同。張載所謂道體指太虛，對於莊子言太虛、言氣化有所借鑒。莊子曾言：「是以不過乎崑崙，不遊於太虛。」〔註320〕又說：「通天下一氣耳，聖人故貴一。」〔註321〕又曰：「人之生，氣之聚也。聚則為生，散則為死。」〔註322〕而張載也以氣的聚散論生死，但否認道家將太虛與氣理解為「本原」與「派生」的關係。

〔註320〕〔清〕郭慶藩撰，王孝魚點校，《莊子集釋》（新編諸子集成），北京：中華書局，1961 年：第 758 頁。

〔註321〕〔清〕郭慶藩撰，王孝魚點校，《莊子集釋》（新編諸子集成），北京：中華書局，1961 年：第 733 頁。

〔註322〕〔清〕郭慶藩撰，王孝魚點校，《莊子集釋》（新編諸子集成），北京：中華書局，1961 年：第 733 頁。

認為這樣會陷於「有生於無」的錯誤結論。張載批判的主要是道教所謂「有生於無」和「殉生執有者，物而不化」的成仙說。至於佛教，張載曾肯定其言道體之虛無。所謂「誠而惡明」，即指佛教學者「略知體虛空為性，不知本天道為用」。所謂天道之用就是儒家聖人神道設教、參天地而化育萬物，從而崇德廣業、窮理盡性的「至命」之說。針對二教學者嚮往西方極樂世界、追求羽化飛昇的人生哲學，張載批評到「言乎失道則均」。張載以「體用殊絕」批評釋老二教學說，較程頤批評釋老二教「心跡」之私，理論批判的意味更為濃厚些。

　　程頤從理本論角度出發，強調《周易》經傳「時義」之大義，認為二教學者企圖成佛、成仙的人生追求不過是「怖死愛生」而已。張載的窮理盡性至命說，強調學以變化氣質、大心體天，從而成性至聖。程頤認為性即理之在人，並不區分窮理、盡性、知命。這是源於二人對《孟子》《易傳》中相關範疇的不同理解。張載基本上繼承了先秦儒家對於這些範疇的理解。例如，張載認為萬物各有其理。又，張載認為萬物天命之性同而氣質之性各異，又認為「知與至為道殊遠」。知僅僅是知曉，而至則是踐行而成。知性、知命（天）僅僅是認識到了性、命的含義，成性則是行善積義、大心體天而與天性、天德同。至命則是踐行禮儀、盛德廣業，直至完成天所賦予的人生使命。程頤則認為心、性、理、命其實一也。其釋孟子所謂「盡其心，知其性」，曰：「心即性也。在天為命，在人為性，論其所主為心，其實只是一個道。苟能通之以道，又豈有限量？天下更無性外之物。若云有限量，除是性外有物始得。」〔註323〕又曾說：「在天為命，在義為理，在人為性，主於身為心，其實一也。」〔註324〕程頤常常引孟子所謂「盡其心者，知其性也。知其性，則知天矣」證明心、性、命、理為一，實際上是對《孟子》原文的誤讀。孟子所謂盡心、知性本不同，又與存心、養性有異。修身立命與《易傳》所謂至命也不同。張載和程頤都認同孟子關於孔子「聖之時者」的說法，即孔子為人處世「可以速而速，可以久而久，可以處而處，可以仕而仕」。程頤認為孟子的結論源於《易傳》孔子與時偕行的時義之說。而程頤所謂「隨時變易以從道」的命題正是源於此。與張載關注學者自誠明、自明誠以成就大人、聖人的境界不同，程頤則主張持敬以致誠的由賢入聖的修行工夫。張載繼承了《易傳》闡發修德

〔註323〕　《二程集・程氏遺書》，第 204 頁。
〔註324〕　《二程集・程氏遺書》，第 204 頁。

廣業的君子之道，主張推陰陽盈虛之道以明屈伸進退而成就君子人格。程頤
則延續了象數易學對政治的積極關注，其推陰陽消長之理主要目的是明君臣
進退之道。只不過，程頤用君明臣忠的德行修養，代替了象數易學的天人感
應、災異遣告。張載進士及第，在中央、地方任職任職十餘年。相對而言，卻
常常置身於政治漩渦之外，而比較關注社會教育。他的學說主要是面對普通
學者。程頤以帝師自居，雖然不曾真正入仕，卻關心朝政，置身政治漩渦而
難以自拔。其學說主要內容是闡發君明臣忠、進退以道的政治哲學。

　　對於佛道二教學說，張載肯定其言道體之自然，但是否定道家有生於無
和佛教以世界為幻化的觀點。對二教成仙、成佛之說予以批評，而提倡儒家
參贊化育之說。二教之間，張載和程頤都認為佛教對儒家的危害更為嚴重。
因此，排佛的言辭更為辛辣。程頤曾批評老子學說雜有權詐之術，批評莊子
強為齊物，而稱許老子谷神不死說和莊子形容道體說。至於儒家與二教學說
的本質差異，《正蒙・乾稱篇》載：「孔孟所謂天，彼所謂道。」〔註325〕與張
載不同，程頤認為儒家本天，釋氏本心。《程氏遺書》記其言曰：「《吳書》言
天序、天秩。天有是理，聖人循而行之，所謂道也。聖人本天，釋氏本心。」
〔註326〕為了彌縫理本論與先秦儒家文獻言天、言道、言理的差異，程頤有
時不區分天與道、理之異。有時以天為形而下之物，以道、理為形而上的
「密」。張載常常用道之體用界定佛道二教學說，對於佛道二教言道體有所
肯定，批評的矛頭主要指向佛道二教言道體之用。程頤常常用心與跡界定
佛道二教學說。認為釋氏之學，「於『敬以直內』則有之矣，『義以方外』則
未之有也。」〔註327〕體用說是張載和程頤常常用以批評佛道二教學說的工
具。二人以有體無用為體用殊絕，以兼體達用為「合內外之道」。如程頤曾云：
「『敬以直內，義以方外』，合內外之道也。釋氏內外之道不備者也。」〔註328〕
程頤認為佛教學說，從跡上看，既以死生恐人，又自怖死生而逃山林。《程氏
遺書》載：

　　　　先生不好佛語。或曰：「佛之道是也，其跡非也。」曰：「所謂
　　跡者，果不出於道乎？然吾所攻，其跡耳；其道，則吾不知也。使

〔註325〕 《張載集・正蒙》，第64頁。
〔註326〕 《二程集・程氏遺書》，第274頁。
〔註327〕 《二程集・程氏遺書》，第74頁。
〔註328〕 《二程集・程氏遺書》，第118頁。

其道不合於先王，固不願學也。如其合於先王，則求之六經足矣，
奚必佛？」〔註329〕

所謂「道是跡非」，可能指張載的觀點。而「或曰」可能是張載弟子的提問。
張載曾批評佛道二教有道體而無道體之用。程頤反問「所謂跡者，果不出於
道乎」，似乎是認為張載批評佛教不該區分道與跡。從程頤理本論的視角看，
道是體跡是用，然而體用不二，道不在跡外。其實，程頤不僅曾稱許老莊、釋
氏言道體，也常常批評佛道二教學者言道體。《程氏遺書》載：「佛、莊之說，
大抵略見道體。」〔註330〕又，《程氏遺書》載：

釋氏本怖死生，為利豈是公道？唯務上達而無下學，然則其上達
處豈有是也？元不相連屬，但有間斷，非道也。孟子曰：「盡其心者，
知其性也。」彼所謂「識心見性」是也。若「存心養性」一段事則無
矣。彼固曰出家獨善，便於道體自不足（一作已非矣）。〔註331〕

可見，程頤對於佛教言道體既有所肯定又有所批評，與張載做法並無太大差
別。而且，程頤既「攻其跡」，又認為佛教學說「有是心則有是跡」。這是由
「攻其跡」而「攻其心」了。〔註332〕程頤所謂「吾所攻，其跡耳」，則是事
實。程頤批評二教學者怖死獨善，可謂擊中二教學說的要害。

《禮記》《大學》《中庸》有一套儒家為學、做人、成就聖賢境界的工夫
論。《大學》講為學之道，有止、定、靜、安、慮、得之說。始於「止於至善」
的初衷，終於「明明德」的境界。張載、程頤都以艮卦之止釋《大學》之止，
都把乾坤二卦解釋成成就聖賢境界的路徑。張載釋乾卦，體貼出一套「與時
消息，順性命，躬天德而誠」，由學者經過大人終至聖人的工夫路徑。程頤則
分別從坤卦、乾卦體貼出持敬至誠，由學者經賢者終至聖者的工夫路徑。張
載的修行工夫具體內容可以說是讀書窮理、積善行義、變化氣質、踐行禮制。
或由誠至明，或由明至誠，終至誠明的聖人境界。而程頤的修行工夫，讀經
明理、積善行義、踐行禮制等則與張載一致。而程頤默然獨坐、持敬以致誠，
與二教言靜、言定在外在形式上看不出差異。學者對此常有疑惑，程頤則以
《周易》所謂「止」開示學者。《程氏遺書》記其言曰：

〔註329〕《二程集·程氏遺書》，第69頁。
〔註330〕《二程集·程氏遺書》，第156頁。
〔註331〕《二程集·程氏遺書》，第139頁。
〔註332〕《二程集·程氏遺書》，第155頁。

> 　釋氏多言定，聖人便言止。且如物之好，須道是好；物之惡，
> 須道是惡。物自好惡，關我這裡甚事？若說道我只是定，更無所
> 為，然物之好惡，亦自在裏。故聖人只言止。所謂止，如人君止於
> 仁，人臣止於敬之類是也。《易》之艮言止之義曰：「艮其止，止其
> 所也。」〔註333〕

張載學說較多地繼承了先秦儒家的範疇和命題。而程頤的學說較多地借鑒了二教學說言道體、言道用的思維方式。程頤言理與老莊玄學言道近似，不同的是程頤以三綱五常為理的主要內涵。借用玄學之語，程頤之學可謂名教即自然。

　　值得注意的是，張載和程頤易學都試圖為陽主陰從、崇陽抑陰的觀念尋找形上根據。商周時期言天地之上下、剛柔，秦漢時期言陰陽、主從，貴陽賤陰的觀念還不是太濃厚。天地、男女、君臣雖有高下之分，但主要是基於各自的屬性不同而功能有異。正如在蓋天說、三才說中，天地功能有異而規模相當，男女地位有異而作用相當。而理學家的陽主陰從、崇陽抑陰的觀念更加濃厚，思想更加保守。如張載認為天大地小、天包地，地乃天之偶。甚至認為天數包地數，地數無過天數之理。程頤則認為陽有德而陰無德，陰以順陽為德。甚至認為，無地道，地以承天道為道。

〔註333〕《二程集·程氏遺書》，第 201 頁。